本书为国家社会科学基金项目"主体间性视野下企业社会责任文化及认同研究"（编号：12CGL038）和黑龙江省社会科学研究规划专项项目"市场化进程中政府公共责任制度建构的理论基础与路径选择研究"（编号：16ZZD06）阶段性成果

政治哲学丛书

# 从责任的漂浮到责任的重构：
## 哲学视角的责任反思

荀明俐 著

中国社会科学出版社

#### 图书在版编目(CIP)数据

从责任的漂浮到责任的重构：哲学视角的责任反思 / 荀明俐著．—北京：中国社会科学出版社，2016.8
ISBN 978-7-5161-8449-3

Ⅰ.①从… Ⅱ.①荀… Ⅲ.①社会责任—研究 Ⅳ.①C91

中国版本图书馆 CIP 数据核字（2016）第 138220 号

| 出 版 人 | 赵剑英 |
| --- | --- |
| 责任编辑 | 冯春凤 |
| 责任校对 | 张爱华 |
| 责任印制 | 张雪娇 |

| 出　　版 | 中国社会科学出版社 |
| --- | --- |
| 社　　址 | 北京鼓楼西大街甲 158 号 |
| 邮　　编 | 100720 |
| 网　　址 | http://www.csspw.cn |
| 发 行 部 | 010-84083685 |
| 门 市 部 | 010-84029450 |
| 经　　销 | 新华书店及其他书店 |
| 印　　刷 | 北京君升印刷有限公司 |
| 装　　订 | 廊坊市广阳区广增装订厂 |
| 版　　次 | 2016 年 8 月第 1 版 |
| 印　　次 | 2016 年 8 月第 1 次印刷 |
| 开　　本 | 710×1000　1/16 |
| 印　　张 | 15.5 |
| 插　　页 | 2 |
| 字　　数 | 254 千字 |
| 定　　价 | 58.00 元 |

凡购买中国社会科学出版社图书，如有质量问题请与本社营销中心联系调换
电话：010-84083683
**版权所有　侵权必究**

# 目 录

序 言 ………………………………………… 何 颖（1）
导 言 ……………………………………………………（1）
  一 问题的提出 ……………………………………（1）
  二 理论研究背景综述 ……………………………（2）
  三 本书的理论框架、研究方法以及目的与意义 …（9）
第一章 责任的界说 …………………………………（12）
  第一节 责任的内涵 ………………………………（12）
    一 责任概念的厘清 ……………………………（12）
    二 责任的特征 …………………………………（16）
    三 责任与相关范畴的关系 ……………………（21）
  第二节 责任的内在要素及其生成条件 …………（25）
    一 责任的内在要素 ……………………………（26）
    二 责任生成的主观条件 ………………………（35）
    三 责任生成的客观条件 ………………………（40）
  第三节 责任的价值 ………………………………（43）
    一 责任的社会价值 ……………………………（43）
    二 责任的伦理与道德价值 ……………………（45）
    三 责任的法律价值 ……………………………（48）
第二章 责任观的历史回溯 …………………………（51）
  第一节 基于善的对城邦的责任 …………………（51）
    一 城邦：古希腊人的生存共同体 ……………（51）
    二 基于善的整体化的责任 ……………………（53）

三　古希腊时期责任思想之理性根源 …………………………（60）
　第二节　基于信仰的对上帝的责任 ………………………………（62）
　　　一　基督教文化：中世纪社会的纽带 ……………………………（62）
　　　二　朝向上帝的自我救赎：基于信仰的责任 ……………………（66）
　　　三　中世纪时期责任思想之特质分析 ……………………………（67）
　第三节　基于自我意识的个人责任 ………………………………（69）
　　　一　自我意识：个人责任的根基 …………………………………（69）
　　　二　近代哲学责任观的多重样态 …………………………………（71）
　　　三　基于自我意识的个人责任的历史评价 ………………………（77）

第三章　当代社会责任危机的病理分析 ………………………（80）
　第一节　当代责任危机发生的现实场域 …………………………（80）
　　　一　市场经济的物化逻辑 …………………………………………（80）
　　　二　社会生活的全面科学化 ………………………………………（87）
　　　三　全球化进程与民族国家的矛盾 ………………………………（90）
　第二节　当代责任危机根源的理论分析 …………………………（97）
　　　一　工具理性的制度缺陷对责任意识的破坏 ……………………（97）
　　　二　"原子化"个体自由导致责任自我化 ………………………（111）
　　　三　主体形而上学同一化他者 ……………………………………（119）
　第三节　当代社会责任危机的实质 ………………………………（124）
　　　一　责任公共性的缺失：责任危机实质 …………………………（124）
　　　二　当代社会责任危机的主要表现 ………………………………（125）
　　　三　当代社会责任危机的消极后果 ………………………………（136）

第四章　责任的重构及其意义 …………………………………（142）
　第一节　公共性：责任重构的价值选择 …………………………（142）
　　　一　责任公共性的基本层面 ………………………………………（143）
　　　二　责任公共性特质 ………………………………………………（145）
　　　三　公共理性：责任公共性之依据 ………………………………（150）
　第二节　责任重构的多重诉求 ……………………………………（161）
　　　一　责任内容的重构 ………………………………………………（161）
　　　二　责任主体的重构 ………………………………………………（163）
　　　三　责任客体的重构 ………………………………………………（177）

### 第三节 责任重构的意义 ……………………………………（187）
  一 责任价值尺度的转换 ………………………………（187）
  二 克服责任虚无主义 …………………………………（195）
  三 对当代中国责任问题的反思 ………………………（198）

**结　语** ……………………………………………………………（219）

**参考文献** …………………………………………………………（221）

**附录1　英文摘要** ………………………………………………（232）

**附录2　政府公共性的责任解读** ………………………………（234）

**后　记** ……………………………………………………………（240）

# 序 言

现代社会中自由主义与个人权利得到张扬，与之相随的是责任问题的日益凸显，影响业已涉及经济、政治、文化等社会领域的各个方面。不可否认，责任危机已经成为当代社会一个主要的理论与实践问题，成为我国社会转型时期需要面临的重大课题。这些问题可以从不同角度进行考察，但更需要回到责任的哲学层面加以研究。

荀明俐博士的《从责任的漂浮到责任的重构——哲学视角的责任反思》一书以责任为总的问题域，在哲学层面上探讨当代社会的责任危机及其超越问题。本书系统地考察了责任的内涵、要素和价值，回溯了责任观的发展历程，考察了社会责任危机的可能途径。就内容而言，本书的写作有以下几点特色：其一，本书用了较大篇幅对"责任"概念进行了字源考证和语义分析，从而使读者能够从中获得对于责任概念及其历史演变较为完整的理解。责任在书中的定义简洁而又全面，即所谓责任是指由人与群体组织的资格及其角色所赋予，并与之相适应地进行某些活动、承担相应后果以及相关评价的要求。正是以此概念为基础，荀明俐博士在谈到责任的他律性时着重强调责任客体"他者"的重要性，指出对主体的自我的质疑必须借助外在于我的他者的力量，而不可能在自我内部自发性地发生。在这个意义上，责任主体是需要他者作为责任客体的。正是在对他者负责的过程中，责任主体确证了他自己的本质力量。这是一个相当有深度和学术价值的理论观点。其二，本书对当代社会责任危机的分析很有说服力与特色。诚如荀明俐博士在书中所指出的，市场经济的物化逻辑使市场主体的自我约束和社会约束弱化；责任范畴本应在作为一种彰显人之存在的价值层面加以探讨，但是却在社会生活的全面科学化与数字化的进程中随着人的非人化而被日益消解；工具理性的制度性缺陷也使责任意识受到破坏；"原子化"个体自由导致责任自我化，主体形而上学使他者同一化，全球化进程与民族国家冲突带来人的生存与文化困境，如此等等。本书通过对当代社会责任危机的理论挖掘与现实场域的分析与批判，切中当代社会责任危机的实质与根源。其三，荀明俐博士基于以上理解提出责任重构的问题，指出责任重构的价值选择在于公共性，并从社会责任、责任制度规范以及政治公共责任三个层面分析了责任重构的基本层面，又从共在性、规范性与社会性解析责任公共性的特质。这些观点与论述实际上构成了对责任公共性的一般内涵的完整理解。本书对责任重构的多重诉求的论证，内容充实，对于完整地理解责任公共性与排除责任虚无主义倾向，具有重要的理论价值。

荀明俐博士运用马克思哲学的理论观点对责任范畴的研究是具有新意的，从哲学角度反思责任具有观念批判的意义。本书在责任之于人的生存与社会发展的重要价值方面的研究具有独特的学术意义，而且对当代中国的转型发展具有一定的现实意义与启发性。当代社会个体责任感增强，社会责任感缺乏，这是市场经济与资本原则作用的结果，本书对于社会主义市场经济条件下责任的重构研究极具时代性与使命感。衷心希望荀明俐博士能够在以后的研究中更加注重一些具体论证与细节的完善，在学术研究的征程上取得更加丰硕的成果。

何　颖

2015 年 12 月 22 日于哈尔滨

# 导 言

随着科技革命以及经济、政治、道德和伦理等生活方式的变革，当代社会在其发展中不断陷入自由与责任、个人与他人以及自我与社会之间的冲突。责任问题日益凸显，甚至成为当代社会一个重大的基础性问题。以公共性维度和他者视角反思和重构责任，是超越当代责任危机的一种可能性探索。

## 一 问题的提出

启蒙运动对理性的弘扬以及现代科学技术和知识革命都极大地推动了社会的迅速发展。当代社会为人类创造了巨大的福祉，但也造成一些灾难性的后果：多样化的世界被还原为单一的经济发展，个人主义自由走向极端，工具理性泛滥，自我成为一切价值的中心，如此等等。当代社会的分化和人的原子化、自我中心化、工具化、经验化导致了人的关系的深刻变化，责任已经日益破碎化、纪律化以及角色化。社会责任意识与责任关系陷入重重困境，责任危机成为当代社会亟待解决的根本性危机。

责任危机的内在逻辑在于责任公共性的缺失。从思想发展史来看，责任历经基于善的对城邦的责任、基于信仰的对上帝的责任以及基于自我意识的个人责任的主题嬗变。无论在古希腊还是中世纪，人的责任都被推到了宇宙本原或上帝这类最高实体的身上。近代则把责任推向人的自我意识，他者被同一化。近代哲学的思维范式为现代哲学的责任走向开辟了道路。当代社会责任公共性的缺失具体表征为公共责任缺失、责任为我性绝对至上以及责任私人性的彰显。

当代社会高扬起理性与个体主体性自由的大旗，极大地破除封建专制以及经院哲学、传统宗教和神学对人性的压迫与奴役。这种社会精神与科学化进程相得益彰，蔓延在当代社会的各个领域之中，市场经济造就人的物化、工具理性化的政治生活、可预测的法律、社会生活的科学化与商业化，等等。韦伯早就敏锐地洞察到当代社会发展的负面效应，甚至给予了极为悲观的评价，认为它致力于建立那种未来奴役的外壳。现代科学与知识的迅猛发展，的确使人拥有了上帝般的强大能力，但就个人生命的感受而言，人不过是被禁闭在"铁笼"中的弱小囚徒。当代社会以合理性为原则，自由主义、工具理性、个人主义与功利主义推波助澜，责任已经处于一种碎片化、计算化的漂浮状态。责任的公共性不可避免地日渐消解了。当代人趋于走向原子化、碎片化的自我，走向自我与社会的割裂。漂浮的责任取消了人们所有共同分享的信念、价值与对社会责任的承担。

全球化进程与社会领域分化冲突所带来的生存与文化困境，呼唤责任个体性与公共性的整合，尤其是对公共责任的承担。当代社会处于全球化的格局之中，经济、政治与文化高度交流与融合，国家与国家之间的联系和交往日益密切，人类社会越来越趋于一体化。当然与此过程相伴随的是试图保持特定形式的具体文化与社会的反抗。各民族政治国家之间正是在彼此的争斗之中走向融合，国家的历史逐渐转变成真正意义上的世界历史。全球化带来了一种全球性的视角，对现代民族国家的某些特权提出了质疑。各个国家越来越意识到只有联结起来，才能解决一系列全球性议题，比如全球气候问题、污染问题等。人类对科学技术肆无忌惮的使用，招致自然对人类的疯狂报复。这些问题在任何一个单一的民族政治国家内部都是无法得到解决的。严峻的事实摆在面前，对自我责任的过度关注是到了适时退场的时候了，人类需要更多地承担起对他人、对社会、对自然的责任。

把握责任的社会意义，理解责任对于人的生存和社会发展的重要价值，立足于马克思主义哲学进一步拓深责任理论研究，这正是本书立意的初衷。

## 二　理论研究背景综述

### （一）国外理论研究背景现状

从目前搜集到的文献来看，当前国外对责任问题的研究呈现出数量增多、范围加大、程度加深的趋势。近年来专门以责任为主题的论著层出不穷，这些著作有史有论，极大地拓展了责任研究的范围与深度。可以将国外对责任的研究大致概括为下述五个方面。

1. 责任的基础理论研究

国外陆续涌现出许多对概念、本质、结构等责任的基础理论进行研究的文献，比如魏舍德尔（Wilhelm Weischedel）的《责任的本质》、范伯格（Joel Feinberg）的《理性和责任：哲学基础问题读本》和《责任理论》、匹西特（G. Picht）的《真理、理性与责任》等。这些学者从不同角度来理解责任的本质，并基于此对责任进行了多种类型的划分。伦克（Hans Lenk）在《在科学与伦理之间》将责任视为一个包含多种因素和关系的复杂结构，认为责任是指某人/为了某事/在某一主管面前/根据某项标准/在某一行为范围内负责。美国现代哲学家哈特（H. L. A. Hart）在《惩罚与责任》一书中从地位、原因、义务和能力四个角度分析了责任的概念与类别。鲁卡斯（J. R. Lucas）则认为责任的核心概念应该是一种应答，在《责任》一书中明确指出责任意味着当他人向我询问时我必须作出的回答。这种观点与法国哲学家列维那斯（E. Levinas）对责任的认识比较一致。列维那斯倡导一种为他性的责任，指出责任是塑造伦理主体的理由，我之存在便是责任的存在。列维那斯的责任思想渗透在他的许多著作中，如《从存在到存在者》、《总体与无限》、《伦理与无限》等。以上学者尤其是列维那斯关于"他者"的伦理哲学对本书提出的关于责任本质的认识影响颇深。

2. 道德责任研究

道德责任一直都是责任研究的核心主题之一。威廉姆斯（John M. D. Williams）的《道德责任发展史》对道德责任进行了总体性的研究。加利福尼亚大学教授约翰·M. 费舍（John Martin Fischer）的《道德责任的前景》、《责任与控制——一种道德责任理论》，托马斯·梅因（Thomas May）的《自治、权威与道德责任》，都从不同角度展开道德责任与控制、权威等相关范畴的关系。魏舍德尔（W. Weischedel）在《责任与基督教伦理》中指出要把行为者的、社会的和对话式的三种道德责任理论整合，建立一种整体的、综合的道德责任理论。有部分学者探讨了道德责任与归因原理之间的关系，比如维纳（Bernard Weiner）在《责任推断：社会行为的理论基础》一书中对其研究进行了全面的总结。还有许多学者从不同视角研讨了自由意志与道德责任的关系，为这一传统道德责任问题拓展了视角与深度。如得克萨斯大学教授罗伯特·凯恩（Robert Kane）在《自由意志与价值》、《自由意志当代导论》等著作中对自由意志的意义及其与道德责任的关系进行了深入分析。雅斯贝尔斯（Karl Jaspers）在《德国罪过问题》中对法律、政治、道德以及形而上责任进行深入讨论，并把讨论的重点放在与德国普通公民有关的政治、道德和形而上这三种责任上，尤其注重后两种责任问题。这些著作与思想对本书探讨自由与责任关系、责任的道德价值等问题影响较大。

3. 责任伦理研究

自韦伯在"作为职业的政治"的演讲中首次提出"责任伦理"的概念以来，责任伦理问题引起了学者的广泛重视。舒尔茨（W. Schulz）、比恩巴赫尔（D. Birnbacher）以及帕斯莫尔（J. Passmore）等一批学者为责任伦理学的建构都作出了贡献。美国学者雷德（John Ladd）强调一种预防性的或前瞻性的责任。伦克（Hans Lenk）在《应用伦理学导论——责任与良心》一书中探究了良知伦理与责任伦理的关系，德裔美籍学者尤那思（Hans Jonas）在《责任之原则——工业技术文明之伦理的一种尝试》中强调当代科技文明的危机迫使我们阐发出一种长远的、未来的责任意识，并表明责任伦理应该是一种整体性伦理。

4. 心理学视角的责任研究

20世纪60年代，欧美的一些心理学家开始从心理层面探究责任承担者的认知、行为动机、价值观等心理问题。心理学视角的责任研究主要涉及责任体验、责任情境等方面。奥哈根（Auhagen）在《社会现象的多重面目》中把责任看作一种活动过程，积极性、自我效能和控制尤为重要。奥哈根指出，责任拒绝作为一种责任体验，具有内在心理体验及其外部情境变量的影响。

5. 责任在具体领域尤其在政治领域的应用性研究

近年来，责任的应用性研究也取得了一定进展，主要集中在经济、政治、法律和学术等具体领域内。霍华德·R. 鲍恩（Howard R. Bowen）的《企业家的社会责任》一书，基本上强调企业在追求自身利益和权利的同时必须尽到对社会的责任和义务。杰拉尔德·W. 福斯特（Gerald W. Faust）等人在《责任制造结果》中对责任的内涵重新定义，通过在"对谁负责"与"为什么负责"两个维度上的分析，指出管理的终极目标在于使人们为结果而非行为过程负责。哈特（Herbert Hart）在《惩罚与责任》一书中，对刑罚的概念、目的及适用等问题作了重新阐释，还有英国法学家凯恩（Peter Cane）的《法律和道德下的责任》、达西（Shane Darcy）的《国际法视阈下的责任和义务》、卡莱特（J. Angelo Corlett）的《责任与惩戒》等著作。学术责任方面，马克斯·韦伯（Max Weber）早在20世纪初也曾对学术自由与学术责任的关系进行过讨论。唐纳德·肯尼迪（Donald Kennedy）的《学术责任》是现代学术责任研究的代表著作。他深刻批判了由于信息的不对称，作为公共空间的大学实质上成了一个封闭的暗箱，大学不善于向社会解释自己的规则和价值取向，社会对大学的批判也具有很大盲目性。

就政治领域而言，国外研究约分为以下几大维度：一是发生机制维度，鲍曼（Zygmunt Bauman，1995）指出现代政府管理体系深陷"责任漂浮"的困境，公共责任的欠缺根植于现代性的内在悖论。二是政党政治维度，蒂利（J. Tilley，2011）认为党派忠诚对于政府公共责任有普遍归因的效果，但其对责任制度的执行影响比较弱。三是责任伦理维度，乔纳斯（H. Jonas，1985）指出现代科技文明危机迫使政府加强长远的、对未来的公共责任践履。四是内容架构维度，沃尔夫（E. Wolff，2012）与库帕（T. L. Cooper，1988）等学者都指出政府公共责任制度可以从行政责任、政治责任、法律责任等方面加以建构。库帕在《行政伦理学：实现行政责任的途径》一书中指出，行政责任可以分为主观责任和客观责任。客观责任是与职责和义务等从外部强加的可能事物相关的责任；主观责任则与那些我们自己认为应该为之负责的事物相关。五是价值诉求维度，政府责任由于其与政治公共生活的必然联系而彰显出公共性特质，其本质是一种对他者的"应答"（J. R. Lucas，1993；H. Arendt，1977）。

在国外文献的研究中，鲍曼对责任的研究对本书具有非常重要的影响。鲍曼是当代西方最著名的研究现代性与后现代性问题的理论家之一。他以"二战"大屠杀和知识分子角色的转换为切入点，以后现代性为参照系，以生动的笔调分析了源于现代性的动力机制和理论追求内在的两难困境。鲍曼在《现代性和大屠杀》等多部著作中涉及"责任的漂浮"这一问题，这对本书的立意与构思有着关键性的影响。

### (二) 国内理论研究背景现状

国内关于责任的哲学研究主要有两种形式，第一种形式是对国外研究成果的介绍，这种介绍一般以单个人物思想的方式展开。高湘泽的专著《责任人道主义与社会辩证法——萨特哲学探要》运用大量篇幅深入探讨了萨特的责任人道主义思想，认为责任人道主义是萨特哲学中始终一贯的最基本的精神。孙庆斌的专著《勒维纳斯：为他人的伦理诉求》，在把勒维纳斯关于"他者"的理论哲学思想置于20世纪西方文化批判视野之中加以审视的同时，挖掘列维纳斯责任思想的理论特征和理论价值。方秋明的著作《为天地立心，为万世开太平——汉斯·约纳斯责任伦理学研究》以及江庆心博士的《古斯塔夫森的"神本主义"责任伦理思想研究》等都是对某个思想家责任思想的解读。

国内责任研究的第二种形式是围绕责任的理论与实践进行问题研究。就具体问题而言，大致可分为五大类。

#### 1. 对责任进行总体性研究

程东峰在《责任论：关于当代中国责任理论与实践的思考》中探讨了责任的产生与演变，责任认同、教育、分配、实现、评价、监督、赏罚与自我实现，并在当代责任分析的基础上提出把责任作为道德评价的标准。谢军在《责任论》中指出责任是我们这个时代的一个突出问题，把责任置于价值论、伦理学的理论视野，从责任与人的生存和幸福的关系出发，系统探讨了责任的前提、责任的价值、责任的保证、责任的冲突与选择、责任的实现等问题，提出了责任问题研究的基本理论框架。当前对责任进行总体性研究的著作中，要么更多地从历史呈现的责任现象来把握，略显理论基础薄弱；要么较少涉及当代社会的责任变迁与发展，还需要进一步完善。

#### 2. 政治责任研究

国内研究在政治责任研究方面成果显著。就概念界定而言，分为层次说（张成福等）、积极说（陈国权、李景鹏等）、消极说（李军鹏等）、综合说（吕景城等）。就内容体系而言，主要分为三类说（高秦伟等）、四类说（陈建先等）、五类说（张成福等）。就理论基础而言，李景鹏在论文《政府的责任和责任政府》中指出政府践履公共责任建基于政府与公民的平等交换、平等制约、平等服从宪法和法律等理念。陈国权（《责任政府的公共服务取向》,1999)、张成福（《责任政府论》,2000) 等学者都指出公共责任是安排政府权力与责任关系的逻辑本位,政府应承担起积极满足、实现公民正当要求的公共责任。就路径选择而言,政府问责保障机制势在必行,需构建有机的政府责任制度链条（韩兆柱、韩志明、王建军等）;政府应承担均等的基本公共服务、经济增长方式转变、政治民主建设等公共责任（张贤明等）。

3. 道德责任研究

就道德责任而言,郭金鸿的《道德责任论》,细致地阐述了道德责任的判断理路、实现保证及其存在的哲学论证等问题,对本书责任内涵的建构具有借鉴意义。潘晓珍的《政府的道德责任》探讨了政府承担社会道德责任的必要性、内在序列与意义等问题。韩莹莹的专著《行政道德责任:反思与构建》分析了行政道德责任的本质特征、基本功能等问题,从责任的视角审视当代中国行政道德失范问题的根源。刘雪丰的专著《行政责任的伦理透视——论公共行政人员的道德责任》主要探讨公共行政人员的道德责任问题的变迁、困惑与障碍以及实现等问题。

4. 关于意志自由与责任关系研究

徐向东的《自由意志与道德责任》着重从历史渊源和当代争论两个侧面,讨论了相容论与决定论、责任与意志自由的可理解性等问题。还有一些文献是关于责任理论与实践的结合方面研究的。这方面文献材料众多,过于繁杂。这些著作大多研究某种特定主体形态的责任问题,对责任本身的研究较为薄弱,因此往往存在着对责任泛泛而谈、不够深入的情况。

5. 责任伦理研究

甘绍平的《应用伦理学前沿问题研究》中有相当一部分内容涉及责任伦理方面的问题。甘绍平把"不伤害"作为应用伦理学最核心的价值原则、在生态伦理问题中对自然与人类关系的探讨,尤其是对责任与责任伦理的探讨,这些都拓宽了本书对责任内涵与外延的理解。林琳的博士学位论文《从"我"到"类"的责任——现代科学技术的伦理反思》考察了网络技术、克隆人技术等现代科技整体引发的一系列问题,提出必须在伦理道德上限制科学技术无限僭越的要求。

此外,国内还有一些学者从心理学视角进行责任研究,但相对比较零散，大多体现在个别文章中。而且，大多限于道德心理教育层面，如学生责任感培养、道德责任建设、员工责任感教育与培养、司法过程中的责任问题等。

（三）国内外理论研究背景现状分析

总的来看，国内外对责任的研究大致可以概括为几大方面，即基础理论研究、道德责任研究、责任伦理研究、心理学视角的责任研究以及在经济、政治、法律等具体领域内的应用性研究。以责任为主题的研究当前呈现深化和拓展范围的趋势，比如列维那斯对责任与"他者"问题的研究，雅斯贝尔斯对法律、政治、道德以及形而上责任的深入讨论，阿伦特对于个人责任与集体责任的分析，尤那思对长远的、未来的责任意识的强调，鲍曼对"责任的漂浮"问题探讨，国外研究中现代性及其危机的话语取向对本书的架构与分析有着较大的影响。

国内外对责任问题的研究仍然存在着某些不足。从学科视野上讲，大多局限于某一具体学科领域，如管理学或者法学的视角来解读责任，缺乏对责任在哲学层面上的梳理；从文本解读上讲，国内研究局限于对外文原著的"点"式解读，缺乏在内在逻辑上把握责任的发展；从研究范围上讲，局限于一些单一的或者个别的问题；从研究重心上讲，比较注重一些基本的、传统的责任理论问题研究，对当代世界全球一体化进程中出现的责任新问题关注不够。尤其国外研究的意识哲学范式严重，而且难以摆脱立足于西方政治环境的局限性。

就当前国内责任研究而言，总体上是多维度、多层次的，很有见地，但也反映出以下特点：第一，国内的责任研究讨论大多处于对国外热点的追随状态，尤其是对国外相关学者思想的介绍、著作的翻译状态，基本上处在对国外文本解读的程度上。而且，一般以对某个人物进行研究的方式进行。第二，相当一部分责任研究体现出强烈的"中国特色"，侧重从解决实际问题出发来论述责任问题。第三，从驾驭资本的视角来建构责任的研究还不够深入，总体上存在视域比较单一、解决对策的运行不够有效等问题。正是基于对以上问题的考虑，本书把当代社会的责任危机作为责任哲学反思的核心所在。同时，基于当前我国发展市场经济的社会现实，深入剖析责任尤其是公共责任困境的理论与现实根源，并形成可行性对策，这是增强我国责任制度自信的一种必要的尝试。

### 三 本书的理论框架、研究方法以及目的与意义

本书虽然是一项基础理论研究,但却有着鲜明的现实观照。研究始终围绕当代社会的责任危机以及责任重构这一主题而展开。

**(一)本书的理论框架**

全书共分为五大部分。导言指明本书选题的目的和意义,介绍国内外理论研究的现状并进行文献分析,同时说明本书的写作初衷、理论框架和研究方法。

第一章对责任的内涵进行界说,揭示责任的内在要素及其生成条件,并在此基础上探讨责任的价值所在。责任是由人和群体组织由资格和角色所赋予,并与之相适应地进行某些活动、承担相应后果以及相关评价的要求。责任具有主体性特征,是自律性与他律性的统一、应然性与实然性的统一。责任感、责任行为、责任评价是责任的内在要素。自由是责任生成的主体先决条件,责任能力是必备的主体条件,责任的生成还需要依赖社会现实生活与个体的生活经验等客观条件。责任具有深厚的社会价值、伦理和道德价值以及法律价值。这些内容是展开责任问题研究必要的理论准备。

第二章对责任观的发展历程进行历史回溯。依托社会历史的坐标系,深入分析基于善的对城邦的责任、基于信仰的对上帝的责任以及基于自我意识的个人责任。责任观的回顾旨在揭示这些责任思想与当时社会历史条件之间的内在联系,为深入理解责任、挖掘当代社会责任问题的根源进行铺垫。

第三章透视当代社会责任危机的实质、表现及其根源。市场经济的物化逻辑,社会生活的科学化,全球化进程与民族国家冲突带来的人的文化与生存困境,这些正是当代责任危机发生的现实场域。社会生活全面的科学化与工具理性相得益彰造成对责任意识的破坏;主体形而上学压制和同一化他者,建基于此的自由主义倡导"原子化"的个体自由而导致责任的自我化。责任公共性的缺失成为当代责任危机的实质所在,不仅表现为公共责任的缺失,还表现为责任为我性与私人性的凸显。当代社会责任危机导致责任的冷漠化、破碎化以及功利化、计算化等诸多消极后果。

第四章指出重构责任是摆脱当代社会责任危机的一种可能性探索。针

对当代社会责任公共性缺失的危机实质,在责任重构时需将公共性视为责任价值选取的优先尺度。责任公共性可以从社会责任、责任制度规范以及政治公共责任这三个层面加以把握。责任公共性具有共在性、规范性与社会性的特质。公共理性是责任公共性的依据所在。在此基础上,需从责任内容、责任主体与责任客体对责任进行全方位重构。就内容而言,责任理应包含底线责任、角色责任和公共责任三个层面,把握正确的责任评价尺度是区分这三个层面时需要重点研究的问题。就主体而言,不仅个人是重要的责任主体,更要强调群体责任主体尤其是政府组织与公民社会组织对责任的践履问题。就客体而言,对自我负责具有一定的合理意义,但更要强调对他人、对社会、对自然的责任与担当,对他者负责是理解责任真正含义的关键所在。责任的重构无疑具有重要的理论和现实意义。责任重构实现责任价值尺度的转换,有利于克服当代社会普遍的责任虚无主义,对当代中国责任问题的反思与解决具有重大的借鉴意义。在社会主义市场经济条件下,责任的哲学反思及其重构关系到政府各项改革的推进,有助于思考市场经济和资本原则下国家机器的重构,有助于探索最终能够驾驭资本的民主政治制度体系建设。

(二) 本书的研究方法

在古希腊语中,方法是"通向正确的道路"之意。本书运用的方法是否适当将直接影响理论研究的有效性。本书主要采取以下几种研究方法。

1. 历史与逻辑统一的方法

逻辑方法与历史方法的统一要求理论研究在强调逻辑抽象的同时,还要强调对历史的科学抽象与归纳。本书立足于责任观的思想发展进程,在逻辑与历史的统一中把握责任的哲学内涵。

2. 唯物史观的研究方法

社会存在决定社会意识。本书对责任问题的研究不仅立足于理论思想的发展,还在具体分析社会历史与现实条件的基础上,深入剖析当代责任危机的根源及其危害。

3. 诠释性研究与批判性研究

本书注重对关于责任问题的文献的诠释性解读,立足于一定的社会历史条件,试图深入分析当代社会的责任困境。批判性研究则超越了对经验规范的描述,试图通过对当代责任危机的根源的挖掘与批判,揭示出应有的责任取向并力求获取对人的生存与社会发展意义的把握。

（三）本书的目的与意义

第一，从哲学史上梳理责任脉络，运用哲学视角反思责任具有观念批判的意义。结合对历史时期与典型人物的解读，历史地分析和批判传统责任观。对责任进行哲学反思是各种外在责任规定背后更为深层的问题。本书旨在拓展责任研究的视角，实现对责任研究维度、主体以及价值等多重超越。

第二，深入分析当代社会责任危机的历史发生机制，对当代责任危机的根源展开多层次理论分析，深入总结当代社会责任危机的实质、表征与消极后果。市场经济是中国现代化发展不可逾越的阶段，但积累、交换、依附以及符码等资本原则却对责任公共性的诉求形成强大侵蚀。本书具有鲜明的现实意义，关注责任对于人的生存和社会发展的重要价值，同时对当代中国的责任问题进行深刻反思，为我国责任文化转型、更好地处理政府与市场、政府与社会之间的关系提供理论思考。

第三，关注责任的基本社会意义，对当代社会责任重构的多重诉求提出尝试性体系建构。本书立足马克思主义哲学推进责任研究的进一步深化，寻求责任的现实根基而非停留于思辨责任，强调公共性对责任的重要意义，积极思考市场经济和资本原则下国家机器的重构，探索最终能够驾驭资本的民主政治制度体系。

# 第一章 责任的界说

众多学科和学者对责任这一概念进行阐释,但大多局限在某一门具体学科的范围内或从各自理论发展的需要出发来谈具体的责任。我们尝试从哲学的视角把握责任的内涵,揭示责任的内在要素及其生成条件,并在此基础上探讨责任的价值所在。

## 第一节 责任的内涵

责任概念的悠久历史决定了其理论研究的深度与广度。厘定责任的概念,梳理责任的基本特征,辨识责任与义务、职责和良心等相关范畴的关系,这是进一步分析与探讨责任问题的基础与前提。

### 一 责任概念的厘清

当代社会以合理性为基本原则,自由主义、工具理性、个人主义与功利主义推波助澜,自我与他者、自由与责任、个体责任与社会责任之间不断陷入冲突之中。何为责任?责任是否内蕴他者之维的公共性价值?对这些问题的科学回答是时代给予我们的要求。当责任带着它重大的时代意义扑面而来时,我们发现很难找到合适的词汇去表达它的宏伟。诚如当代英国哲学家鲁卡斯所言:"现在'责任'这个词已经被广泛地应用于伦理学、政治学、灵学以及日常用语之中,且有着很大不同的意义。但只要我们探究该词的最初意义,就会发现不同意义中的共同性。"[1] 责任概念的辨识需要尊重其理论的发展,从语义进行疏解,进而全面深入地厘清责任

---

[1] J. R. Lucas, Responsibility, New York: Oxford University Press Inc., 1993, p. 5.

的具体内涵,从而基于历史与文化的高度为责任范畴内蕴的公共性价值正本清源。

在汉语中,"责任"是一个复合词,由"责"和"任"两个字组成。"责"可以大致归纳为职责、责备、责罚以及责求等几种用法。"任"的含义比"责"丰富一些,包含任用、职责担当与承担等意义。总体来说,"任"与"责"的含义虽然在侧重点上有所区别,但大致意思是相同的。"责"与"任"放在一起,在中国传统语境的原初意义上包含两个方面的意思:一是表示臣民对君主、帝王对"天"的尽职和效忠;二是表示个人应对自身选择的行为所产生的不良后果和过失负责。

在中国文化中"责任"具有强烈的伦理色彩,人们往往认为中国传统语境不太注重从自由的角度去理解责任,而是把责任与天理、天意、天命等牢固地联系起来。《书·金縢》说:"若尔三王,是有丕子之责于天。"《蔡沈传》也讲:"丕子,元子也,姜武王为天元子;三王当任其保护之责于天。"从"天人论"、"天理与人伦"直到"三民主义",中国文化都强调"人道"要顺"天道"而行。自然,人的责任、义务、价值需由"天"而定,责任的指向需向"天"而生。中国奉行整体主义的责任观念,强调个人对家族和国家的绝对责任。"父慈、子孝;兄良、弟悌;夫义、妇听;长惠、幼顺;君仁、臣忠"等核心规范就是一种宏观的责任观念。

其实,责任在中国传统语境中不仅指人在父子、兄弟、夫妇、长幼、朋友、君臣等人伦网络中的具体责任,更是指人伦责任的升华即"修身、齐家、治国、平天下"的人生理想。就此而言,责任可以归结为儒家文化提倡的"内圣外王"。"内圣"讲人要修身养性,以此战胜人性的弱点。"内圣的功夫展现的是自由"[①],它要求人之"圣"不可依赖于人的本能,而是要自觉地求德、求仁、求义、求礼。"内圣"是通过自觉地选择来完成的,体现了"由己"的自由。"内圣"才能"外王",才能创功建业,参赞天地之化育。可见,尽管中国古代具有"天人合一"的文化传统,侧重责任的社会、群体等整体性取向,但在顺序上"内圣"却是置于"外王"之先的。"外王"作为一种责任的担当和落实,需以"内圣"所

---

① 何中华:《责任之成立与自由》,《东岳论丛》2009年第11期。

体现的自由为前提和准备。

西方文化一直比较强调从自由出发来理解责任,以自由为前提,责任形成了较为丰富的含义。

波兰籍学者罗曼·英加登详细考察了责任概念的拉丁语源头,指出"责任"在拉丁语中的表达是 Respondeo。Respondeo 的原义直接来自罗马剧作家帕拉乌吐斯(Plautus)在作品《俘虏》中的一段对话场景。厄加齐勒(Ergasile)告诉赫戎(Hegion)其失踪很久的儿子要回来了。赫戎许诺厄加齐勒说如果他所言为真,就永远供养他。"这已经允诺(Spondeo)了?""已经允诺。""而我这方面反过来向你保证(respondeo)你的儿子已经到了。"Respondeo 的基本意思是由交互的保证而来,意指"许诺或发给一物,作为对别物的回报或归还他物的替代品。"作为一个概念,Respondeo 首先是在西方宗教领域慢慢转换成"回答"的含义,主要是用于对神的召唤的"作答"。Respondeo 的变形 Responsum 意指祭司等诸神的代言人,他们用诺言作为对牺牲的报答,用保险作为对礼物的报答。[①] 从拉丁语传统中来看,首先,行为者能够自主、自觉地对自己的行为作出回应,这不仅体现了行为者的自由是其履行和承担责任的前提,还表明责任与行为者、行为后果之间的必然联系。其次,责任具有"回答"、"回复"的蕴意。责任一词从最初的宗教领域拓展到法庭辩论之中,主要指发表意见、提供基本建议、决定,或者在被传唤出庭时给予回应。继而,"责任"一词又被应用于与债务相关的语境之中,意指在经济或者法律事务等方面对他人的亏欠,有"正义之债"的含义。责任由此引申为因允诺而必须作出的交代、说明等回应,或者为正义之事而必须为之的行为,以及对当做却未做的行为给出的解释。因此,责任不仅与行为者及其行为自身相关,还与对行为及其后果的评价密切相关。责任强调对某一事物尤其是对行为加以赞扬或责备的评价性陈述。这实际上意味着理解责任不能局限于行为者自身的范围,需与行为者之外的他人发生关系。在此意义上,责任内蕴责任主体与他者共在的公共性价值。

古希腊很早就有责任概念的表达,侧重从善、德性的目的来揭示责任

---

① [法]德里达:《信仰和知识——单纯理性限制内的宗教的两个来源》,杜小真译,《道风:基督教文化评论》2004 年第 20 期。

的含义与价值。据第欧根尼·拉尔修记载,"芝诺是第一个使用'责任'(kathekon)这个概念的人。从词源上说,责任是从 kata tinas hekein 派生出来的。它是一种其自身与自然的安排相一致的行为"①。kathekon 意为"适当的",主要指一种合乎自然的、能得到理性说明的行为。在这个意义上,人的行为分为三种:责任行为作为德性行为是最应该提倡的行为,与之截然相对的是邪恶行为,以及居于二者之间的作为其自然目的与德性或与邪恶无关的行为。责任行为就是指理性指导我们去做的行为。合乎德性生活总是一种责任。人们能够认识到责任行为的合适性,对其作出合理的论述。

在早期英文中,责任被应用于艺术领域,指一个演员意愿而且有能力扮演其所在的艺术团体分配的角色。自 G. H. 米德首先运用角色的概念来说明个体在社会舞台上的身份及其行为后,角色的概念被广泛应用于社会科学之中。与此相应,角色责任逐渐成为当代社会中人们普遍认同和承担的责任。角色责任是指行为者在由所居于的社会角色而被赋予的责任。角色责任表明一旦行为者在自愿并有能力承担责任的前提下,应当并且必须为其扮演的角色承担全部责任。一个人生活在社会中,总是多重角色的集合体,其承担的角色责任也是多种多样的。一般来说,我们可以把一个人的角色责任分为四类,即亲情类角色责任、职业角色责任、职业之外的其他社会团体角色责任以及公民角色责任。② 角色责任预设出行为者在行为前就需要合理地规划行为,以使行为过程符合角色要求的细则,行为结果尽量达到角色目标。

在现代意义上,人们一般用 Responsibility 来对应责任。Responsibility 可以解释为以下几种含义:(1) the condition or quality of being responsible:一种尽责的状态或者品质。(2) the quality of being sensible and trustworthy:一种责任感或可信赖性。(3) something for which one is responsible:对某事的责任担当。(4) do something without being told or officially allowed to:自行负责地做某事。这种解释与现代汉语语境中对责任概念的表达十分契合。根据《汉语大词典》,责任主要有三种含义:(1) 使人担当起某

---

① 苗力田:《古希腊哲学》,中国人民大学出版社 1989 年版,第 617 页。
② 沈晓阳:《论自然责任与角色责任》,《中共济南市委党校学报》2005 年第 2 期。

种职务和职责。（2）分内应做的事。（3）做不好分内应做的事，因而应该承担的过失。责任在现代社会通常被理解为分内应做之事以及由于没有履行职责、完成任务等而应承担的不利后果。"分内应做之事"就是我们通常所说的"应尽的责任"，而由于没有履行职责、完成任务等而应承担的不利后果则是指我们通常所说的"应追究的责任"。

可见，人们对责任的认知普遍指向行为者本身以及行为后果的追溯性责任，强调以行为者的自由和能力为前提。然而，从对中西文化中责任多重含义的考察中可以看出，理解责任的内涵不仅需要把握行为者的自由与能力、对角色要求与义务的履行，还要关注对行为后果的承担，尤其要关注对他人的回应以及对赞扬性或责备性的评价的接受。这实际上已经表明行为者作为社会性存在的根本的哲学要点，责任关系蕴含着责任主体与他者的共在。不仅如此，人们理解责任往往将其主体限定为个人，对由个人所组成的群体组织应具有的责任相对比较忽视。也就是说，责任关系意味着对他者的承认与尊重，责任内蕴着公共性的价值。理解责任范畴的公共性价值对当代社会责任文化危机的化解具有重要理论意义与实践价值。在本书稍后的分析中我们将会看到，本来丰富的责任内涵在发展的过程中逐渐朝向人的内在的自我意识，责任他者之维和公共性日渐隐去，直到在当代社会中造就责任漂浮的危机。

根据上文对中西责任语义及其文化渊源的分析，本书将责任定义为由人与群体组织的资格及其角色所赋予，并与之相适应地进行某些活动、承担相应后果以及相关评价的要求。对责任概念的这一界定出于避免认识偏颇的考虑：责任主体不仅是个体还有群体组织；责任的依据主要是由责任主体的资格及其角色而获得；责任过程可以不仅涉及责任意识的培养，还要将其诉诸行为与活动，更要关涉相应后果以及相关评价等公共性问题；谈及责任，一方面要对责任后果加以承担，另一方面还要对应尽责任加以积极践履。

## 二　责任的特征

分析责任的主要特征有助于我们进一步理解责任的内涵与外延，为区分责任与相关范畴进行理论铺垫，并有助于进一步理解责任的公共性价值。责任的首要特征是其主体性特征，此外，责任还应当是自律性与他律性的统一以及应然性与实然性的统一。

(一) 责任的主体性特征

责任与人的主体性本质关联。主体性是对主体自身的能力、品性、状态、价值取向等诸多属性的一种评定，它在主体与客体的相互作用中得到体现和发展，表现为人的能动性、自觉性、自知性、自主性、自控性和创造性等特征。离开这些本质属性，人就无法实现真正的社会联系并以自己的活动作用于自然界，从而"按照人的样子来组织世界"[①]。马克思以前的哲学家，要么"只是从客体的或者直观的形式去理解"对象、现实，要么只是从意志、精神方面出发去抽象地理解主体性这一"能动的方面"[②]。马克思在实践中去理解主体性，从主体与客体、主观与客观、能动与被动中实现对人的主体性的具体、全面和历史性理解。主体性作为主体的本质或属性，无法离开作为主体的人而独自存在。反之，人的主体性作为人性中最集中体现人的本质的属性，也成就了作为主体的人的存在与发展。

一般而言，人们习惯于将责任范畴的主体性特质理解为责任即特定主体的责任，实际上这个问题需要更加细致的分析。其一，责任的主体性特征首先意味着责任总是一定主体的责任、具体的责任，不存在抽象的无主体的责任。任何领域中的任何形式的责任，都以主体为其现实基础。那种认为责任可以离开主体、设想无主体的责任的认识，必然陷入唯心主义。其二，人要为自己的自主自愿的行为负责，这是责任主体性特征的重要表现。人是主体，具有自主、自控与自决等主体性特征，正因为如此人才要履行和承担责任。对于一个无法根据自己的意志来规定其行为的人来讲，也就根本谈不上他对自己的行为应当承担什么责任。不仅如此，责任的生成还要依赖于对社会规范以及自己的行为后果有最起码的认知能力，这种必要的主观条件表明了责任主体自知性的主体特征。作为一种对后果履行和承担，责任行为的发生意味着责任主体是依据自身的主体性自由意志而进行的。主体的自主性与独立性是任何责任行为得以践履的前提。任何责任的生成都要依赖于责任主体对特定历史时期人们社会活动准则的理解与

---

① 《马克思恩格斯全集》(第42卷)，人民出版社1979年版，第24页。
② 《马克思恩格斯选集》(第1卷)，人民出版社1995年版，第58页。

把握，依赖于对自身行为的性质、可能发展的方向以及可能形成的后果具有一定的预知、判断等认知能力。这种必要的主观条件表明了责任主体自知性的主体特征。其三，责任的主体特性还表现在其对主体活动的控制与调节作用上。主体的认识和实践活动的目标有没有实现、效果怎样，不仅取决于客观条件与难易程度，更取决于对人的责任的确立。进一步讲，目标设定的合理与否、活动的方向正确与否等等，几乎所有主体活动中关涉的问题都是能动的责任性的体现。责任带给人以压力，但是这种压力也促进了人的成长。总之，责任促使主体以及主体性生成与发展。责任越大，人自身的主体性就越加凸显。

（二）自律性与他律性的统一

主体性是责任范畴的首要特质，但责任范畴还应当是自律性与他律性的统一。责任自律性是指责任主体自觉自愿地认同普遍的外在的社会约束条件，把被动的服从变为主动的律己、把外部的要求变为自己内在的自主行动。责任的他律性是指行为者赖以行动的要求和接受评价所遵循的标准外在于自身，即行为者受外在规制的节制。

责任自律性与他律性存在对立的一面。自律性强调责任主体自觉自愿地认同自己的义务和要求，自主地履行和承担责任，而他律性则强调社会规范对责任主体的规定性。但是，二者更是相互依存与相互贯通的。要理解好二者的统一，首先就要理解人能动性和受动性的问题。人不可能孤立抽象地生活在世界之中，即责任主体对客体、客观环境条件以及事物发展的客观规律具有依存性。现实社会中的每一责任主体的生存和发展，都离不开自然环境和社会环境以及历史文化传统的影响。即使从自身生存的角度来讲，主体都必须承担起对家庭、社会乃至整个人类及人类生存环境的责任。这些构成影响的因素既是责任主体依赖的对象，又是客观上外在于主体自身的他者，是主体负责的对象。他者的存在，使主体自我受到质疑，进而负有偿还这些"责任原债"的义务。黑格尔用"缺点"来表达类似的意思，他指出"有缺点的东西而不同时克服其缺点，这个缺点对它说来就不是缺点。在我们看来动物是有缺点的，在它自己看来则否。"[①] 责任也确实总是与主体的某种欠缺或不完满相关的。完满的东西从来不用

---

① 黑格尔：《法哲学原理》，范扬等译，商务印书馆1961年版，第20页。

承担什么责任。正因为存在某种缺欠，主体就有责任改造自己、完善自己。于是，"人作为自然存在物，而且作为有生命的自然存在物，一方面具有自然力、生命力，是能动的自然存在物；这些力量作为天赋和才能、作为欲望存在于人身上；另一方面，人作为自然的、肉体的、感性的、对象性的存在物，和动植物一样，是受动的、受制约的和受限制的存在物，也就是说，他的欲望的对象是作为不依赖于他的对象而存在于他之外的；但这些对象是他的需要的对象；是表现和确证他的本质力量所不可缺少的、重要的对象。[①]"对主体的自我的质疑必须借助外在于我的他者的力量，而不可能在自我内部自发性地发生。在这个意义上，责任主体是需要他者作为责任客体的。正是在对他者负责的过程中，责任主体确证了他自己的本质力量。

责任自律性以他律性为前提，而责任他律性需经自律性得到提升。一定社会的人的责任自律，只能建立在对社会现有的规范体系认识的基础上，不可能离开外部普遍的适用性与约束力的规范和客观要求。责任自律不是绝对意义上的随意任性，责任主体必须也只能把自己的行为限制在外在评价性依据所允许的范围之内。否则，责任主体就会承担相应的后果。与此同时，我们必须要指出，责任他律性预设着责任主体对外在责任规范的接受而非质疑。没有反思与批判的接受，是一种极其危险的行为。在当代社会责任的一个突出问题就在于缺乏对角色责任尤其是职位责任的道德反思与良知判断。

责任是自律性与他律性的统一，缺一不可。离开自律性，他律性得不到落实和提升；离开他律性谈责任自律性，往往会造成责任主体由于自身责任感的缺乏而放弃责任的现象。

（三）应然性与实然性的统一

责任范畴还具有应然性与实然性统一的特质。"应然"与"实然"从休谟提出来以后逐渐成为哲学社会科学中的一对基本范畴。简单来说，实然即"实际怎样"，应然就是"应当怎样"。所谓责任的实然性，指的是责任的实际状态，即对人们提出的现实的责任要求。所谓责任的应然性，表明的是责任的理想状态，即对人们提出的理想的责任要求。严格地讲，

---

[①] 《马克思恩格斯全集》（第42卷），人民出版社1979年版，第167—168页。

责任应然性与实然性有着相对独立性，责任应然性的存在并不依赖于它的实然性。责任的实际状态与理想状态之间必然存在某种差距，意味着责任实然性与应然性具有客观差异性，这并不难以理解。这里需要着重研究的是二者之间相互联系的方面及其社会意义。这表现在责任应然性是以实然性为基础的，它通常代表着改变责任现状的一种价值要求或价值理想。

责任实然性需以应然性为价值依归。就责任应然性而言，要充分调动责任主体的能动性，不断反思和超越现行责任规范。不可否认，责任主体要在社会中生存和发展，就必须满足某种社会需要，以便能够在特定社会关系和社会环境中得到认同和支持。但即使"提供框架或视界的承诺和身份"，"在这种框架和视界内我能够尝试在不同的情况下决定什么是好的或有价值的，或者什么应当做，或者我应赞同或反对什么。换句话说，这是我能够在其中采取的一种立场的视界"[①]。即使上级、利益、金钱、地位成为当代社会中流行的责任价值取向，我们也应该将正义、平等、良心等优秀品质内化于自身。这正是责任应然性的价值所在。

但是，仅仅强调责任应然性，又具有极大的危害性。"应然性"的逻辑是用脱离现实可能的过分理想化代替具有现实可能的理想本身，用虚假的主体需要代替真实的主体需要，也就是用虚幻诱人的可欲性代替实际合理的可欲性以确立信念为目的。如果忽视客观的社会现实，对具体的责任主体自身的处境与能力视而不见，一味寻求理想的责任要求的实现，势必只能走向虚无主义的深渊。与现实的责任要求完全脱节的责任应然性，只能依托于抽象的纯粹的"道德人"，这在现实中是不可能存在的。当代社会构建完美秩序的口号，正是由于其虚幻的普遍性、永恒性、绝对性而脱离和否定现实社会，从而成为责任虚无主义的源泉。究其根本原因，正是在于这种责任建构的话语逻辑是先将一种责任的理想状态预先设定为前提，然后以此为基础和根据，运用概念、判断、推理等思维形式分析和演绎，将责任引向最初的设定。在这一过程中，责任践履的客观环境与主观条件被有意识地加以忽略。

责任的应然性与实然性的统一意味着责任是无限与有限的统一，价值

---

① [加]泰勒：《自我的根源：现代认同的形成》，韩震等译，译林出版社2001年版，第37页。

与事实的统一。就人之为人就要履行和承担责任,将对责任的追求视之为一个无限的过程。但是,毕竟责任实践中的人始终是生活在一定社会发展阶段之中的,他总要受到特定的经济条件、政治条件、文化条件与主观认识能力等各种历史的社会实践的制约。责任主体只能在具体的社会环境下进行选择与决断,在这种范围内人应当为自己的行为负责。在这个意义上,责任的范围和限度是具体的、有限的和实然的。

责任首先是人的责任,与人的主体性本质关联,由此责任才具有自律性、应然性。但责任也是有限的责任,毕竟责任的生成、履行与承担都无法离开客观的历史条件与现实的社会生活,由此责任就具有了他律性与实然性。当代社会实现的不是责任的均衡发展,而是对责任的片面解读与实现。责任越来越纪律化、经验化,丧失了其应有的他者维度与价值意蕴。

反观当代社会中责任意识的发展与责任践履的现状,我们不可否认其存在不均衡的现象,对责任的解读存在片面化的误区。人们习惯于忽视责任关系所蕴含的主体与他者的共在性,过多地追求以自我为对象的个体性责任,在责任自律性与他律性以及应然性与实然性特质的把握上容易进入非此即彼的误区。这些问题的形成与当前市场经济条件下的资本逻辑、社会领域全面科学化等深层社会运行机制密不可分。为责任概念正本清源,关注责任的公共性维度与他者视角,有助于把握责任的社会意义,理解责任对于当代社会中人的生存和社会发展所具有的重要价值。

### 三 责任与相关范畴的关系

为了准确把握责任的概念及其特征,我们有必要对与责任概念密切相关的几个范畴进行阐释,理顺责任概念与这些范畴的关系。这有助于凸显责任理论研究的独特价值与意义。

(一) 责任与义务

根据《现代汉语词典》,义务是权利的对称,一是指法律对公民或法人必须做出或禁止做出一定行为的约束,二是指道德上应尽的责任,三是指不要报酬的。显而易见的是,义务的第三种含义与责任没有任何直接的联系。综合第一种和第二种含义来看,义务主要是指政治上、法律上和道义上强制的责任。

就含义的范围而言,责任要比义务宽泛。义务一词的英文 obligation

源自拉丁文 obligare，即某人与某物捆绑在一起。由此义务一般是指人们在某些情况之下被要求去做的事情。义务代表着"要求"和"必须"，用于我们觉得我们必须做的行为，无论出于什么理由。责任概念不仅具有义务概念所内含的"应要求去做"之意，还有"应承担的过失"等诸多意谓。显然，义务并不具有责任的其他含义。

就来源与内容而言，责任也不同于义务。责任是人与群体组织的资格及其角色所赋予的。由人格所赋予的责任，与人的个体意愿无涉。这种人格性责任超越个人的亲情、职业、地位、国籍，也超越具体环境、制度、风俗与习惯。只要你是人，就要承担一些基本的责任，如不伤害他人、尊重人格、保护环境等。与此不同，由人的社会角色所赋予的责任则往往与一个人的职业、归属社团以及制度、风俗密切相关。对义务而言，其来源在很大程度上取决于人们对外在要求的同意、承诺和订约。这种要求可能是来自他人的权力以及法律、权威，等等，而与特定的职业、社团、制度、风俗等不甚相关，哈特将其称之为"内容的独立性"[①]。

就对象而言，义务是现实关系和利益的产物，一般情况下义务都具有明确的指向，义务关系的双方是特定而且十分具体的。一旦一个人负有义务，相应地必有一个确定的人享有对应的权利；一旦义务履行完，特定的义务关系就会消除。但责任，尤其是依人格而产生的责任，却永远都不会消失。

(二) 责任与职责

职责即职业责任，是指归属于任何社会角色拥有人的要求、义务或者分派的任务。从依据和内容上讲，责任要比职责宽泛得多。

职责的产生依托于具体的岗位、公职、职务与角色。职责的逻辑起点是社会分工带来的职业分化。社会分工以固定化的形式形成不同的社会等级与身份，每一种身份都有与之相联系的具体责任，个人只有履行了这些具体责任，才能与自己的身份相符合。早在古希腊时期，柏拉图把社会成员分成三个等级：统治者、武士和劳动者，而这三个等级的人需根据自己的身份来完成自己的责任。

---

① H. L. A. Hart, "Legal and Moral Obligation", Essays in Moral Philosophy, A. I. Melden. Seattle: University of Washington Press, 1958, p. 100.

与职责不同，责任的来源不仅包括人的社会角色，还包括人作为人本身的资格即人格。责任包含职责，职责不过是人在职务上应尽的责任而已。把责任仅仅理解为职责和义务是对责任的一种危险的误读。当代社会中人们越来越关注自己所扮演的角色、所承担的任务以及所认可的契约中分配得来的那种有着鲜明的功利色彩的职责，越来越愿意讨论具体而明确的各种义务而不愿谈论体现强烈的道德性和人类尊严的人的责任。没有任何一种职责会给人带来总体的人性体验，职业责任感实现的只能是由不同职业所具有的不同利益和义务决定的职业道德而已。任何时候，职业责任都应该为人之为人的责任让路。在这个意义上讲，责任是绝对优先于职责的。

（三）责任与良心

"良心"与"良知"这两个概念一般可以互换。若要严格区分，良心较为强调"良"，而良知则较为强调"知"。鉴于"良心"在现代生活中应用比较广泛，这里采用良心一词。与义务和职责强调"要求"的他律不同，良心是一个自律性的道德概念，指以内心的道德法则的形式积淀下来的人的道德判断力和道德自制能力。

从特征上看，良心最主要的特征是主观性、内在性和私人性，并不具备责任的关于承担行为后果以及接受评价的含义。良心是一种"朝向自身的、主观的、形式的道德判断力"[①]。良心代表着一种自我确定、自我满足、自我欣赏的自信的为善意志，是一种直接和直觉的道德意识。良心的体验并不需艰深复杂的反思历程，在认识论上具有朴素和直观的特征。就良心作为意志活动的形式方面而言，它是没有任何具体内容的。当良心只是作为无限的自我确信时，"简直就是处于转向恶的待发点上的东西，道德和恶两者都在独立存在以及独自知道和决定的自我确信中有其共同根源。"[②] 就此而言，良心仅仅具有形式的主观性，而不具有客观内容。只有到了伦理阶段，良心才会成为"自在自为地善的东西的心境。"[③] 与良心不同，责任却是一种主观形式和客观内容的统一体，一种内在规定性与

---

[①] 倪梁康：《自识与反思——近现代西方哲学的基本问题》，商务印书馆2002年版，第202页。

[②] 黑格尔：《法哲学原理》，范扬等译，商务印书馆1961年版，第143页。

[③] 同上书，第139页。

外在规定性的统一体。

良心的内在性和私人性体现为它隐遁于个体自我的心灵深处。对良心而言，意志决定的善恶决定于决定者个人内心中的判断规范，而对外在评判标准加以拒斥。凡决定者个人信念的即为善，否则即为恶。"良心是自己同自己相处的这种最深奥的孤独，在其中一切外在的东西和限制都消失了，它彻头彻尾地隐遁在自身之中"[1]。良心无法形成普遍与外在的规范，只适用于私域。良心被描述为一种上帝的声音、真理的声音或行为者自己的法官。早在古希腊，就有一位名叫米南德（Menander）的诗人讲：良心是我们大家的上帝。人们习惯上是把苏格拉底作为西方历史上"良心不服从"的最早典范。一般而言，人们将"什么是值得过的生活"视为"苏格拉底问题"。苏格拉底是著名的古希腊思想家、哲学家与教育家，提出过许多深刻和充满智慧的论断。在古希腊哲学家普遍把注意力集中在宇宙、自然之依据逻各斯运行之时，也蕴含着关于这种思考的批判与反省，"人们对于自己生活经验的意识也就会表现得越强烈。"[2] 与此同时，古希腊社会发生了一些较为重大的变化。希波战争的胜利，使参加战争的平民阶层的意识得到高扬，再加上伯利克里执政时期民主制度得到大幅度推广，人们逐渐用个人的人格和实力标准来取代原来贵族政治制度宣扬的地位高低、财产多寡的价值标准。此时，经过伯罗奔尼撒战争几十年的战火，希腊城邦日益衰落。苏格拉底适时出场，指出与探索自然奥秘相比人更应该关心自己身边的事情，更应该研究美德等精神和道德世界的问题。应当如何去生活，或者说什么是值得过的生活，这是苏格拉底心目中最为重要的严肃问题。苏格拉底以"牛虻"自居，即使是赴死之时，仍然认为自己一直聆听着"神"的指示。"这些语音在我心中不断回响，使我不闻其他的话"，苏格拉底断言自己所走的路是"神所指引的路"[3]。苏格拉底耳中不断回响的声音就是良心的呼唤。以后的斯多葛派以及塞涅卡、西塞罗也认为，良心代表着上帝的声音。古犹太神秘主义哲学家斐洛提出良心是行为者自己的法官，是内在的法庭的概念。苏格拉底称自己是精神上

---

[1] 黑格尔：《法哲学原理》，范扬等译，商务印书馆1961年版，第139页。
[2] 宋希仁：《西方伦理思想史》，中国人民大学出版社2004年版，第19页。
[3] 柏拉图：《游叙弗伦·苏格拉底的申辩·克利同》，严群译，商务印书馆1983年版，第113页。

的"助产士",帮助他人催生自己的思想,锻炼其应用思想的能力。苏格拉底说自己总是能够倾听到内心的声音,实际上是在表明人可以并且应当认识自己的心灵。人们如何知晓"什么是值得过的生活"呢?苏格拉底"助产士"的比喻指明了途径。苏格拉底以"什么是……"的形式提出种种问题,例如"什么是美德"、"什么是正义"等等。苏格拉底并非已然知晓一切问题的答案。我们可以从"电鳐"的比喻中推断,他并不愿意全力以赴去获得那些问题的答案。电鳐通过麻痹自身来麻痹任何接触它的东西。苏格拉底辨别他人意见是否值得保留,阻止那些未经反思的观点与判断,但他自己对"什么是美德"、"什么是正义"这些问题也充满困惑而没有答案。苏格拉底并未给予人什么真理。"苏格拉底问题"贡献给后人的既是对"值得过的生活"的内容的反思,也是对追求"值得过的生活"的方式的启迪。在根本意义上,"苏格拉底问题"表明激起他人思考的重要意义。思考"什么是值得过的生活"——那种未经考察和反思的生活,专注于细枝末节的日常行为的生活,缺失良心意识的生活,不是一种值得真正的人去过的生活。

与良心相异,责任不仅具有主观性,还强调行为与结果的承担;责任不仅具有自律性,还具有他律性;责任不仅具有应然性,还具有实然性;责任不仅具有私人性,还具有规范性与社会性;责任并非局限于道德领域,而是涉及经济、政治与社会等所有人类生活于其中的领域。尽管良心对责任感的培养至关重要,但它始终只是个体道德的内在形态,这一点我们将在后面的论述中进一步深化。

## 第二节 责任的内在要素及其生成条件

责任概念是一个结构性的概念,用尤那思的话来讲,是一个复合概念和关系范畴。在深层意义上,责任是"我"对他者的一种应答与回应。当我们把责任理解为这样一种关系时,在责任的各种用法和理解中就包含着三个关键性的内在要素:责任感、责任行为与责任评价。自由是责任生成的先决条件,责任能力是责任生成的必备主体条件,社会现实与个体的生活经验又成为责任生成的客观条件。责任的内在要素及其生成条件是责任研究必须解决的重要问题。

## 一 责任的内在要素

内在要素意味着构成事物必须具有的因素。责任内含责任感、责任行为以及责任评价,正是这些内在要素使责任范畴和责任活动不同于其他任何范畴与活动。

### (一) 责任感

责任感是指人与群体组织自觉地履行应尽义务与要求的积极心理状态与情感态度。责任感是主体履行与承担责任的内在心理基础。责任发生与展开的逻辑起点就在责任主体内在的责任感的驱使。

就指向而言,人们通常把责任感分为自我责任感与社会责任感。自我责任感是指主体对自身具有的责任感,包括自我需要的满足、自我幸福的实现以及自我价值的实现等方面内容。社会责任感是指主体对超越自我而对他者具有的责任感,包括对他人、对家庭、对社会团体、对国家以及对自然的责任感等内容。在应然的意义上,自我责任感与社会责任感是相辅相成的。自我责任感的一个目的就在于努力使个体得到社会的承认,而社会责任感又是基于个体的责任担当之上的。但在实然的层面上,二者又总是处于一定的矛盾甚至冲突之中的。把自我责任感绝对地置于社会责任感之上是当代社会责任危机的一种重要表现。这种责任意识会导致责任的自我化甚至唯我论倾向。我们应把对社会责任感的关注作为责任感培养的关键所在,并将对社会责任感的培养问题细化为对人的良心、同情心、爱心、公平感、正义感等方面的培养。

责任感尤其是社会责任感的培养需要责任主体对外在要求与义务的理解和认同。这实际上意味着责任感的形成是需要主体具备一定的理解能力与判断能力的。与他律不同,责任感是一种基于主体意志自由的积极的自律性。责任感是主体对外在要求与义务的自觉意识与体验。明确责任是什么,责任感才有目标;理解责任的价值,责任感才能持续与长久。责任主体要具有把握是非、公私、善恶等重大责任标准的能力。唯有积极调节自身的责任情感,保持坚定的立场,责任主体的责任感才可能会被激发并成为一种责任的信念,进而外化为责任行为的坚定力量。在这个意义上,责任感是不能以偏好或者爱好为基础的,它需要以"内在命令"的形式作用于主体自身。

从理论逻辑上讲,责任感是责任行为的前奏。一般来讲,主体的责任认知越是深刻,责任感就会越强。没有责任感的积极驱动,就不会有实际的责任行为。责任感越是强烈,对责任行为的驱动力就越大。一旦行为取得了责任主体预期的效果,印证了主体行为初始的动机与心理,行为者的责任情感态势就会加强与巩固,并会强化责任主体的认知能力。

(二) 责任行为

责任本身并不仅仅是作为心理状态或情感态度的责任感,也是一个实践范畴,它最终要通过责任行为反映出来。责任行为即人与群体组织根据其资格以及角色所赋予的要求,进行与之相应的某些活动,并进而承担相应的行为后果。

责任行为作为责任感的现实化,需要依靠责任意志的保证。责任意志是指主体履行责任行为时,排除各种困难,坚定地实现被赋予的要求与义务。责任意志能够通过责任信念得到强化。行为主体只有增强自身的责任认知能力,培养和强化责任感,才能消除责任意志薄弱的现象,最终促使责任行为的实现。责任意志越坚定,行为主体就越能排除对责任履行与承担的干扰。

责任行为是责任感的最终落脚点。一般来说,任何一个具体的责任行为都要由责任主体、责任客体和责任依据等基本内容构成。

1. 责任主体

人们对主体这一概念的理解,是伴随着主体与客体的分化而开始和加深的。广义的主体指在普遍存在的事物、现象与事物内部要素之中起到能动和主动作用的一方,客体则指受动和被动的一方。与此不同,狭义的主体概念以人的实践活动为尺度,将实践活动的发出者视为主体,将其指向的接受者视为客体。一般我们采取对主体的狭义理解。马克思用精练的语言表明:"主体是人"[①],人把自身作为主体同客体区分开来,标志着人的意识的诞生,意味着真正意义上人的诞生。理解主体,不能将之局限为单个的人。由于实践性质的变化、层次的加深以及范围的加大,人越来越需要结成一定的群体展开活动。与之相适应,主体形态也丰富为个体主体与群体主体。人是社会的人,群体是社会的人的群体,人类是社会的人的整

---

① 《马克思恩格斯选集》(第2卷),人民出版社1995年版,第3页。

体。马克思所说的"主体，即社会"[1]，也正是在这个意义上而言的。

责任始终是人的责任，责任的主体只能是人。人若要成为责任主体，就必须是自由的而且具备一定的责任能力。一个没有自由尤其是意志自由的人，是无法根据自己的意志来决定其行为的，自然也就谈不上对自己的行为及其后果负责。而且，责任主体必须具备一定的责任能力，要对社会规范拥有最起码的理解能力，要对自己的行为后果具有一定的预测与判断能力，有资格与能力承担后果，这些是指责任行为之可能存在的必备的主观条件。

依据主体形态不同，责任主体分为个人责任主体与群体责任主体。在当代社会人类群体性、整体性的行为已经扮演着越来越重要的角色。从最广泛的意义上讲，任何人群我们都可以称之为群体。人们可以为了种族繁衍、物质生产、自我保护、教育、信仰等任何原因结成群体。但是，并不是每一个群体都可以和必须承担责任。在严格意义上，只有以某种共同利益或共同价值为纽带、依据一定的规则与社会形式组织起来，并具有一定的社会功能的群体，方能够成为群体责任主体。根据具体群体形态不同，群体责任主体还可以进一步划分为家庭、社会团体、政府等基本类型。

我们一再强调，作为责任主体的人始终是生活在具体社会历史之中的"现实的人"。作为现实的人，他不是"一般的人"，因为抽象的、一般的人是谈不上任何需要的。如果以完全孤立的姿态处于世界之中，人也就不成其为人而只能是一种非群居的动物了，而且在现实中也根本无法生存下去。这不仅是由于人类可资利用的自然资源是相对匮乏的，而且人类个人的能力也是有限的，因此，人类个体之间必须要进行各种各样的合作才能满足各自的利益要求。也就是说，人首先是由于个体主体的有限性，无法满足自身的需要，而结合成一定的群体。群体主体超越了个人，整合成一种整体，使主体具有更为强大的力量。在人类社会早期，群体是以血缘关系为主要联系纽带的，家庭是其主要的形态。"人和人之间的直接的、自然的、必然的关系是男女之间的关系。在这种自然的、类的关系中，人同自然界的关系直接就是人和人之间的关系，而人和人之间的关系直接就是

---

[1] 《马克思恩格斯选集》（第2卷），人民出版社1995年版，第19页。

人同自然界的关系，就是他自己的自然的规定。"① 在内容上还以人口自身的生产关系为主，更多地体现为人和自然界的关系，强调人的自然规定。随着生产劳动的发展，人的需要得以增长，产生了新的社会关系。而随着人口的增多又产生了新的需要的时候，家庭便成为从属的关系了。家庭这种群体形态"由于新形成的社会各阶级的冲突而被炸毁"②，代之以具有多种需要和功能的社会群体。

尽管群体的划分标准众多，但由于当代社会中劳动分工高度发达，因此主要以行业和种类为标准对群体进行划分，比如企业群体、教育与学术群体、公共传媒群体等群体主体。每个现实之中的群体主体都有各自的利益要求，必然要产生成员之间、成员与群体之间、群体与群体之间的利益竞争和利益冲突。对于一个具体的群体来讲，群体里的个体成员、其他群体甚至是社会、世界，都可以说是属于他者的范畴。这就需要有专门的机构来调整这些竞争和冲突，以保证社会不会陷入混乱之中。社会分工对公共秩序的需求，催生了大批以公益为目的群体，比如慈善群体、社区群体、为弱势人群服务群体以及解决社会特定问题的群体，等等。政府可以说是最正式和最主要的群体责任主体，它从诞生之日起就承担着对社会、对公民、对政府工作人员以及对自身的责任。但也正是由于政府是唯一被宪法赋予正式权力对社会进行管理的群体组织，就更需要外在权力的监督，否则很容易由责任主体堕落为统治主体。

对于群体责任主体需要提出几点注意事项。其一，群体责任主体的形成同样要求满足作为个人责任主体的行为者应当满足的所有先决条件，并具备作为个人责任主体的行为者应当具备的所有基本特征。其二，群体责任主体与个人责任主体密切相关，但绝不可将群体责任主体简单地还原为个人责任主体尤其是群体负责人。随着全球化进程的加深，我们已经看到，仅仅强调个人责任主体、靠单打独斗是无法有效解决当代社会的诸多问题的。当代社会是一个越来越复杂化的巨大网络，这在客观上要求大到国家与国家之间、小到个人与个人之间必须携起手来，共同承担对自然、对社会、对他人甚至对未来的责任。

---

① 《马克思恩格斯全集》（第42卷），人民出版社1979年版，第119页。
② 《马克思恩格斯选集》（第4卷），人民出版社1995年版，第2页。

就具体特征而言，群体责任主体一般具有形式、内容与目的上的要求。

群体责任主体具有一定的形式性。与"体"化的"群"不同，还有一种"群"是没有固定的组织形式与结构的。站台上和公共汽车牌子下等车的"群"、广场中和街道上散步的"群"，这种在日常生活中自然形成的散漫的集合，是"群"而不是群体。海德格尔在共在研究中提出的常人之众即属此类。不仅这种"通过直接性面对面的在场"的"群"，萨特还指出以"不在场的方式"构成的间接性的"群"，都仅仅只是由于某种外部的对象性原因而临时聚合起来。萨特以收听无线电台的听众等例子分析这种"群"中人的关系。"这些人彼此间漠不关心，互不说话。一般来说人不互相观察；他们在一个信号柱周围并列存在。"[①] 一旦外部的对象性原因消失，这种临时的人群马上就会随之解散。这种人群显然无法具有群体责任主体的资格，首先在于其缺乏一定的形式结构与制度。群体是"体"化的"群"，这个"体"就是一定的组织形式，组织形式实在的基础就是结构。

群体责任主体还具有一定的内容性。群体是个人依据一定的规则与社会形式组织起来的，这种组织形式必须符合客观条件，并且还要与其内容相一致。这个内容就是群体得以成立的某种共同利益或共同价值。与对形式的要求相比，群体责任主体对群体组织功能与目的等实质方面的要求是更为重要的。我们不能沉陷于对组织结构的形式主义的无限追求中去，因为那只是手段而已。没有公共的价值作为目标，没有共同的愿景作为依托，群体组织的形式即使再完备，也只是人与人之间的外在性的集合关系。只有以某种公共的目标为纽带，个体的人才可能结合成为群体主体，而群体主体由此才具有了一定的社会功能。为了更好地实现功能，群体就必须不断地加强自身的有机构成，制度化的组织分工是最有效的选择。群体通过制度把自身的结构关系和成员功能位置固定起来。在凝聚力强大的群体中，群体的价值目标会成为构成成员个体本质的一种自我理解和认同的方式。群体内部的成员以群体功能和目标为价值中心，凝聚在群体组织之中，履行自己相应的责任。

---

① [法]萨特：《辩证理性批判》，林骧华等译，安徽文艺出版社1998年版，第407页。

一批现代语言学家和行为学家对群体组织作为一个整体主体的"群体意向性"问题进行了探讨。吉尔伯特（M. Gilbert）、图梅勒（R. Tuomela）、托芙森（D. Tollefsen）、韦勒曼（J. D. Velleman）和塞尔（J. Searle）等人都是群性主体具有群体性意向和信念的积极倡导者。[①]尽管对这种群体意向性表现的方式还存有异议，但这些学者基本都认为群体组织不只是个人的集合体，而是具有类似个体的人的心灵才具备的群体意向性。集体可能具备各种意向性状态，而且这种状态不可能被还原为个体意向性状态。成员个体成为某个集体成员时，也会表现出某些以前所不具备的特性。这些学者把群体意向性的研究在哲学、政治学、经济学、社会学以及道德哲学等众多领域中加以应用和讨论。在群体性意图基础上人们能够处理各种具体的社会组织、建构社会制度事实和社会共同体的概念，从哲学的角度对各种社会现象做出深入的剖析。从而，有可能对某个群体组织的行为作出合理的预判和批评，追究群体主体在法律或道义上的责任。

群体责任主体不仅具有一定的形式性、内容性，还具有一定的目的性。群体责任主体有责任、有义务保证目的对群体是真的具有意义。如果一个群体主体仅仅以自身的利益与生存、发展作为最高的目标，我们就不能说它是群体主体的完整的责任。有一个统一的目标和行动，把分散的个人实践联结成为一个整体，还有一整套规制保证行动的高效率，这些都不能保证群体就是一个真正负责任的主体。历史多次证明，群体主体在盲目、狂热状态下并不能清楚地考虑自己应有的目的与责任。即使目的符合群体自身的利益，也欠缺对其他众多群体、个人和社会的联系的考虑。这不仅要求群体责任主体在做出行为之前要反复推敲、慎重选择，还需要注重群体的可变性、开放性以及与相关各方的回应。群体主体不能是消极的集合体，而应该积极能动地履行和承担起自己的责任，也只有这样的群体主体才有资格成为责任主体。

群体责任主体体现着责任的公共性，意味着群体在追求自身利益的同时，不能以牺牲内部成员、其他群体的利益为代价，不能把自身的危机转

---

① 关于"群体意向性"问题的具体研究可以参阅国内学者丛杭青的《集体意向性：个体主义与整体主义之争》等文章。

嫁给社会。我们看到，已经有越来越多的群体主体，积极主动地承担起对个人、对社会和对世界的责任。当代社会之中，群体主体出现了许多新的变化趋势：在功能上已经不再满足于纯自然本能的需要，例如自我繁衍的需要，而是关注特定社会功能的需要；在内容上不再囿于自身利益的满足，而是更多地致力于群体内部成员的发展、与其他群体主体的协作以及人类社会整体的发展。这些趋势说明群体主体越来越意识到承担公共责任的重要性。群体责任主体的兴起既有助于群体中的个人培养公共责任意识与能力，也为其参与社会公共事务提供了机会和手段，尤其是能够实现对国家政治权力的监督与制约。当然，这些群体也需要获得国家与政府的支持和相应的资源。正式以及非正式民间群体已经承担了越来越繁重的服务于社会的公共责任，其中有许多还是政府做不了或者做不好的。个人、群体主体通过公开自由的普遍交往和民主协商求得共识，既可以防止当代社会由自由主义、个人主义和功利主义等导致的政治冷漠和责任虚无，又能够防止政府公共理性向工具理性的滑坡。

2. 责任客体

不仅没有无主体的责任，也没有无客体的责任，责任行为要对特定的对象负责。责任的客体是一个具有逻辑涵容性的多层次的体系，从责任主体自身、他人、社会到自然界，都属于责任客体的范围。根据责任行为所指向的客体不同，我们将责任划分为对自我的责任、对社会的责任和对自然的责任。

将自我作为责任客体意味着责任主体对自身负责。无论是个人，还是家庭、社会团体乃至国家，都存在对自我的责任。对自我的责任在具体内容上多种多样。康德在谈论现实生活中人对自身的责任时，将之分为对自己的完全责任和对自己的不完全责任。人对自身的完全责任又分为人对自身作为动物的责任和人对自身作为道德物的责任，前者包括反对人对自我的戕害、玷污以及陶醉等责任，后者则包括反对谎言、吝啬以及奉承等责任。人对自身的不完全责任包括其自身自然完善的责任与道德完善的责任。费希特继承了康德自我责任的思想，认为对自我责任分为个体生命的保持与完善两方面，可以具体化为躯体的营养、健康与精神的教养、发达。可见，物质与精神两方面自我完善的责任是对自我的责任的最主要内容，罗尔斯也一再提及自我完善责任是生活中主要存在的责任之一。

除了自我，他人、社会和自然也是责任行为负责的对象，这些责任对象是外在于"我"的他者。对他者负责意味着人和群体组织需以一种有利于社会的方式进行活动，承担高于自己目标的社会义务与使命。人不可避免地具有自利性的倾向，但这种倾向及其行为未必一定要损害他人利益。即使是斯密，也曾真诚地指出人的利己心与同情心是共存的。人在为自我负责的同时，其内在的道德意识与外在的规范习俗同时也约束着人为自我负责的限度、并要求对他者负责。马克思指出，仅凭自然属性无法把人与动物真正区分开来，况且人的自然属性也越来越体现为社会化了的自然属性。人的社会性是比自然性更高级的一种生存方式的特点，是对自然属性的超越，这正是"主体，即社会"的意旨所在。

3. 责任依据

人与群体组织的资格与角色是责任生成的两大基本依据。由人之为人的资格即人格所赋予的责任称之为自然责任。"人格"一词释义颇多，在伦理学中指一个人的道德品质；在法学中指享有法律地位的人；在文学中指人物心理的独特性和典型性；在心理学中指一个人区别于他人的稳定而统一的心理品质。在哲学上可取其宽泛意义，所谓"人格"即一个人作为人的资格，是人的本真人性的体现。由人格而担当的自然责任，是人生下来就被赋予的。自然责任既无须经过商讨、认同与选择，也无法取消。自然责任是每个人都应该承担的责任，是不可推卸的责任。

由人与群体组织的社会角色所赋予的责任称之为角色责任。角色责任与自然责任是两种不同的责任，其最主要的对立就体现在二者履行和承担的依据不同。除此以外，二者就存在时间和范围而言也有所不同。角色责任是有一定时限的，它一般会随着行为者所扮演的具体角色的产生而产生，也会随着角色的消失而消失。反之亦然，人不履行这些角色责任，其角色也就失去了本来的意义。人们对责任的承担是对特定范围和与特定地位相适应的行为规范的流行，满足的是社会对一个处于特定地位的人的行为期待。与此不同，自然责任的具体内容尽管会随着人类历史的发展而略有变化，但一般不会受到具体环境与制度的影响。无论在任何社会，人们都应该承担不伤害、不羞辱以及关爱、帮助他人等自然责任。

（三）责任评价

责任不仅与责任主体的责任感与责任行为密切相关，还与行为的后果相关，尤其与对行为及其后果的评价相关。当代语境中对责任评价的内在要素重视不足，对责任内在要素的普遍认知突出的是将个人主体性的自由尤其是意志自由作为责任产生与承担的前提，这从中西权威词典对"责任"一词的注解中就可见一斑。责任绝不仅仅是与行为者的个体主体性本质关联的，还要关注行为者的行为后果以及对此的评价，牵涉人和他人之间的关系。

责任评价是人的责任应含的一项重要的内在要素。责任评价是责任的基本要素与重要环节。责任一般被表述为"有……的责任"、"应对……负责"、"没有为……负责"、"承担……的责任"等形式，但在"应尽的责任"和"应追究的责任"这两个层次之间，还有一个重要的中间环节，"由它来对责任主体是否做好了分内之事以及没有做好分内之事时应该受到何种处置进行评价"[①]。缺失责任评价，责任实践就是不完整的。不仅如此，责任评价是也只能是以人作为载体。人以外的任何其他事物是不可能发展出对自己行为进行评价和规范的系统的。责任评价是作为责任主体的人进行分析、推理和判断后而获得的，在形式上表现为责备、赞扬、奖励或者惩罚。

责任行为的实际后果是责任评价的现实根据。首先，责任感作为一种心理活动和情感态度，一般不能被他人直接观察到。责任行为及其后果是可以被他人直接观察到的。责任行为总是会对他人、对外在世界产生影响，从这个角度来说，从后果而不是从主体的意志、动机或能力入手来进行责任评价，更具有合理性。其次，每一个具体的责任行为中，责任主体预想的行为历程和结果总是与实际完成责任行为之间具有较大的差异性，将责任行为的实际后果作为责任评价的现实根据是具有合法性的。

责任评价是责任公共性特质的重要体现。首先，责任评价体现责任公共性之共在性特质。从主体方面看，评价当然可以出自责任主体，但更多的是其他社会成员或者社会对责任主体的评价。其次，责任评价体现责任公共性之规范性特质。从依据方面看，责任评价不是主体主观臆断的结果，而是要根据对已有社会规范的认识与理解来做出。无论评价主体是谁，都要以社会现有的规范体系为参照。尽管选择和决断是责任主体以个

---

[①] 谢军：《责任论》，上海人民出版社2007年版，第83页。

别的方式、依据自己的意志自由做出的,但并不是绝对意义上的随意任性,因为它总是要依据一定的标准才能做出。这种标准的确立与形成势必会打上社会规范性的烙印。最后,责任评价体现责任公共性之社会性特质。责任评价需要结合具体的责任行为后果产生的社会条件而获得。行为主体需对一个行为负责,必须满足至少以下几个条件:行为出自行为者的意志自由;行为直接引起了应为之负责的后果;该后果与行为之间具有因果关系或者至少有关联;该行为后果是可以预见并可避免的。只有满足以上条件,我们才能说人需为这一行为负责,而且责任评价也正是基于以上方面才做出的。责任评价考量的这些条件与行为主体具体责任行为的社会情境密不可分。

## 二 责任生成的主观条件

责任主体与责任客体之间责任关系的形成,责任感、责任行为与责任评价的发生,都需要依赖一定的主观条件。责任如欲生成和展开,需以自由为前提。同时,行为者还要具备相应的责任能力。

(一) 自由:责任生成的主体先决条件

责任之成立、履行与承担都与自由有着内在的必然的联系。责任只能生成并实现于属人世界,归根到底就是由作为主体的人才具有自由之本性所决定的。

自由,从消极意义上讲,是指免于强制;从积极意义上讲,就是自己做主、自我决断。对于柏拉图来说,如果一个人由他的理性而不是欲望和情欲来支配,那么他就是自由的。在现代意义上,自由问题实际上就是人按照自己的意志来行动的可能性的问题。尽管有些人把行动自由与意志自由区分开来,但我们认为行动自由其实更多地从反面表现出责任与客观社会历史条件之间的关联。如奥康纳所言,二者的区分"是因为我们能否实现自己的目的部分地依赖于那些完全在我们控制之外的因素。……由于这些条件和限制是否出现(通常)并非我们的责任,因此,说责任主要在于我们'选择'或者'意愿'才是正确的"[①]。在最根本的意义上,理

---

① 奥康纳:《自由意志》,段素阁译,转引自徐向东:《自由意志与道德责任》,江苏人民出版社2006年版,第39页。译文稍有改动。

解自由对责任的先决意义的关键点在于把握好行为者的意志自由。

意志是一种个体选择目标和决定行为方式的心理活动过程,意志自由也就是人独立地按照自己的意愿自主选择、自主行动的自由,这是一种个体自我的、主观的、内在的和私人的自由。"自由是意志的根本规定。"[①] 简单地说,意志自由就是理性的行动者可以控制其行为和决定。笛卡儿把意志的自由作为天赋予人的一个最基本和最共同的观念。康德把实践意义的自由规定为意志的自律。关于意志自由与责任的关系问题一直存在着错综复杂的争论;但是,与不相容论相比,自由意志与决定论相容的观点一直在哲学史上占据主导地位。

意志自由为责任的产生提供了必要前提和潜在条件。"我们的内在生活的那些事件的展现,似乎全然不可预测,而且还不是因为我们缺乏充分的信息。……我们能够按照我们的生活目标,根据我们对周围环境的理解,来设计和规划我们的生活,来选择可能的行动历程和决定如何行动。……一般来说,如果从一组可供取舍的可能性中选择哪个可能性来实现完全取决于我们自己,如果我们的选择和行动的源泉是在我们当中,而不是在我们没有控制的任何其他人或者任何事情当中,那么我们就倾向于相信我们是有自由意志的。"[②] 这表明我们具有意志自由和能动性,我们的行动不是完全按照决定论的图景来说明。具体而言,我们可以从以下几个方面分析意志自由对责任的先决意义。

首先,意志自由意味着行为者的行为在最根本的意义上要依赖于其内部动机和目标。正是因为行动的源泉是在我们自身当中,我们就不能把责任都推给了他人或者宇宙、本原甚至上帝。亚里士多德在探讨自愿与非自愿行为时就明确指出,除非是被迫或者无知,人都应该为出于自己意志自由和自主选择的行为负责。行为者的意愿即主观动机是判断一个人是否应对其行为负责的必要条件。

其次,意志自由意味着行为者自主的能动性。行为者在具体的社会历史和时空条件下,自主地"理解"、"设计"、"规划"自己的行为"历程"与方式,决定履行和承担责任的内容、方式以及对象。当强调行为

---

[①] 黑格尔:《法哲学原理》,范扬等译,商务印书馆1961年版,导论第11页。

[②] 徐向东:《自由意志与道德责任》,江苏人民出版社2006年版,第6页。

者按要求进行某些活动、承担相应后果是基于自我的意志自由去自主自觉地进行时,责任就体现出鲜明的私人性、主观性与内在性等特质。

最后,意志自由还表现为行为者的自由选择,这种选择自由是责任得以存在的关键条件。人们在行为之前,总是会面对多种行为的可能性,这就要求行为者要在这些可能性之间进行决断。责任的古希腊语源头Kathekon意味着能得到理性说明的行为。行为者要预先做出践履某种责任行为的决断,这种考量、选取、决定成为意志自由最为核心的内容。如果所有的行为都是因果决定的,由于这样的行为不是体现主体人格的行为,我们自然不能也不需对其承担责任。

离开意志自由,我们就无法有意义地谈论责任问题。意志是自由的,我们才具有自我导向的能力,可以按照自己的意志来选择行为。"每个有理性东西的意志的观念都是普遍立法意志的观念。"[①] 行为者个体意志的自律所意味着的就是个人的自由,个人的自由是责任的前提。既然行之以善还是行之以恶取决于主体的自我决断,那么行为者就应该也必须对自己的行为承当法律以及道德后果。

尽管自由尤其是意志自由对责任具有先决意义,但责任的全部意义却绝不仅限于此。意志自由彰显行为者责任实践的主体性、自律性,但是责任的生成、履行与承担毕竟还要受到外在必然性的限制。如果不顾这些外在实然的他律,一味强调人的意志的绝对的自由,最后只能导致责任唯我论、独断化与虚无主义,这些也正是当代社会责任危机的主要表现与后果。

(二) 责任能力:责任生成的主体必备条件

自由是责任的先决条件,但仅有自由并不一定就必然实现责任。意志自由体现的是主体行为的一种意愿,但是这种意愿能不能成为现实,不仅需要依赖一定的客观物质条件,还需要一定的主体条件。这种主体条件就是我们所说的责任能力。

能力通常指完成一定活动的本领,这种本领是在人的生理素质的基础上经过教育和培养、并在实践活动中汲取经验而形成和发展起来的。所谓责任能力,就是指行为者基于自身所处的现实处境,运用自身各种相关素

---

[①] 康德:《道德形而上学原理》,苗力田译,上海人民出版社2002年版,第49页。

质促使责任实现的主体条件。责任能力是责任行为产生的必备条件,从某种意义上说,责任就是责任能力的现实展开。大致说来,责任能力分为责任认知能力和责任行为能力两大方面。

1. 责任认知能力

责任认知能力首先表现在主体对行为所产生的后果应该具有预见力和控制力,这种预见能力对责任行为具有发生、持续或者中止的功能。"从一般的意义上讲,只有行动者能够最为确当地知道其行动的周遭环境,……最为有效地运用他们的知识。如果我们因假定人具有理性而赋予其以自由,那么我们也必须通过使他们对其决策的后果承担责任而肯定他们会一如具有理性的人那样去行事。这并不意味着我们认为一个人永远是其自身利益的最佳判断者;这只意味着我们永远不可能确知谁比行动者本人能更好地知道他的利益。"[①] 行为主体在行为之初就应当对该行为可能带来的"利益"、"环境"以及对他人的影响等后果有所预见。很多过失性责任就是由于主体缺乏对行为后果的预见能力而导致的。尽管行为主体在主观愿望上并不希望负面后果的发生,但是由于疏忽大意或者过于自信而对后果预见不足,行为者就必须承担相应的责任。

责任认知能力还表现在行为主体对责任要求应该具有理解力和判断力。仅仅具有对行为后果的预见力,只是一种工具性的责任认知能力。责任实践必须超越实然的工具层面,考虑应然的价值层面问题。在当代社会责任危机的一种重要表现就在于,主体不仅对自身所应担当的责任"是什么"没有一个明确认知和理解,而且对为什么应当履行或承担此责任缺乏反思和判断。责任不仅是"一个法律概念","当然也是一个道德概念,此一概念构成了我们认识人的道德义务的基础。事实上,责任概念,在范围上远远超过了我们通常视之为道德的范围"[②]。理解责任,不能只从自我和功利出发,需要考量责任的道德内涵与社会意义。只有主体对于担当责任有了情感的认同与信念的感召,只有充分认识责任所包含的价值、意义,才能将责任的强制与他律转化为责任的自律,提升主体践履责任的动力。

---

① [英]哈耶克:《自由秩序原理》,邓正来译,三联书店1997年版,第90页。
② 同上书,第89页。

2. 责任行为能力

责任行为能力首先表现在对责任主体年龄和精神方面的要求上。只有行为者达到一定的责任年龄，而且精神与智力水平正常的情况下，才有可能具备履行和承担责任的主体资格。否则，行为者就是无责任行为能力或者限制责任行为能力的人。"我们因其特定行动或其行动的后果而科之以责任的那个人，是否是那种会产生正常动机的人［即他是否是一个我们所说的有责任能力的人（a responsible person）］。"[1] 若要被科以责任需要行为主体能够"产生正常动机"，这首先要求责任主体必须是达到一定的年龄并具有正常的精神与智力水平。

对责任主体年龄和精神方面的严格限定，主要是出于对主体学习知识能力的考虑。主体学习知识的能力是主体责任能力的重要表现。恩格斯在《反杜林论》中讲，如果不谈"人的责任能力、必然和自由的关系等问题，就不能很好地议论道德和法的问题。……人对一定问题的判断越是自由，这个判断的内容所具有的必然性就越大；而犹豫不决是以不知为基础的"[2]。如果行为者对行为可能产生的后果"不知"，缺乏一定的预见力、控制力、理解力与判断力，就无法真正实现责任。只有心智足够成熟，才有能力从生活的经验、前人的智慧以及与他人的交往等途径中，学习到足够的知识。若要践履责任，首先要求行为者必须是理智的。行为者需要具有对自身行为的最基本的知识，具备理性认知等能力。"有关某人将被视为具有责任能力的知识，将对他的行动产生影响，并使其趋向于一可欲的方向。"[3] 对学习知识能力的要求，一个重要的意义就表现为责任主体能够运用知识去引导自己的行动，并对以后以及不同的场合下的行动产生影响。

意志自由与责任能力是责任生成必备的主观条件，它们对责任感的形成、责任行为与责任评价的进行意义非凡。这些主观条件可以使责任主体明确自己的责任是什么、为什么，自己承担的到底是对谁的责任，如何去履行和承担责任以及如何去判定和评价责任。

---

[1] ［英］哈耶克：《自由秩序原理》，邓正来译，三联书店1997年版，第88页。
[2] 《马克思恩格斯选集》（第2卷），人民出版社1995年版，第454—455页。
[3] ［英］哈耶克：《自由秩序原理》，邓正来译，三联书店1997年版，第89页。

## 三 责任生成的客观条件

责任不仅关涉责任主体的意志自由与责任能力等主观条件，还要关注对行为后果的承担，尤其要关注对他人的回应以及对赞扬性或责备性的评价的接受。诚如哈耶克所说，"一个自由社会的本质在于，一个人的价值及酬报，并不取决于他所拥有的抽象能力，而取决于他能否成功地将这种抽象的能力转换成对其他有能力做出回报的人有用的具体的服务"①。社会现实生活以及行为者的社会实践是责任不可或缺的客观条件，是责任生成的现实场域。

（一）社会现实生活：自由选择的尘世根基

人的自由是尘世的自由而非抽象的思辨自由。脱离社会现实生活这一自由的尘世根基，实现的只是虚幻的自由。"自由不在于幻想中摆脱自然规律而独立，而在于认识这些规律，从而能够有计划地使自然规律为一定的目的服务。这无论对外部自然的规律，或对支配人本身的肉体存在和精神存在的规律来说，都是一样的。这两类规律，我们最多只能在观念中而不能在现实中把它们互相分开。因此，意志自由只是借助于对事物的认识来作出决定的能力。"② 尘世的自由意味着人类对自然的束缚的突破，但是无法"摆脱自然规律而独立"。此外，尘世的自由也意味着通过认识和改造必然世界而获得自由。在这个意义上，意志自由不是脱离尘世的思辨的自由，它只是"借助于对事物的认识来作出决定的能力"而已。

没有自由尤其是自由选择，责任也就无法谈起。只有人能够自由选择和不断选择，人才要持续地为自己的行为及其后果承担责任。人是自为的和能动的存在，人通过自由选择实现自己的目的、塑造自己的形象从而实现自己的责任性存在。

但是，如果将自由选择绝对化，不承认自由选择需以社会现实生活为根基和条件，责任就会成为一种人难以承担的重负。萨特在《存在与虚无》中说，"人，由于命定是自由，把整个世界的重量担在肩上；他对作为存在方式的世界和他本身是有责任的。……这种绝对的责任不是从别处

---

① ［英］哈耶克：《自由秩序原理》，邓正来译，三联书店1997年版，第95—96页。
② 《马克思恩格斯选集》（第2卷），人民出版社1995年版，第455页。

接受的：它仅仅是我们的自由的结果的逻辑要求"，这关系到选择的问题，"我是完全自由的，我与我选择成为其意义的时代的不可分辨，……这个选择本身是完全担负着散朴性的，因为我不能不选择"①。将自由选择无限夸大，视之为完全是行为者自己主观意志支配下的选择，自由与责任势必会成为人的"难以承受之重"。如此，人就不得不自由，不得不去承担"对作为存在方式的世界和他本身"的完全的责任。依照这种逻辑，萨特得出"他人就是地狱"的结论也就不足为奇了。

自由选择是基于尘世的自由选择，社会现实生活为自由选择规定了选择的有限性。尽管随着人类自身力量的增长，人们感到自身自由选择权利的权利具有了充分的发展空间。但是，自由选择始终脱离不了一定的社会基础。"社会不管其形式如何——是什么呢？是人们交互活动的产物。人们能否自由选择某一社会形式呢？绝不能。在人们的生产力发展的一定状况下，就会有一定的交换和消费形式在生产、交换和消费发展的一定阶段上，就会有相应的社会制度，相应的家庭、等级或阶级组织。"② 自由选择看来好像是在众多不同的甚至相互矛盾的可能的决定中任意进行选择，但这种自由选择一直都没有也无法脱离人们交互活动的社会现实生活过程，无法脱离一定社会中的"生产力发展"状况、"社会制度，相应的家庭、等级或阶级组织"。

（二）个体的生活经验：责任能力的现实来源

责任能力是行为者履行和承担责任必备的主体条件，责任能力由何而来呢？人的责任能力是人的一种本质能力，是主体性问题在责任践履上的重要体现。马克思主义唯物史观认为，"主观性是主体，而主体又必然是有经验的个人，是单一的东西"③。只有把经验的现实的个人作为分析和看待问题的出发点，人的主体性存在才是现实的。

就具体的个体而言，每一个人的责任能力是具有自己生成和发展的独特性的。社会现实生活是人的选择等主体自由的尘世根基，这表明人的责任能力总是不可避免地要打上社会历史条件的时代烙印。但在同一社会历

---

① ［法］萨特：《存在与虚无》，陈宣良等译，安徽文艺出版社 1998 年版，第 705—708 页。
② 《马克思恩格斯选集》（第 4 卷），人民出版社 1995 年版，第 532 页。
③ 《马克思恩格斯选集》（第 1 卷），人民出版社 1995 年版，第 285 页。

史条件下,有的人责任认知能力较强,能够深刻预见和洞察行为的后果,并有效地控制行为的后果。而有的人则责任行为能力较强,比较倾向于自觉地履行与承担责任,但却对自己应负的责任缺乏深刻的理解与判断。正是由于这种种具体责任能力的不同,我们认为个体独特的生活经验是责任能力的来源。

  人的责任能力的生成离不开个体特定的生活经验。个体不是"绝对精神"实现自身的一个环节,也不是淹没在无声的"类"中的个人。尽管社会历史条件以及社会价值规范和组织制度都构成了个体建构的重要前提,但这并不意味着每个个人责任能力的生成都是完全一致的,都是处于相同的水平线上的。每个人在同一社会进程中都占有着属于他自己的社会场域与社会关系,每个人都经历着独特的个体的生活经验,因此,每个人的责任能力的生成就总是展现着同一社会过程的特定侧面的。"我们的出发点是,而且从他们的现实生活过程中我们还可以揭示出这一生活过程在意识形态上的反射和回声的发展"①。独特的个体的生活经验,建立在个体独特的实践、现成的以及经由他们自己的实践所创造出来的物质生活条件的基础之上。正是这些实践活动以及物质生活条件,使不同的人形成不同的责任观、责任认知与评价水平以及责任行为模式。在这个意义上,个体特定的生活经验构成其责任能力的基础。

  作为责任能力的现实来源,个体的生活经验并非意指脱离他人而独自体味自我的人生经验,而且在最根本的意义上,这些经验都植根于一定社会的政治、经济与文化关系。个体的生活经验是从社会经验中产生的,是在个体与他者的交往中展开的。个体只能从与自身处于同一群体的其他成员的特殊立场出发,或者说从其所从属群体的一般化立场出发,才能经验他的自我本身。经验的现实的个人存在恰恰是"社会"存在的表现。"以一定方式进行生产活动的一定的个人,发生一定的社会关系和政治关系。经验的观察在任何情况下都应当根据经验来揭示社会结构和政治结构同生产的联系,而不应当带有任何神秘和思辨的色彩。社会结构和国家经常是从一定个人的生活过程中产生的。但这里所说的个人不是他们自己或别人想象中的那种个人,而是现实中的个人,也就是说,这些个人是从事活动

---

① 《马克思恩格斯全集》(第3卷),人民出版社1960年版,第30页。

的，进行物质生产的，因而是在一定的物质的、不受他们任意支配的界限、前提和条件下能动地表象自己的"①。责任主体作为"现实的个人",是处于一定的"社会关系"中的个人，而不是孤立存在的个体。

人的责任能力在个体的生活经验中得以形成和有效提升。以往生活的经验、前人的智慧以及与他人的交往等诸多提升责任能力的途径，都意味着他者的在场。首先，个体的生活经验是行为者自我在实践经验基础上通过认识和把握一般意义上的社会经验形成的。其次，个体在形成独特的生活经验的同时，也在认识和把握他人的独特经验，并在自我与他者的交往与沟通中来检验自身的经验。最后，个体通过以上过程可以使自身经验得到不断生成与增长。这样，行为者可以立足于生活经验更好地预测他人对自己行为的反应，从而使自己在一定程度上能够推断行为有可能产生的后果，甚至预见出他人与社会对自身行为可能的赞赏或者责备性评价。

## 第三节 责任的价值

责任是一个古老的话题，但历史的久远本身并不能在自明意义上表明"责任"这一范畴必须具有研究价值。责任为什么如此重要？我们为什么要对责任进行哲学研究？理解责任深厚的社会价值、伦理与道德价值以及法律价值，是解答以上问题的关键所在。

### 一 责任的社会价值

责任始终是人的责任。人是什么？这个问题涉及了对人的本质性规定。尽管人类是一种自由自觉的主体性存在，但是，人的本质却不能用"类的存在"来规定。人的本质"在其现实性上，它是一切社会关系的总和"②。人的社会性本质不是从人的类的存在状态中抽象出来的价值预设，而是根植于社会生产实践的具体的历史范畴。"人的实质也就是人的真正的共同体"③。"社会"、"共同体"不是一种高于个人的实体性存在，不

---

① 《马克思恩格斯全集》（第3卷），人民出版社1960年版，第28—29页。
② 《马克思恩格斯选集》（第1卷），人民出版社1995年版，第78页。
③ 同上书，第487页。

是个人的总和，而是表示"这些个人彼此发生的那些联系和关系的总和"①。在这个意义上，对人的社会性解读就要区别于对人的类的存在的解读。前者的意义在于表明人的本质是被社会规定的，后者则表明人对自然性存在的超越。人的本质不能从抽象的人性中得到解读，而应该在人生活于其中的社会现实以及人与这个社会的关系中得到说明。

责任不能凭空而生，也绝非仅仅是意志自由的产物，责任的生成离不开社会实践与社会生活。"责任与社会并存，是人类社会历史发展的结果，……概括来说，责任产生于人与社会这一现实世界的相互关系中，是主体对现实世界的客观规定性的自觉把握与反应。"② 责任是社会生活的产物，是人类为保障个体生存和种族延续而经由长时间的选择和适应的结果。责任与人的社会性本质关联，只有人既对自己负责，又彼此负责，才能使社会生活得到良序建构。

从本质上讲，责任是一种关系范畴，是一种构筑人的共存的普遍法则。"作为确定的人，现实的人，你就有规定，就有使命，就有任务。"③ 阿伦特用"复数的人"阐明了同一意义。"社会关系"或是"复数的人"实际上意味着对人的责任要求。人在处理人与自我、人与社会、人与自然的关系的实践中，即在改造自然和改造社会的活动中，要对自己的行为及其后果承担责任，其实质就是要承担对自己、对他人、对社会、对自然的责任。

人的社会性本质形成的过程即人的社会化过程，而这一过程也就是责任感尤其是社会责任感的培养过程。人的社会化就是一个人将社会价值标准与社会行为规范内化从而适应社会生活的过程。在当代社会，人们通常将人的社会化过程等同于人的角色化过程。每一种社会角色都有特殊的责任要求与义务。重视责任，实际上是重视规约人的心灵秩序与外在行为，并以此为中介建构人类社会的良性秩序。

责任的践履对社会的有效运作亦意义非凡，责任是社会生活良序建构的基本条件。在人的社会化成长过程中，不进行责任教育，或者只是注重

---

① 《马克思恩格斯全集》（第46卷上），人民出版社1979年版，第220页。
② 谢军：《责任论》，上海人民出版社2007年版，第98页。
③ 《马克思恩格斯全集》（第3卷），人民出版社1960年版，第329页。

培养人的自我责任感而缺乏对社会责任感的关注,这都是不可取的。其结果要么是人们会将任意的自由视为自己生存的终极目的,要么就只是使自己成为责任的客体,而不是责任的主体,把他人、社会与自然等其他客体排除在自己的责任关系之外。社会成员具有自我责任感,才能对自己负责,才能以负责的态度积极投身于种种社会关系与社会事务中去。更为关键的是,社会成员具有强烈的社会责任感,才能切实地承担起对他人、对社会以及对人类赖以生存的自然的责任,社会才有可能存在和发展下去。

## 二 责任的伦理与道德价值

伦理与道德是两个不同的概念。伦理偏重于社会规范的层面,是一种客观的人和人、人和社会之间的规范关系。伦理是"活的善,这活的善在自我意识中具有它的知识和意志,通过自我意识的行动而达到它的现实性"[1]。道德偏重于个人的层面,是个体对伦理规范的领悟、反思与重新的建构。"道德的主要环节是我的识见,我的意图;在这里,主观的方面,我对于善的意见,是压倒一切的。道德学的意义,就是主体由自己自由地建立起善、伦理、公正等规定,而当主体由自己建立这些规定时,也就把'由自己建立'这一规定扬弃了,这样一来,善、伦理等规定便是永恒的、自在自为的存在了。"[2] 道德以伦理为指向与归宿,伦理依靠道德获得认同、评价与维系。

伦理与道德是专属于人的世界的,因为唯有人类才能够为自身制定"应然"的准则,并具备领悟、实现和反思这些准则的能力。在这个意义上,责任的伦理与道德价值体现为责任的规范价值及其对人之道德存在的彰显。

责任对社会价值规范具有重要意义。没有责任的践履,社会价值规范将无以实现。诚然,责任需以一定的社会价值规范作为责任评价的尺度与依据,但是抽象的社会价值规范也要依靠责任行为才能现实化。只有责任主体将外在的价值规范内化为责任意识,并积极将之转化为责任行为,规范才有可能得以实现。不仅如此,当我们对责任行为及其后果进行奖励、

---

[1] 黑格尔:《法哲学原理》,范扬等译,商务印书馆1961年版,第164页。
[2] 黑格尔:《哲学史讲演录》(第2卷),贺麟等译,商务印书馆1960年版,第42—43页。

惩罚、责备或者赞扬等评价时，会通过对行为的价值引导而产生对人的行为的规范性约束。"科以责任并不是对一事实的断定，它毋宁具有了某种惯例的性质，亦即那种旨在使人们遵循某些规则的惯例之性质。"[①] 科学合理的责任评价机制，可以有效地引导和调节人的行为。赞扬与奖励可激励人们继续进行责任行为，责备与惩罚则可以促使该行为的中止。这种评价反复积淀，不仅会对人的责任实践和人格养成发挥重要作用，更可以推进社会价值规范的发展。

责任对社会价值规范的重要意义最终使人类社会得以维系与发展。没有了责任对社会价值规范的现实化，人类社会将很难得以维系与发展。人们在服膺一种伦理规范时未必确切地意识到了其社会功能所在，但是一切伦理都无例外地以抑制个体的某些本性而使社会生活成为可能。比如，只有积极履行与承担职业伦理责任，各行各业的工作才能正常展开；只有积极履行与承担科技伦理责任，生态平衡、优化生态环境的生态价值才能得到有效维护，如此等等。在这个意义上，责任对社会价值规范的践履具有重大的意义与作用。

责任不仅具有伦理价值，更具有道德价值。"伦理是无意识地做公正的事。伦理的（诚实的）人就是这样，他并不事实考虑到什么是善的，善就是他的品格，是固着在他身上的。"[②] 伦理强大的社会功能，有时也会走向自身的反面，成为对人的强制与压榨。面对社会规范，个人不再是自主的自我，甚至为了宗教伦理可以无条件地牺牲自我。没有道德反思，对伦理规范的责任践履就会成为一种盲从，无法真正体现人的自由自觉性。

责任的道德价值与人的自我道德反思与道德责任承担本质关联。责任是要求责任主体与"自我的他者"对话的。这种与自我的对话是责任主体反身朝向自己的意向活动即反思活动。在反思中人的个体性存在自身成为主体与客体的统一："我"既是思想的主体，又是思想的对象。作为对象的"我"即内在的他者，这个内在的他者是对"我"的原初的分裂。在责任实践中，这种反思不仅体现在人对自身的责任意识中，还体现在责

---

[①] ［英］哈耶克：《自由秩序原理》，邓正来译，三联书店1997年版，第89页。
[②] 黑格尔：《哲学史讲演录》（第2卷），贺麟等译，商务印书馆1960年版，第68页。

任评价中。为了能够对自身作出评价,责任主体必须首先与个体自我保持"距离",这样才能反观自身。而且,只有当这种反思超越人的本能,以他人、社会以及人类为价值旨归之时,责任的道德价值便体现出来。在这个意义上,责任的道德价值体现能为人们对道德责任的积极履行与承担。

道德责任在《中国大百科全书》中被解释为人们在一定的社会关系中所应该选择的道德行为和对社会和他人所承担的道德义务。《中国伦理学百科全书》认为道德责任是从道德上意识到的对他人、对社会的道德义务、道德使命。道德责任本质上是对外在的道德义务的内心认同。道德责任是人们主动意识到的义务,具有良心的成分。道德义务与道德责任是同一种道德命令在人之外和在人之内的两种表现形式。《马克思主义哲学大辞典》指出道德责任是指人们对自己行为的过失及其不良后果在道义上所承担的责任。这些概念各有侧重,分别从角色、德性以及后果对道德责任进行界定。基于对以上概念的理解,我们将道德责任界定为责任主体在一定的社会关系中所应该选择的道德行为和对自己行为的过失及其不良后果而承担的道德道义。

道德责任主要依靠社会舆论、习惯、良心、信仰来维持和保障实施。道德责任的内容较为笼统和宽泛,大致可以将其分为三个层次。低层的道德责任主要是指对于全体社会成员来讲是底线的责任,如不要伤害他人、尊重人格、敬畏生命、保护环境等。人只要在社会中生活,不论他是哪种身份和角色、属于哪个阶级、阶层或者群体,都有一些基本的、共同的道德责任需要承担。处于中间层次的道德责任主要是指基于契约、承诺或者岗位、职位来履行和承担的道德责任。这类道德责任在现实生活中主要表现为各种职业道德规范。在生活中,人们主要是在较高层次上来理解道德责任的。较高层次的道德责任意指责任主体的牺牲精神,具有明显的自律性、超功利性、崇高性和理想性的特征。

道德责任的践履彰显人的道德存在,责任由此具有道德的价值。"责任的讨论为人们提供了认识人的生活的意义和对待世界的价值信仰。这就是为什么它成为当前所有道德争论的中心。"[1] 道德责任的承担主要依靠

---

[1] William Schweiker, Responsibility and Christian Ethics, New York: Cambridge University Press, 1995, p. 12.

责任主体自我觉醒、自我约束的形式来表现。道德责任不是外力强加的结果，而是责任主体自觉地将社会价值、信仰内化于心的结果，表现出高度的自律性。在这个意义上，责任是人的道德性存在的根本意义所在。当鲍曼追问"道德的意义是什么"时，他毫不犹豫地回答，"很明显，意义很大。采取道德立场意味着为他者承担责任"[①]。人之所以是道德的存在，其基础就在于人具有知道自己履行责任而且关键是道德责任这样一种意识。

### 三 责任的法律价值

法律产生于人类社会实践的需要，在表现方式和具体内容上随着时代的发展而有所不同。总体而言，法律是调整社会关系的重要规范，规范化的人类生存方式是法律调整的目的所在。法律缺失或者失范的社会无法形成规范化和条理化的社会秩序。

责任的法律价值主要体现在责任主体对法律责任的承担之中。没有这种承担，法律就不会得到有效地贯彻，就不会发挥对社会关系的调整作用，社会就会处于一盘散沙之中。

法律责任是指责任主体在一定的社会关系中依照各种法律、法规、政策要求而应承担的法定义务，以及对自己行为的过失及其不良后果而承担的法律后果。从后果的不同形式上看，法律责任包括民事责任、刑事责任、违宪责任、政治责任、行政责任、国家赔偿责任以及经济责任，如此等等。具体说来，法律责任首先表示一种因违反法律、法规等法定义务或契约义务而形成的责任关系，它是以这些义务而不是以伦理或者道德义务的存在为前提的。其次，法律责任还表示为一种责任方式，即承担不利后果。再次，法律责任具有内在逻辑性，即存在前因与后果的逻辑关系。法律责任或者是因为行为违反了法定的义务、或者是因不当行使法律权利、权力而产生的，责任主体必须对自身行为所产生的不利后果进行承担。最后，法律责任的追究是由国家强制力实施或者潜在保证的，这一点是法律规范与伦理规范的重要区别所在。

---

① [英] 鲍曼：《生活在碎片之中——论后现代道德》，郁建兴等译，学林出版社 2002 年版，第 311 页。

## 第一章 责任的界说

法律与伦理一样，也是一种人与人之间关系的规范。作为两种不同的社会规范体系，二者之间又保持着一定的距离，有时还会出现对抗的情形。也就是说，法律与伦理有着相同的价值指向，但是法律又不同于伦理，这种不同主要体现在法律是以国家强制力来保证实施的。在法律规范体系中国家的强制力主要体现为法律制裁，任何人一旦触犯法律，必须承担相应的法律后果。这也就是我们通常所说的"承担法律责任"。

责任的法律价值是在法律责任与道德责任的相互关系中彰显出来的。首先，法律责任与道德责任具有鲜明的区别。从性质上讲，道德责任是一种内在规定性，而法律责任是一种外在规定性；从存在的前提讲，道德责任以道德义务为根据形成一定的道德关系，法律责任则以法律等义务为根据；从追究主体上讲，道德责任一般是责任主体自身，法律责任则由责任主体以外的国家等机构加以追究；从价值指向讲，道德责任以应然作为价值指向，法律责任以实然作为价值指向。总之，道德责任是指向责任主体自身的一种自律，而法律责任则是一种溢出责任主体自身的一种他律。其次，法律责任与道德责任的不同，恰恰表明道德责任与法律责任的不可分割。一方面，道德责任可以超越法律责任的实然性，而法律责任可以弥补道德责任的脆弱性。另一方面，法律责任可以将行为规则客观化、固定化，在现实中只要通过教化的力量使之长期有效得到贯彻，法律责任就可以转化为道德责任。

从根本上讲，道德责任是无法超出自我、个体之限度的。个人的愧疚感、罪恶感以及忏悔意识是具有重要的道德价值，但对于一个社会的公共生活方式和公共政治文化的意义却是甚为有限的。雅斯贝尔斯也曾经指出，道德责任是个人必须承担的思想和行为责任，人们在道德的反思中首先就要对以前所谓的"美好的理想"进行反思。不要寻找任何借口开脱自己该承担的道德责任。雅斯贝尔斯特别提到那些自我标榜的"自由"和"斗争"的以"清流"身份加入纳粹政党的知识分子，说他们纯粹是"自欺欺人"，他们"享受以服从、沉默和屈服为代价的傻子自由"，他们所谓的"斗争"是由"他人意志决定和规范的煞有介事的斗争"。雅斯贝尔斯也认识到一些人的道德选择往往会受到环境的影响与压力，因此他将人性良知受损而产生的罪过感称作为"形而上罪过"即"我为人的罪过"。"形而上罪过包括幸存者的罪过和不像人的罪过，它指的是不能与人类彻底团结一致,不能完全凭借人性去行事",因此,"坏事或恶事都侵犯着这种团结,即使我小心翼翼地冒着生命危险去阻止它的发生,也不足以平息我的形而上罪过。如果恶事发生时我在场,别人死去,而我却苟活下来,我就会听到我对自己说,我因自己还活着而有罪过"①。其实雅斯贝尔斯那种至高的良心境界就是我们所说的最高层次的道德责任。

无独有偶,阿伦特也一再将罪感、忏悔严格地规限为个人的道德行为,并力主将它排除在公共生活之外。阿伦特特别关注正义、荣誉等那些在传统政治领域中具有关键意义,但在当代社会中却被遗忘的范畴。她力主重建新型公众关系,"随时应对世界需要,构建新政治共同体的目标",而不是沉迷于私人的忏悔当中。②

相比较而言,法律责任是可以在一定程度上体现责任公共性的。首先,法律责任表示一种因违反法律、法规以及纪律等的义务关系而形成的责任关系,这些作为责任依据的义务不是根植于责任主体自身,而是在长期的社会实践中形成的,从而体现出责任的规范性和社会性。其次,法律责任还表示为对不利后果的承担,这表明法律责任不是侧重于自我意识、意志自由的问题来探讨责任,而这一理论视角是责任个体性的支点所在。最后,法律责任一般是由责任主体以外其他机构加以追究的,这表明法律责任体现了作为责任主体的行为者与他人的共在性,而这种共在性、共处性是责任公共性的主要特质。

责任的社会价值、伦理和道德价值以及法律价值,是有机统一在一起的。责任的社会价值表明责任应内含他者的维度;责任的伦理和道德价值彰显人与他者的共存是一种责任性的共存;责任的法律价值表明责任绝不仅仅是与行为者个体及其自由本质关联,还要关注行为者的行为后果以及对此的评价,牵涉人和人之间的关系。责任主体对他者的回应,既不能仅仅用主体的自觉来解释,也不能单纯从强制的义务、束缚与惩罚等方面来考量。总而言之,责任的价值不仅是责任主体自我存在的价值,更是一种公共性的价值。

---

① Karl Jaspers, The Question of German Guilt, New York: Capricorn Book, 1947, pp. 68 – 71.
② Hannah Arendt, Between Past and Future: Eight Exercises in Political Thought, Harmondsworth, Middlesex: Penguin Books Ltd., 1977. p. 151.

# 第二章 责任观的历史回溯

第欧根尼·拉修斯认为芝诺是第一个使用"责任"概念的人。漫长的历史长河中,"责任"这一范畴经历了怎样的流变?欲要深入理解责任并挖掘当代社会责任问题的根源,就需到思想的发展历程中寻找其演进的轨迹。基于社会历史的坐标系,责任观经历了基于善的对城邦的责任、基于信仰的对上帝的责任以及基于自我意识的个人责任的嬗变。

## 第一节 基于善的对城邦的责任

古希腊城邦政治时期的责任是一种基于善的整体化责任。"在希腊哲学的多种多样的形式中,几乎可以发现以后的所有观点的胚胎、萌芽。"[①] 责任思想的产生和发展与古希腊的社会生活和历史条件内在相关。解读一个时代与社会的责任思想,重要的是要看到它所赖以存在和发生变化的历史背景条件。

### 一 城邦:古希腊人的生存共同体

古希腊特殊的地理环境、历史、宗教与政治因素,催生出一种独特的文明形态——城邦文明。毫不夸张地讲,古希腊文明就是一种城邦文明,其社会生活就是一种以城邦制度为核心的公共生活。城邦内部形成了极为强烈的认同感与凝聚力,对城邦的忠诚成为古希腊责任意识的发源地。

(一)城邦岛国:血缘共同体

"城邦"一词在《荷马史诗》中指城堡或者卫城,综合土地、人民及

---

① 《马克思恩格斯选集》(第4卷),人民出版社1995年版,第287页。

其政治生活而赋予其"邦"之意。城邦有独立自主和小国寡民的特点。古希腊本土山地多,几乎没有什么广袤的平原,造成大多数地域的隔断。此外,古希腊的中心地带是一座半岛,海岸线极长,港口多,又包括爱琴海中相互联系的岛屿。这种便利的地理交通位置使希腊十分容易受到外邦的武力骚扰。生于这样的地理环境下的希腊人,具有强烈的一损俱损、一荣俱荣的心理,他们在希波战争中表现出的爱国精神充分说明了这一点。

随着构成爱琴海文明的各种王国的逐渐衰亡,古希腊的各个氏族分散到各地。与大多数古代国家形成的一般模式不同,这些氏族没有走向统一国家,而是互相结合而形成了大小不一的共同体。这些共同体就是城邦的雏形。可见,城邦属于一种具有强烈氏族倾向的血缘共同体。古希腊人因血缘与城邦紧密相连,骨肉相亲。

(二)城邦政治:民主共同体

在英语中,"政治"(Politike)、"政治生活"(Politeia)、"公民团体"(Polites)等词均源自"城邦"(Polis)一词。古希腊各城邦经过长时间的体制创新与完善,最终形成城邦民主制度。古希腊人希望实现人民的统治权利,但有没有能力独立统治。为解决这个难题,古希腊实行直接民主制。

直接民主制能够作为古希腊的基本政治制度,是有其空间以及时间条件的。古希腊极小的人口规模与狭小的领土面积,一方面使全体公民有可能面对面地共商政事;另一方面人们彼此熟稔也便于将公共的道德规范直接作为国家的法律来使用。这些为直接民主制的实现提供了空间条件。奴隶制又为古希腊的自由人提供大量闲暇,使之有可能将从事公共活动作为主要的生活内容,从而为直接民主制的实现提供了时间条件。

在古希腊直接民主制度中,全体公民共同参与国家管理,集体协商、讨论和决定城邦大事。其具体特征是:其一,在一定范围内实践了主权在民。古希腊的公民有着同质化的特色,奴隶、外族人和妇女被排除在外,公民的财产以及教育、文化、种族背景都大致相近。公民之间相互平等,全体公民不论门第、财产或者出身,均可参与政事。其二,初步建立了立法、行政、司法的权力分立和制约机制。由20岁以上本邦男性公民组成的公民大会是最高的权力机关,享有立法权;500人议事会、十将军委员会和执政官享有多种行政权力;陪审法院掌握司法权。雅典的公民大会由

500人会议中一专门委员会召集，每年分为10期，全体人员共同讨论、决定、解决城邦各项重大问题，如战争与媾和、城邦粮食供应、选举高级官吏、终审法庭诉讼等。通常用举手或喊声表决。其三，公职人员实行抽签选举，轮番执政。在古希腊人人"轮番当统治者和被统治者"①。议事会主席团主席一日一任，陪审法院由抽签产生。十将军委员会也由民众大会选举产生，一年一任。

古希腊的民主政治制度强调城邦整体利益是全体公民利益的依归。正如德谟克利特所说，国家的利益应该放在超乎一切的地位上。这决定了古希腊公民政治是一种整体主义价值观。古希腊公民"主人"的身份、资格或者说所谓的权利，从根本上讲就是一种对城邦的义务与责任。

（三）"共同的炉灶"：信仰共同体

在古希腊大大小小的城邦中，都供祀着一位或多位神祇。神祇由城邦中各氏族共同祖先共同使用过的炉灶演化而来。古希腊人以"共同的炉灶"为中心进行各种祭祀活动，体现出氏族成员血脉相连的全体性。"在这种祭祀的发展过程中，赋予祖先以巨大力量的神祇逐渐成了氏族的共同神祇。"② 以这个神祇为核心，便形成了一个拥有共同信仰者的共同体。古希腊人的生活与祭祀浑然一体，这种宗教的信仰状态深深扎根于城邦之中，以至于其他宗教传统中"教"与"国"分离的思想，在古希腊城邦的条件下全然没有了意义。城邦在本性上先于个人和家庭。"城邦概念先于现实的城邦，它赋予城邦以秩序，给予公民以生活意义。"③ 城邦中的公民拥有一致的信仰内容，形成一体同心的凝聚力。在这种意义上，城邦成为古希腊人信仰的依托和生存意义的源泉。

**二 基于善的整体化的责任**

古希腊社会历史条件孕育出其独特的责任思想。责任是一种整体性的责任，是一种基于善的追求美德的责任。

---

① 亚里士多德：《政治学》，吴寿彭译，商务印书馆1965年版，第3页。
② 宋希仁：《西方伦理思想史》，中国人民大学出版社2004年版，第11页。
③ 洪涛：《逻各斯与空间——古代希腊政治哲学研究》，上海人民出版社1998年版，第15页。

（一）整体化的责任

独特的地理环境、血缘关系、利益因素、政治制度以及宗教信仰，使古希腊人与城邦紧密地结合起来，形成一个整体。整体化的责任就是这种社会存在在思想观念领域中的折射。整体化是指整体在逻辑顺序上优先于整体之中的元素、成员、个体或部分。所谓整体化的责任就是指对城邦的责任构成了古希腊时期责任的根基与全部意义，责任公共性吞噬个体性。整体化的责任源于古希腊独特的城邦与个人关系，城邦生活是一种否弃私人生活的公共政治生活。

古希腊人缺乏个体性精神。与当代社会高度的个体性意识不同，古希腊人缺乏个体自我与城邦分离的意识。古希腊"公民"一词原意就是"属于城邦的人"。个人按照城邦的需求安排一切，为了城邦的利益奋不顾身。只要城邦召唤，个人就要献身于它，在战争时献出自己的鲜血，在平时献出自己的年华。古希腊公民是没有那种置城邦公务于不顾而照管私务的自由的，相反，他必须时刻为城邦的福祉而奋斗。所有"私"的、个体的观念都被否弃，就如同黑格尔在批判柏拉图的理想国时指出的，"其主要之点在于压制个性"①。在古希腊，任何一位公民都是属于城邦的。公民无法独立于城邦，因为个人只有融于城邦，为城邦献身才能实现自己的价值。

城邦责任具有至高无上性。家庭和村落只能满足日常生活的需要，奴隶从事劳动、妇女操持家务。这无法摆脱的必然性意味着人在私人领域中是无法实现自足的，人要过上幸福生活就必须与他人一同生活在城邦之中。城邦在本性上先于家庭和个人，因为整体必然优先于部分。与家庭和个人相比较，城邦是先在的，更为重要，也更为完整。古希腊神话和史诗处处体现着对城邦责任的承担与赞美。为了神圣的使命，诸神和英雄们一往无前，支撑着他们的正是对城邦、对祖国的责任感和荣誉感。而这种责任感和荣誉感也成为当时价值判断的普遍标准。荷马史诗《奥德赛》描述了英雄奥德修斯在特洛伊战争之后返回故乡的故事，虽然他在返乡途中做过一些为了达到目的而不择手段的行为，但《荷马史诗》却给予奥德修斯以充分的宽容，就是因为奥德修斯充满着对城邦和祖国的爱与责任

---

① 黑格尔：《哲学史讲演录》第2卷，贺麟等译，商务印书馆1960年版，第264页。

感。"反映在希腊荷马史诗中的是这样一个社会：在这个社会中，最重要的判断是……在履行社会指派给他的社会职责方面"①。在古希腊，城邦永远第一，个人只能身居其后。城邦意味着一切，公民绝不能为了履行家庭的责任而忽视城邦责任。能够获得公民称号与公民权，履行城邦责任，对于每一个古希腊人来讲都是无限荣耀和崇高的。在古希腊，唯有公民对城邦的责任，没有城邦对公民的责任。

以泰勒斯为始祖的一批自然哲学家认为，古希腊的神话在想象的基础上无条件地赋予诸神以时间上的先在性，却没有给出任何根据的说明，结果只能是人们宗教式的盲从。古希腊人不再感性地求助于诸神，或是凭空猜测日食的周期和天体的运行，而是运用理性寻求宇宙的构成、本质和规律。这一方面得益于古希腊人在抗争恶劣的自然生存条件时培养起来的竞争、独立与平等意识；另一方面，也得益于城邦这种以契约为基础的自治制度对自由和解放精神的滋养，以及古希腊与东西方古老文明交往的影响。

古希腊哲学家试图找出某种能产生世界万物及其变化的根据，也即"本原"或"始基"。泰勒斯以"水"、阿那克西曼德以"无定形之物"、阿那克西美尼以"气"、毕达哥拉斯以"数"、赫拉克利特以"逻各斯"、巴门尼德以"存在"、柏拉图以"宇宙理性"作为世界的本原。亚里士多德构造了从最低级的质料到最顶端的纯形式这样一个合乎理性的宇宙结构。需要指出的是，这种理性是一种对整个世界成为可能的客观的合理性说明，在生成上与人无关，人只是在作为自然界的一种自然存在时才能被涉及。古希腊的自然哲学家们缺少把人作为特殊存在的认识，只是从对象性的角度，即从本体论的角度来理解理性和建构理性，从而抛弃了理性中的主体性的含义。根据这种根源不在人自身的本体论意义上的客观理性，责任被理解成为对自然秩序的恪守。从词源上说，责任（kathekon）是从 kata tinas hekein（希腊语的意思是尽力而为）派生出来的。"责任是指一旦完成，就可作出一个合理论述的事物"，成为一种其自身与自然的安排相一致的行为。② 责任被解释为一种遵循自然之道的美德，这种责任观与

---

① 麦金泰尔：《伦理学简史》，龚群译，商务印书馆2003年版，第28页。
② 苗力田：《古希腊哲学》，中国人民大学出版社1989年版，第616页。

我国传统道家的道德思想极为相似，尽管后者没有明确地用"责任"一词来解释对自然之道的内化。

在古希腊哲学家把注意力集中在探讨宇宙、自然之依据逻各斯而运行的合理的存在结构的过程中，关于这种思考的批判和反省也逐渐开始产生。尤其是古希腊自然哲学向着更加精致化和科学化的方向演进之时，这种批判的呼声也越来越高。随着自然哲学家们客观的自然主义思考倾向的日益严重，"人们对于自己生活经验的意识也就会表现得越强烈"[①]。与此同时，古希腊社会发生了一些较为重大的变化。希波战争的胜利，使参加战争的平民阶层的意识得到高扬，再加上伯利克里执政时期民主制度得到大幅度推广，人们逐渐用个人的人格和实力标准来取代原来贵族政治制度宣扬的地位高低、财产多寡的价值标准，智者学派在这种背景下逐渐发展壮大起来。

智者学派开始把关注的视角从自然转向了人本身。虽然智者派不可避免地走向价值相对主义，但它毕竟点燃了对人的生存价值的思考的火炬，催生了古希腊的"伦理学转向"。

此时，经过伯罗奔尼撒几十年的战争，希腊城邦日益衰落。苏格拉底适时出场，指出与探索自然奥秘相比人更应该关心自己身边的事情，更应该研究美德等精神和道德世界的问题。苏格拉底说自己总是能够倾听到内心的声音，实际上是在表明人可以并且应当认识自己的心灵。苏格拉底要求人回到自身，在自身理性中寻求应当的根据和标准，这与其主张的"经过理性论证的生活"或"具有理性根据的生活"是一脉相承的。在苏格拉底这里，个人履行责任的根据出于个人内在良心的呼唤，出于个人实现道德目的的理性冲动。

苏格拉底之死给柏拉图带来了极大的震撼。尽管苏格拉底尽职尽责地承担起拯救城邦的使命，却被城邦宣判为有罪，甚至被处以极刑。柏拉图把解决这种冲突的方法归结为哲学家必须要得到城邦的统治权。在《理想国》中，柏拉图构建了理想社会的职责分工体系，把社会成员分成三个等级：统治者、武士和劳动者，他们各自代表三种美德：智慧、勇敢和节制。如果上述三个等级各尽其职而不互相干涉，而当这三个等级的人根

---

① 宋希仁：《西方伦理思想史》，中国人民大学出版社2004年版，第19页。

据自己的身份完成自己的责任，正义的理想社会就会实现和确立。在这里，掌握了"善"的知识的哲学家，理应承担起运用自己的智慧来治理国家的责任。

柏拉图进一步指出，身处现实城邦生活的哲学家，要先验地服从作为哲学家的心灵的指令。柏拉图认为灵魂包含三种支配人的行为的原则：理智、激情和欲望。其中理智是灵魂的本性所在，它能进行思考和推理，控制思想活动。理智居于领导地位，激情从旁协助，一起控制欲望。灵魂中这三个部分各负其责，也就达到个体的人的正义。作为一种内在的德性，在柏拉图看来，城邦社会成员等级划分以各负其责也是关乎于此的。在柏拉图看来，灵魂与肉体的矛盾、哲学与人类事物的冲突，最终还是要归结到哲学家个体自身的冲突。在这里，责任不仅关乎社会的职责分工体系，还与人的内在的灵魂与肉体的冲突密切相关。

作为古希腊思想的集大成者，亚里士多德是第一个明确地建构责任理论的思想家，较为系统地探讨了责任与知识、责任与自愿和非自愿、责任与无知、责任与强制等方方面面的责任问题，同时对承担责任的条件和免除责任的理由也进行了探讨。与苏格拉底和柏拉图认为没人自愿作恶不同，亚里士多德认为在自愿行为中表露的既可以是德性，也可以是罪恶。这实际上涉及了意志自由和选择自由的问题。自愿行为的一般标准就在于审慎的选择。这种选择要求自知、自觉、自主以及一种坚持的品性。一方面，正因为人的意志是自由的，行为主体只有在责任的约束下才能做出正确的行为抉择。另一方面，也正是由于为善为恶都是个人选择的结果，行为主体也必须为自己的选择承担责任，同样也要对自己形成的品质负责。一种自愿行为，它的始点和本原就在行为者自身之内。"作为运动的开始之点，正在行为者中起作用的部分，是在他自身之中。那些在自身中具有运动始点的人，做与不做都由他自己。"[①] 因此，一切行为都是行为者自己的行为，人应对自己的行为负完全责任。即或出于无知或强制，那更要负责任，要对造成无知的慵懒、甘受欺凌的懦弱负责。责任理论发展到亚里士多德，基本上确立了只有意志自由的行为才是负有责任的行为的哲学

---

① 亚里士多德：《尼各马科伦理学》，苗力田译，中国社会科学出版社1990年版，第42页。

传统。

尽管在古希腊城邦时期责任个体性已经有所萌发,但由于为城邦负责已融于古希腊公民的血脉,任何责任个体性都溶解于其中。苏格拉底虽然强调履行责任的根据是个体的、本己的和内心的,但是他的目的却仍然是为城邦负责,把责任视为"善良公民"对城邦国家服务所应具备的本领和才能。以往被认为是哲学家的特权和职业的孤寂的思考,在苏格拉底这里却揭示出这种思考对于城邦的重要意义,成为城邦得以良序运行的一个必要条件。苏格拉底认为只有城邦的公民学会反思,城邦才会有良好的公共生活。他就像"牛虻"一样,试图通过引导每一个公民自身更接近真理而使整个城邦更接近真理。如果说苏格拉底是流于"市井"的话,柏拉图则是关注"贵族"。但是柏拉图力图实现的仍然是城邦社会整体的正义与良序运作。他提出每个人都要履行自己在社会分工系统中的职责,并在每个人对职责的履行中使城邦得以发展进步。可以说,柏拉图是从城邦本位出发关注责任的履行问题。亚里士多德更是强调"公正自身是一种完全的德性,它是未加分化的,而且是对待他人的",城邦的公正之所以是"一切德性的总汇",是"由于有了这种德性,就能以德性对待他人,而不只是对待自身"①。城邦是公民的最终负责对象。

(二) 基于善的责任

城邦作为血缘、信仰与政治民主共同体,是以善为追求目标的。公民履行对城邦的责任,是一种基于善的责任。亚里士多德在《政治学》伊始便指出,"既然一切社会团体都以善业为目的,那么我们也可说社会团体中最高而包含最广的一种,它所求的善业也一定是最高而最广的:这种至高而广涵的社会团体就是所谓'城邦',即政治社团(城市社团)。"②城邦是共同体,而所有共同体又都是为着某种善而建立,以其至善为共同追求目的。城邦是善的共同体而非某种法定的结构,是对城邦至善的规定。也就是说,正是因为至善,城邦才有了依据。

德性的优良生活是城邦自身向善运动的原则。"要不是徒有虚名,而

---

① 亚里士多德:《尼各马科伦理学》,苗力田译,中国社会科学出版社1990年版,第90页。

② 亚里士多德:《政治学》,吴寿彭译,商务印书馆1965年版,第2页。

真正无愧为一'城邦'者,以促进善德为目的。"① 古希腊公民致力于城邦德性的优良生活的营造,为城邦负责成为一个公民具有德性的重要表现。在古希腊"一个履行社会指派给他的职责的人,就具有德性。……'善'完全在于社会职责的履行"②。一个人对城邦责任履行得好,就是一个有成就和有德性的人。

德性的优良生活并非抽象的,而是具体体现于政治活动中。在古希腊,政治是人之为人特质。亚里士多德认为"人类自然是趋向于城邦生活的动物(人类在本性上,也正是一个政治动物)"③。只有政治活动,才是真正的公共生活,才是人的生活。外邦人、本邦妇女与未成年人都没有政治权利,不能进入以政治活动为内容的公共生活之中。公民的实质含义就在于其对城邦公共权力的拥有以及对城邦公共责任的承担。公民可以决定战争与和平;可以对执政官进行审问、解职、谴责、剥夺财产、流放;可以各种方式投身于公共事务,在公民大会、陪审法庭、议事会或公共广场中发言与辩论;在战场、祭祀、体育和文化活动中共同治理和保卫国家。古希腊公民德性的生活体现于政治活动中,而政治活动就是一种德性的生活方式。

公民与城邦在对至善的追求上首先是同一的,但城邦又绝对优先于公民。一种善,对于个人和对于城邦来说,都是同一的,然而获得和保持城邦的善显然更为重要,也更为完满。一方面,古希腊公民实践德性和幸福的政治活动与城邦趋向至善是同一过程。进一步讲,公民并不需要与城邦整体相抗衡。另一方面,公民为实现城邦至善,需放弃个体自身的选择生活目的自由。公民只要本分地履行城邦分配给自己的角色职责,就能实现德性的优良生活。"公民预期城邦,而城邦也确实能够发挥关键作用;城邦通过组织政治活动,实现公民的优良生活。公民无意识地履行城邦分配的职责,不事先考虑它是不是应该做的事情"④。在这种意义上,尽管公民对城邦负责已经成为一种责任公共性的表现方式,但它却是一种缺少权

---

① 亚里士多德:《政治学》,吴寿彭译,商务印书馆1965年版,第151页。
② 麦金泰尔:《伦理学简史》,龚群译,商务印书馆2003年版,第31—32页。
③ 亚里士多德:《政治学》,吴寿彭译,商务印书馆1965年版,第7页。
④ 黄显中:《伦理话语中的古希腊城邦——亚里士多德城邦理念的伦理解读》,《北方论丛》2006年第3期。

利意识与主观自由的责任公共性,即匮乏个体性的责任公共性。

**三 古希腊时期责任思想之理性根源**

无论把责任理解成一种其自身与自然的安排相一致的行为,还是一种德性自律,古希腊城邦时期的责任思想都具有一种自在性。这和当时人类理性的发展程度是一致的。

在古希腊城邦制中,作为"天生的政治动物"的古希腊人具有基于美德的公共理性。城邦代表了公民的最高利益和最根本的利益,献身城邦即是公民的最高美德。权势、地位、财富、血统等都不是古希腊美德的决定因素。在希腊人眼中,城邦固然由公民组成,然而公民的独立性却是城邦所赋予并保护的。全体城邦公民共同分享着国家的公共权力,共同参与着一切公共活动,共同决定和管理着公共事务。公民如脱离了城邦,就会沦为奴隶,失去独立性。一个人如果仅仅过一种私人生活,如果像奴隶、妇女一样不被允许进入公共领域和参与公共事务,那么他就不能算是一个完完全全的人。公民的私人生活应当隶属于和服从于公共生活。参与城邦公共政治就是公民生活的主要内容。古希腊人参与公共政治事务的方式是理性的论辩,公共生活(政治生活)就建立在"对谈"(Lexis)之上。人们倾听相互的意见,发表自己的见解,通过相互的交往扩展了生活的空间。古希腊公民具有政治本质与积极的公民意识,他们在公开领域中实践公共性政治生活,话语言谈而非暴力是其政治生活的主要特征。

但是,古希腊时期的理性具有极大局限性。一个主要的表现就是在这个时期没有严格的"自我意识",至少没有近代哲学意义上的那种"自我"概念。尽管古希腊某些哲学家和哲学派别对自我意识是有所知的,有过个体性原则的闪现,但这种闪现却不是"自知"的。这种自我意识深入自身所达到的本质,只是一种自在的存在。"希腊理性作为相对完整的理性体系,当然也有反思规定和诸概念的最高统一性,但这些反思规定和作为诸概念的统一性的概念却呈现为自在存在的形式。"[①] 苏格拉底所谓的自我意识的内容只是对"善"、"美"之类被认为是独立自在的抽象共相的意识。

---

① 卿文光:《论希腊理性与近代理性的若干差异及其缘由》,《哲学研究》2004 年第 7 期。

从更深的层次来讲，希腊人对理性的最高的认识止于存在，这源于希腊理性的自然性、直接性与被动性。即使古希腊人珍视自由，但其所谓的自由也只是一种自然的、被给予的直接自由。这种直接自由使古希腊思想展现为一种奇特的和谐：理性思维与宗教信仰比肩而行。苏格拉底和柏拉图努力宣扬理性神的概念；亚里士多德称他的第一哲学为神学，如此等等。当亚里士多德思维自身的思想视作神的"自想"而非人的自我意识之时，他是将城邦作为永恒的至善的。人只能分享这至善的"自想"。黑格尔曾深刻地指出，从根本意义上讲，古希腊社会是一个高度伦理化的社会，公民是一种伦理性存在。既然古希腊城邦就是一个伦理生活的实体，它必然是整体主义的，对城邦的责任也必然是整体化的责任。古希腊人与其城邦具有整体的同一性。人们与城邦的公共现实休戚相关，愿意为它而生，为它而死，完全地同一于城邦。

正是由于古希腊自由和理性的自然性、直接性与被动性，使此时理性的运用更多地表现为一种伦理的美德。古希腊的公民缺乏真正的个体主体性，使自己沦为城邦的工具。仅就公民身份的取得而言，古希腊的公共理性思想也是较为狭隘的。它把所有的外邦人、奴隶、本邦妇女、未成年人等人群排除在公民的范围之外，实际上只是一种精英理论。古希腊的直接民主制存在着难以避免的致命弱点，不仅难免出现不能把握好少数与多数的关系的情况，还极易造成普通公民由于缺乏必要的知识与素质或者私人的偏好而造成结果的不正义的情形。苏格拉底之死便是最好的例证。

古希腊城邦共同体实现的是基于善的整体性的责任，在某种意义上体现出责任的公共性。但这种责任的公共性，是缺乏个体反思的公共性。这个时期的责任的个体性，并不是现代意义上的真正的个体性，而是一种依附于责任公共性的个体性。苛刻一点来讲，在没有那种反思的、展现与外化自身的自由、自我与个体的社会中，勿要说责任的个体性，就是责任似乎也是一种奢谈。难怪麦金泰尔尖锐地指出，"现代意义的职责和责任的概念在这里显得微不足道；善、德性和审慎等概念才是中心"[1]。在古希腊，合乎德性生活总是一种责任。责任就是指理性指导我们去做的行为。

---

[1] 麦金泰尔：《伦理学简史》，龚群译，商务印书馆2003年版，第126页。

人们能够认识到责任行为的合适性，对其作出合理的论述。但是，我们也必须承认这种基于善的对城邦的责任的巨大历史意义，它对德性和善的强调、对城邦的那种视死如归的责任意识，不仅与当代社会中的责任的漂浮状态形成巨大的反差，更具有一定的启示意义。

## 第二节　基于信仰的对上帝的责任

古希腊的自然哲学、宗教因素以及逻辑推理、形而上学等哲学方法为中世纪神学的发展奠定了重要的基石。基督教成为中世纪时期西欧封建社会唯一的宗教信仰和权威的意识形态。与此相对应，责任转化为一种基于信仰的对上帝的责任。上帝成为中世纪时期责任的终极依据，这种责任要求将信仰作为个人履行责任的准则。基于信仰的对上帝的责任根源于中世纪时期的政治结构与社会生活，是一种消极被动的责任。但是，由于中世纪时期特殊的以基督教文化为纽带的整体性社会结构，人通过信仰去履行对上帝的责任之时体验到自我的本真存在。

### 一　基督教文化：中世纪社会的纽带

基督教文化与古希腊哲学之间渊源颇深。在中世纪，人的生活的全部形式，宗教、道德和政治生活，都渗透着同样的文化与精神（即基督教精神）。在封建割据的社会中，中世纪的统治成为一种神权政治。私人领域与政治没有明显的界限，这直接导致人们无须对公共权力尽责，责任是指向个人的誓约和诺言的。

（一）从古希腊哲学到基督教神学的萌芽

随着亚历山大的远征和马其顿势力的崛起，古希腊晚期社会动荡不安、战争频繁，大量实际问题涌现出来。城邦的凝聚力已不复存在，剩下的只有赤裸裸的野心和利益。希腊人失去了关心神和城邦大事的热情，而是致力于如何逃避外在世界去寻求个人的幸福和解脱。文德尔班在论述这一过程时说："这个时期的模范人物不是为伟大的目的而工作而创造，而是了解如何把自己从身外世界解脱出来，如何只在自己身上寻找幸福。个人内心的孤立，对于一般目的漠不关心，在此得到鲜明的表现：战胜外在世界就是圣人幸福的条件。"① 此时的希腊人由于没有战胜身外世界的力量,就转而去战胜他自身内在的世界,力求战胜外在世界给予他的影响。这个时期的主要学派斯多葛派、伊壁鸠鲁派和怀疑派都有意识地追求主体内心的自由。

在古希腊晚期,理性已经发展到单向度的、缺乏完整性的先验的存在,具有了某种先验的神秘主义的色彩。后来新柏拉图主义融会了希腊化时期以后来自东方的各种神秘主义和信仰主义,成为古希腊思想向中世纪神学转化的重要理论中介。新柏拉图主义的先驱斐洛把希腊哲学和犹太神学结合起来,认为上帝和世俗只有依靠柏拉图的"理念"才有联系,他认为"逻各斯"是上帝创造万物的工具。

普罗提诺"太一"、"努斯"和"灵魂"三位一体的形而上学成为基督教神学思想的重要理论来源。"太一"是超越一切的本体,是无须任何形式的绝对,因而是先验的、自足的。若要实现"灵魂"的净化与归复,就需要从肉体中解脱出来而与"太一"融合。"此时,灵魂被知性的光芒所照耀,清净、无碍、轻盈,灵魂就上升与神合一,成为现世的神,成为了自身。"② 上帝就是作为最高本原的"太一",是一切存在的源泉。其实,亚里士多德以神为最高对象的第一哲学就已经对上帝观念的论证提供了借鉴。在他看来,神是没有质料的纯形式,是完满的、永恒的、不动的第一推动者。古希腊哲学中这些有关理性神的观念都为基督教神学的萌芽提供了思想的借鉴。

(二) 神权政治

基督教的发展壮大与当时社会历史的发展息息相关。3世纪末4世纪初,罗马帝国内忧外患:政局动荡,天灾人祸使人口锐减。日耳曼人、波斯人的不断侵扰更使战争不断。发展唯心主义的新形式借以寻找新崇拜,成为社会最高阶层的迫切任务。随着西罗马帝国被日耳曼人所灭,相继出现了一批蛮族国家,王国之间战争不断。到了5世纪以后,基督教成为凌驾于西欧封建社会之上的唯一的宗教信仰和意识形态。蛮族与基督教的历

---

① 文德尔班:《哲学史教程——特别关于哲学问题和哲学概念的形成和发展》(上),罗达仁译,商务印书馆1987年版,第223页。
② 宋希仁:《西方伦理思想史》,中国人民大学出版社2004年版,第110页。

史性结合是西方中世纪历史的起点和开端。

封建制的自然经济和农业文明决定了中世纪时期的封建割据、等级制度与特权的存在。农民与封建主之间是人身依附关系，这种人身依附关系由国家政治和法律来强制性保证。在此基础上，确立了严格的封建等级制度，也确定了每个等级相应的权利和义务。与这一过程相伴随的是"特权"的存在。"在中世纪，权利、自由和社会存在的每一种形式都表现为一种特权，一种脱离常规的例外。在这里不能不指出这样一个经验事实，就是这些特权都以私有财产的形式表现出来。这种吻合的一般的基础是什么呢？就是：私有财产特权即例外权的类存在。"[1] 国王、贵族、农民和教士等构成的复杂的等级关系使得欧洲封建国家长期处于割据状态。

王权的软弱是中世纪割据状态导致的一个显著后果。当割据变成世袭之后，军事、政治和经济等实力迅速集中于个别封建主手中，甚至骑士都要向封建主靠拢。这种状况又进一步刺激了封建割据的加深。封建主俨然成了集教权与俗权于一身的地方统治者。"我的附庸的附庸不是我的附庸"[2]，国王成了统治链条上的虚设，国王与封建主仅以互惠的忠诚纽带联结在一起。

王权的软弱为教权的发展与强大提供了空间。基督教在法律上逐步获得了自身发展的依据。基督教的兴起几乎与罗马帝国的发展是同步的。基督教初始时只是一个传播福音、超度众生、济贫帮困的宗教。随着罗马帝国各民族、各阶层人士的介入，基督教的性质发生变化。313 年《米兰敕令》颁布，给予基督徒以信仰的自由以及基督教与其他宗教平等的地位。这实际上是在法律上保障了基督教会与教士的一系列特权，极大地促进了基督教会的世俗化转向。《米兰敕令》指出把所有的东西立即归还基督教会是所有贵族的责任。贵族向基督教靠拢，并与主教们合作。随着基督教不断地发展和壮大，于 383 年成为罗马帝国的国教。拥有合法地位的基督教会吸引了越来越多人参加，自身也越来越壮大。

神权政治是基督教壮大与王权削弱共同作用的必然结果。首先，基督教进一步加速世俗化进程，扩大自己的群众基础。汤普逊深刻地揭示出教

---

[1] 《马克思恩格斯全集》（第 1 卷），人民出版社 1960 年版，第 381 页。
[2] 汪诗明：《中世纪西欧教俗之争宏观背景之剖析》，《世界宗教研究》2002 年第 4 期。

会的这个特点："教会在一个惊人的程度上把宗教活动和世俗事务、理想观念和实践行为联系在一起。如果说它的头是在天堂上，它的脚则一向是立在地面上的。"① 当教皇与国王明争暗斗之时，神职人员却往往与世俗官员合二为一。国民与教民合为一体。其次，激进的教权派不满足于教权在尊严上和道德价值上高于王权，而是要实现对王权的真正监督和控制。教皇在利用国王与封建主之间的矛盾来牵制世俗王权的同时，利用自己逐渐壮大的权力、财力、声望以及特殊地位干涉国家政务。最后，与此同时，一大批神学家著书立说，为基督教会高于世俗社会、教皇权大于王权寻求理论上的依据。奥古斯丁对上帝之城与地上之城的区分就是这个时期的典型代表。

（三）公私混合

在中世纪，人民的生活和国家的生活是统一的，政治制度即私有财产制度。人与各种社会群体都具有政治性质，具有国家的物质内容并由国家的形式所规定。人是国家的真正原则，但是，却是不自由的人。宗教和国家统治的二元论是一种真实的社会状况。马克思就此总结道，"中世纪的特点是现实的二元论。"② 公共权力与私人权利几乎混为一谈。"一切中世纪的权利形式，其中也包括所有权，在各方面都是混合的、二元的、二重的"，"既不是绝对私人的，也不是绝对公共的，而是我们在中世纪一切法规中所看到的那种私权和公权的混合物。"③ 这一方面导致一切"私"都具有"公"的性质；同时，也使"公"变成了"私"。私人领域都有了政治性质，政治也成为私人领域的特性。

私人领域与政治的混沌直接导致人们无须对公共权力尽责，责任是指向个人的誓约和诺言的。我们可能要问，一个教徒能不能成为一个关注世俗事务的好公民呢？恐怕不能。"谁要是把自己的整个存在和自己的整个生命当做进天堂的准备阶段，谁就不会像国家对它的公民所要求的那样去关心人间的事了。"④ 中世纪用自己的全部历史证实了这一论点，而且，对随便哪个国家哪个时代来说都是适用的。

---

① ［美］汤普逊：《中世纪社会经济史》（下），耿淡如译，商务印书馆1997年版，第262页。
② 《马克思恩格斯全集》（第1卷），人民出版社1960年版，第284页。
③ 同上书，第145—146页。
④ 同上书，第538—539页。

## 二 朝向上帝的自我救赎：基于信仰的责任

中世纪的责任是一种基于信仰的对上帝的责任。上帝作为最高正义的化身是责任的终极指向，去恶从善获得救赎是人的初始责任，人们只能通过信仰来履行不断反省自身的责任。

### （一）上帝：责任的终极指向

在中世纪时期，人对上帝具有绝对的义务与责任，上帝是责任的基础和最高标准。上帝创造一切，作为全知、全善与全能的存在，是万物意义和价值的终极本源。宇宙间除了上帝以外，没有任何存在者不是由上帝那里得到存在的理由。上帝是世界创世之源，也是终极价值之源，唯有他能赋予万物价值和意义。自然，上帝也是人的终极追求。人生的根本目的和全部理想就在于拯救自己的灵魂以求进入天国。

对上帝的义务和责任高于对人的义务和责任。当法利赛人询问"该不该给恺撒纳税"时，耶稣答道："恺撒的物当归给恺撒，神的物当归给神。"显然这里表现的是对上帝的责任和对国家政治责任的矛盾冲突。信仰上帝的内心法则，在这里衍生出一套严格的约束人的行为的责任规范体系，责任外化为一种外在的强制。

上帝是最高正义的化身。人由于具有原罪而"不义"，人们自然也无法接受同样原罪的世俗国王来左右他们的信仰。现实的政治制度变成人类堕落的标志。当人们无法从世俗王权那里得到信仰的合法性依据之时，上帝就成为人的生命的终极关怀。

### （二）信仰是人们践履对上帝的绝对责任的唯一途径

中世纪时期的人基本不再关心责任的本质特性这样的问题，而是注重宗教信仰的原则。信仰不是对个别的、特定的教规教义的接受和认可，信仰是个人与上帝的相遇、是上帝的自我展示。

上帝是"至善"之光、真理之光，正是上帝的光照使心灵的理性看到了真理。光就是上帝本身，灵魂只是被造的而已。这实际上意味着，人的理性对真理的认识，只能通过虔诚信仰的途径。上帝的启示就是绝对的、永恒的责任律令。上帝就是权威，上帝就是真理，上帝绝对无误。

当上帝处于如此崇高的地位之时，人唯一能做的就只有无条件的信赖。对上帝的信仰变成人自己的内心法则。在信仰中实现人对上帝的孝爱与自我交付。信仰并不排斥责任,恰恰相反,信仰本身就是对责任的践履。而且,信仰是人们践履对上帝的绝对责任的唯一途径。我们不能对上帝有任何怀疑,只有用自己坚定的、纯洁的、持续的孝爱去感动上帝,才有可能实现自我的救赎。

(三) 去恶从善获得救赎是人的初始责任

只有审视自己、否定自己才能实现上帝的救赎从而实现自我,这是中世纪时期人生责任的主要体现。责任的内容表现为不断地反省。这里涉及一个问题,为什么全善的上帝所创造的世界会出现恶呢?

恶是"善的缺乏",上帝没有创造罪恶。恶的原因在于人滥用了由上帝赋予的意志自由,"恶并非实体,而是败坏的意志叛离了最高的本体"①。人的意志被"原罪"所污染。奥古斯丁认为,在最初被造时,人的本性是无瑕无罪的。但今天的每一个人既由亚当而来,其本性便不再健康了。人性中一切美好品质被削弱与遮蔽,却并非出自至高的上帝,而是出自人的自由意志所犯的原罪。上帝赋予人以意志自由是为了让人明白正当生活的意义,人的"原罪"反衬出的是上帝的正义。

人丧失了进行善恶抉择的能力,人生的责任就是通过不断地忏悔自己的罪责来搭建朝向上帝之路。人类的历史顺理成章地成为人类向上帝的赎罪史。每一个人都是"内在之人"和"外在之人"的统一。只有"内在之人"才触及"理性灵魂的深幽之处",有资格作为上帝之光的受体。这样,个人内在的生活和内心世界就有了最高的意义和价值。

### 三 中世纪时期责任思想之特质分析

中世纪将责任体认为朝向上帝进行自我救赎的绝对义务,宣扬的是禁欲主义的责任强制与个体晦涩的神秘信仰。这一责任思想的特质在于责任私人性与公共性的被动统一。

就责任公共性而言,首先,无论神学家用什么样的方法去证明上帝的存在,上帝的存在就已经昭显出责任主体对个体自我的突破,显现出责任的公共性来。此时责任的"主管"(魏舍德尔语)已经不再是自我,而是上帝。而且,唯有上帝,才能够对责任主体进行评判。其次,在中世纪,

---

① 奥古斯丁:《忏悔录》,周士良译,商务印书馆1963年版,第130页。

"一个有信仰的人分享他者的世界和存在,分享他的知识,他的理解,爱和欲望"①。人们在共同的信仰中将个体与个体的关系转化为一种友谊关系。最后,为了保证信民对上帝的绝对信仰,在现实社会中更是建立起责任规范的宏观强制体系与社会组织结构。这一切都显现出外在他律意义上的责任公共性来。

但是,承担对上帝绝对责任的途径却是绝对私人性的,表现为内化的信仰与自我反省。以人心的内省和思辨、以"个人自觉精神的、绝对的、独立的确实性"实现了于责任公共性的分化②。在所有经验中,这种灵魂的自身"确然性"的内在经验成为最为可靠的生命基础。

文德尔班认为奥古斯丁超越亚里士多德和新柏拉图主义者之处在于其深刻认识到自我意识本身具有的确实性,"个人存在的生命是一个统一体,通过自我意识,人就断定自己的现实性是最可靠的真理"③。但这并不意味着作为个体的人,仅仅依靠自己的能力就可以承担"原罪"的责任而获得"救赎",因为能力的匮乏是堕落后的人类的真实境遇。

中世纪时期所谓的责任主体,是一种期待的、纯粹被动的个体,自在自为意义上的责任个体主体还没有真正出现。此时的人并不具备实现自我救赎的责任能力。去恶从善获得救赎是人的初始责任。当然这种责任不仅包括人要对自己的"原罪"负责,而且还包括与之积极斗争中的忏悔责任。但问题在于,人纵有向善的责任动机,却空无实现这一良善愿望的责任能力。看来在怀疑者无法怀疑自身作为一个个体存在的论证中,奥古斯丁纵然使"个体性"明确显现,但是这种个体性还是一种期待的、纯粹被动的个体性,缺乏创造性的主动性。马克思不无讽刺道,中世纪"使人脱离自己的普遍本质,把人变成直接受本身的规定性所摆布的动物。中世纪是人类史上的动物时期,是人类动物学"④。历史的有神性越大,其动物性也就越大。

中世纪哲学用精神代替现实的个体的人,宣扬精神能够创造众生,肉

---

① 白舍客:《基督宗教伦理学》(第 2 卷),静也等译,三联书店 2002 年版,第 25 页。
② 文德尔班:《哲学史教程——特别关于哲学问题和哲学概念的形成和发展》(上),罗达仁译,商务印书馆 1987 年版,第 381 页。
③ 同上书,第 373 页。
④ 《马克思恩格斯全集》(第 1 卷),人民出版社 1960 年版,第 346 页。

体则是软弱无能的。由此，我们也就可以理解为什么基督教哲学会把那种无个性的、无差别的普遍的抽象的"圣爱"视作基本原则了。

综上所述，基于信仰的对上帝的责任是根植于中世纪时期的社会历史与文化背景的。神权政治是导致中世纪理性沦落和信仰提升的社会基础。基督教不仅是社会的文化根基，而且在现实世界中，借助自身强大的经济与政治力量把整个社会联合成一个整体，使之臣服于教会的统治。正是这种历史与文化根基孕育出中世纪对上帝的绝对责任，上帝成为理性与正义的化身，信仰成为人的存在的根本方式。"人与他自身的存在、与他的自由、富于责任的本性的碰撞，必定会使他面对自身存在的根源，这个难以用理智把握的基石就是上帝。人逃脱不了这样的碰撞，也就不能避免神性绝对者要求他完全委身的邀请。"[①] 在上帝这块"基石"之上，信仰与责任融为一体。世人基于信仰承担对上帝的责任，实际上是上帝"开放自身，将它内在的存在的奥秘向人展现"[②]。在朝向上帝的自我救赎中，中世纪的人体验到的自我的本真存在。在这种意义上，我们可以说中世纪的责任本质上是上帝对世人的责任。

## 第三节 基于自我意识的个人责任

经过中世纪漫长的黑暗时期，文艺复兴运动使上帝的"人性"恢复到了真正的人本身，人的主体性和理性成为这个时代的主题。与此相适应，责任的取向也发生了重大转变，基于人的自我意识的责任体认就像脱缰的野马般迅速发展起来，拓展出多重样态。

### 一 自我意识：个人责任的根基

随着生产力水平得到极大提高，到 14 世纪末期，封建制度趋于瓦解，资本主义生产方式开始形成。社会出现了一股新的力量——资产阶级。新兴资产阶级对自由和个性的要求越来越强烈。适时兴起的文艺复兴和宗教改革运动也起到了推波助澜的作用。文艺复兴取世俗途径从基督教的外

---

[①] 白舍客：《基督宗教伦理学》（第 2 卷），静也等译，三联书店 2002 年版，第 31 页。
[②] 同上书，第 32 页。

部，宗教改革取信仰途径从基督教的内部，一起破除了罗马教会的绝对权威。基于这样一种社会背景，这个时期的哲学基于主客体分离和对立的思维范式，致力于追问人自身的本性与秘密，其重心由对外在世界的存在转向对人自身内在意识的探究。正是笛卡儿开启了近代哲学的这个转向，黑格尔认为，"笛卡儿事实上是近代哲学的真正的创始人，因为近代哲学是以思维为原则的"，"哲学在奔波了一千年之后，现在才回到这个基础上面"①。人们通常认为，笛卡儿是近代主体形而上学的创始人。奥古斯丁已经通过自我意识断定人的现实性是最可靠的，但为什么我们要承认笛卡儿才是真正的创始人呢？这是因为，奥古斯丁深深痴迷于上帝，他打算用自我意识的认知来解决的问题只是自己思想的一小部分而已。正如罗素所说："奥古斯丁提出了一个酷似'cogito'的论点。不过他并不侧重这论点，打算用它来解决的问题也只占他的思想的一小部分。所以笛卡儿的创建应该得到承认，固然这主要还不在于创造这个论点，而在于认识到它的重要意义。"② 笛卡儿从奥古斯丁那里得到启示，从怀疑一切的虚无中寻找到确定性的基点——自我意识，找到了确定的"我思"的无可质疑性和前提性。笛卡儿把"思"作了三重划分：对思的直接意识、思本身以及关于思的反思。这三重划分中，"对'我思'的知道建立在这种对'思维'的直接意识到之基础上。这种'直接意识到'先行于反思的认识，它可以说是'思维'在进行时对自身及其进行的直接意识到。"③ 不过这一点似乎并不是笛卡儿的主要意向，他始终关注的是关于思的反思，这一意向一直影响到今天。

从我思出发，笛卡儿推出了自我之在。"如果我不依存于其他一切东西，如果我自己是我的存在的作者，我一定就不怀疑任何东西，我一定就不再有希望，最后，我一定就不缺少任何完满性；因为，凡是在我心里有什么观念的东西，我自己都会给我，这样一来我就是上帝了。"④ 我存在

---

① 黑格尔：《哲学史讲演录》（第4卷），贺麟等译，商务印书馆1978年版，第63页。
② 罗素：《西方哲学史》（下），马元德译，商务印书馆1976年版，第87—88页。
③ 倪梁康：《自识与反思——近现代西方哲学的基本问题》，商务印书馆2002年版，第54页。
④ 笛卡儿：《第一哲学沉思集——反驳和答辩》，庞景仁译，商务印书馆1986年版，第49页。

着，我生存着，这是确然的。即使笛卡儿极力证明上帝的存在，其最终目的却是为了证明理性的伟大与自我的存在。尽管"我"是有限的，但是借助自然之光（理性）能力和清楚明白的原则，或者说，借助了上帝的力量，作为有限存在的自我是能够把握到绝对的确然性的。

在这里，近代意义上的个体性主体概念以彻底的明确性表达了出来。笛卡儿的"自我"是一个心灵实体的自我、精神的自我、理智的自我和理性的自我。唯有这种自我主体，才有可能是思考和发起活动并对自己的活动负有责任的主体。如果说古希腊与中世纪还缺乏对责任个体性主体的"自知"，更多的是"我做"的自觉的话，可以说，直到笛卡儿，基于自我意识的个人责任才被真正建立起来了。

近代哲学中责任的根基在于自我意识，我们将其称为个人责任，很大一部分原因就在于由纯粹自我意识出发得来的责任是一种个人责任而非公共责任。主观意识的自我被实体化为责任主体，强调自我意识的同一性是责任客体的终极根据。离开责任主体的自我意识，责任客体甚至责任行为的后果都是无效的和无从发生的。"近代哲学认识到，存在物要被人认识到，首先必须呈现为人的思维领域中的意识事实，必须以'我的心'、'我的意识'作为先在的逻辑根据。"[①] 也就是说，责任的生成必须以自我意识的作为根源或阿基米德之点。

## 二 近代哲学责任观的多重样态

较古希腊与中世纪而言，近代哲学实现了所谓的"认识论"转向，但是这种转向并非是完全脱离"本体论"的。在某种意义上，自我意识实体化的主体可以被视为一种"本体"，责任在这一基点上得以生成。基于对自我意识的不同把握与理解，近代哲学责任表现为基于自我同一性的责任、经验主义的责任以及先验的责任等多重样态。

（一）基于自我同一性的责任

一般说来，自我同一性即人格同一性，是指人格发展的连续性、成熟性和统合感。在责任行为中，自我同一性体现出个体对责任的自我确认等重大问题的思考和选择。

---

[①] 贺来：《边界意识和人的解放》，上海人民出版社2007年版，第56页。

自我同一性是维持个人责任承担的前提。以往人们谈及责任，大多停留在静态语境中。但是，如果基本价值、目标取向等责任标准发生了变化，责任的各项要素会不会也随之变化甚至取消呢？自我同一性给出的回答是，即使责任的标准有所变化，即使在不同的时间之中，责任主体依然是同一个人，而不管他的特点有怎样的改变。

自我同一性对责任问题的切入点在于主体个体的自我意识。作为责任主体的人，其精神或心灵作用是多样的、复杂的，具有着反省、知觉、分辨、比较、抽象、组合、命名、记忆等作用或功能，自我意识不过是其中的一种作用或功能，却具有提纲和统领性的作用。通过这种自我意识，责任主体可以把握同一的自我人格。洛克说，"只有凭借意识，人人才对自己是他所谓自我……人们并不思考，同一的自我还是继续在同一的实体中存在的，还是在差异的实体中存在的。因为意识既然常常伴着思想，而且只有意识能使人人成为他所谓'自我'，能使此一个人同别的一切能思想的人有所区别，因此，人格同一性（或有理性的存在物的同一性）就只在于意识。而且这个意识在回忆过去的行动或思想时，它追忆到多远程度，人格同一性亦就达到多远程度。现在的自我就是以前的自我，而且以前反省自我的那个自我，亦就是现在反省自我的这个自我。……意识构成人格的同一性。"[①] 人格同一性依赖于自我意识的同一性，而不是"实体"的同一性。

自我意识使责任主体的精神成为多方面自我协调、一致的整体，他只要能够意识到现在的同过去的各种责任行为，就具有同一性的人格，那么现在的同过去的各种责任行为就都是属于责任主体的。"自身意识只要认千年前的行为是自己的行为，则我对那种行为，正如对前一刹那的行为，一样关心、一样负责。"[②] 这意味着，即使构成人的物质实体变化了，只要人的自我意识不变，则责任主体的人格仍保持同一。

莱布尼茨把自我同一性问题又向前推进了一步。"关于自身，最好是把自身的现象和意识区别开来。自身构成了实在的和物理的同一性，而伴

---

[①] 洛克：《人类理解论》，关文运译，商务印书馆1959年版，第310页。
[②] 转引自倪梁康：《自识与反思——近现代西方哲学的基本问题》，商务印书馆2002年版，第109页。

随着真理的自身的现象是与人格的同一性相联系的。……只要这人既保持着内部的同一性的现象（这就是指意识），也保持着外部的同一性现象，如那些对旁人显现出来的现象，则人格的同一性依然保持着。因此，意识并不是构成人格同一性的唯一手段，而旁人的陈述或甚至其他的标志也能提供这种手段。"[1] 也就是说，自我意识虽然是构成人格同一性的切入点，并不是唯一的。自我意识确定的人格的内部的同一性与对旁人显现出来的外部的同一性，这两种方式确定的人格同一性共同为人格本身承担责任。其实，莱布尼茨与洛克在对为自己的行为负责的问题上是非常一致的。对于一个人做过的事情，哪怕是"忘记了"，只要这活动经旁人证实或者有其他的标志，也是能够要这个人负责的。

在这里，自我同一性可以还原为一个自己为自己的行为负责的简单道理，自身认识的结果必须导致自身负责的结果。

（二）经验主义的责任

经验主义的方法是17世纪的时代特征之一。笛卡儿最初也是从内在经验出发，才找到自我意识这个阿基米德支点的，洛克在《人类理解论》中全面系统地论证了经验论的基本原则，莱布尼茨则对感觉经验的确实性进行论证。经验主义的责任从主体个体的情感出发，将责任归结为因人而异的感觉。休谟是经验主义的责任的代表人物。

休谟否定人格这类概念的真实性。在他看来，依据某一个印象才能产生包括自我观念的每一个实在观念。由于并不存在任何恒定而不变的印象，自我观念也就不能由任何一个印象得来。自我只是若干印象和观念所与之有联系的一种东西。所谓自我无非是"感知的组合"，"只是那些以不能想象的速度互相接续着、并处于永远流动和运动之中的知觉的集合体，或一束知觉"[2]。休谟认为我们所确实知道的唯一存在物就是感觉，感觉借着意识呈现于我们，成为我们一切结论的原始基础。在这个意义上，休谟把责任、义务归结为一种因人而异的感觉。只不过与那种"人为地（虽然是必然地）由教育和人类的协议发生的"正义感或非正义感不同，我们的责任感遵循"情感的自然的和通常的势力；如果情感在两

---

[1] 莱布尼茨：《人类理智新论》，陈修斋译，商务印书馆1982年版，第243—244页。
[2] 休谟：《人性论》，关文运译，商务印书馆1980年版，第282—283页。

方面离开共同的标准都很远，它们就总是被认为恶劣的而遭到谴责"①。从后果上看，休谟明确认为责任含有接受对主体行为赞扬或谴责的意味。这种谴责或赞扬，不可能是理性的作用，而要依据"情感在人性中的一般的势力"。

在这里，责任不具有确然性，而只意味或然性而已。责任取决于每一个个体自身主观的、因人而异的信念与情感。责任不是先验的，也不是从理性推导出来的德性，而是与情感密切相关。理性判断不能直接产生责任，责任感依托于判断主体内心谴责或赞扬的情感，这种情感是人性中对他人同情的心理倾向。

经验主义的责任认知否定了责任的普遍性。一切普遍性或者先天的客观责任原则都是不存在的，那不过是主观的心理上的不确定的联想而已，或者说归结于"习惯"。"习惯是人生的最大指导。只有这条原则可以使我们的经验有益于我们，并且使我们期待将来有类似过去的一串事情发生。"② 看来，在休谟这里任何超出感觉的理性设定都没有客观性与普适性，而只能是习惯、相似性以及还原性的想象所造成的，责任自不例外。可以说，休谟基于心灵前呈现的关于事实的知觉观念提出了一种经验主义的个人责任观。

（三）先验的责任

面对休谟对主体形而上学的哲学传统毁灭性的破坏，康德把自己的理性主义哲学称之为批判哲学，就是要与独断论和怀疑论区别开来。所谓"批判"，就是要对人的认识能力——理性进行仔细的考察。以前人们认为自然和欲望主宰着人，康德彻底颠覆了这一传统，指出人应当是自然与欲望的主人。他在认知活动中发起哥白尼革命，揭示"先验自我意识"的综合机能如何运用于客体，从而使客体服从于主体。在此基础上，康德将责任规定为"尊重规律而产生的行为必要性"③，在先验的意义上理解和把握责任。

责任是善良意志的体现。康德把超越特殊意志而具有普遍性的意志称

---

① 休谟：《人性论》，关文运译，商务印书馆1980年版，第524页。
② 休谟：《人类理解研究》，关文运译，商务印书馆1957年版，第43页。
③ 康德：《道德形而上学原理》，苗力田译，人民出版社1986年版，第50页。

为善良意志。善良意志之所以是无条件的、具有内在价值的"善",是因为它是意志自由的法则,而人的意志自由就是有理性者的实践的自由。意志自由是道德主体产生责任的依据。由纯粹理性主宰的意志排除掉一切感性动机,必然是善良意志。康德认为,作为一种行为的必然性,责任正是善良意志的体现。

责任出于对道德律的敬重而产生,自律性是责任道德价值的基本原则。一个行为要具有道德价值,必然是单纯地出于责任而不是出于欲望或者偏好,等等。康德十分清楚地看到从理论上确立立法者与守法者同一的重要性。道德主体为自身立法,服从道德法则即是服从主体自身的意志。康德把道德的根据和价值的标准完全转移到主体自我的内部,实现的是责任主体的自律。"人们看到,人通过责任被规律所约束,但他们没有想到他所服从的只是他自身所制定的,并且是普遍的规律,没有想到他之所以受约束,只是由于必须按照其自然目的就是普遍立法的、他自身所固有的意志而行动。"① 责任的行为是由主体自身所选择的,责任的依据是由主体自身所制定的,责任的行为也就意味着听从自己的定言命令。责任主体的自律,要求人们不断地返回自身,询问自身,而不是屈从于外在的权势、利益等感性欲求能力的对象。在这里,人既是立法者,又是守法者,目的和手段实现了统一。在责任中,人才是尊严的。显而易见,在康德这里,责任凸显了朝向主体自身的个体性。这种责任的个体性是否是如休谟那般的经验主义的个体性呢?显然不是。

在康德看来,先验自我是责任得以履行和承担的前提。康德认为,作为统觉的综合统一性的先验自我,是一切感性经验的预设。这种统觉作为先验的反思或纯粹的自我意识,是所有行为得以进行的前提,当然也内在于责任行为之中。自我意识成为一个先验演绎的起点,它普遍必然地建立起与对象、经验或其他范畴的联系。由此,理论理性中被分解开来的"我自身"和"思自身",却在实践理性的层面得到了结合:"它们被理解为我自身和行为自身的同一。自我就是行为。"②

---

① 康德:《道德形而上学原理》,苗力田译,上海人民出版社2002年版,第51页。
② 倪梁康:《自识与反思——近现代西方哲学的基本问题》,商务印书馆2002年版,第193页。

先验在康德这里绝对是一个中心意向，对人的认识能力本身的反思朝向即表明先验的一个主要意义。作为意识活动自身和进行意识的主体自身这双重意义上的"我思"，是先天得到论证即先验的。作为后天经验的最初起源，它本身是终极的预设。自我意识在统觉的综合统一性中，通过本身而知道范畴，又通过范畴而知道一切对象。胡塞尔恰如其分地评价道："康德的所有研究都是在先验主体性的绝对基础上进行的。此外，他以无与伦比的直观力量看到了这个主观性中的本质结构，这些结构具有无比重大的意义，在他之前没有任何人猜测到这个结构。"[①] 由此主体的自我意识能力最终表明为一种先验的理性批判能力。康德把这种先验思考描述为一种责任，只要有人对事物作出先天的判断，他就不能否认这种责任。每一个希望进行正确判断的人最终都无法回避理性批判的责任，或者说，都无法回避先验的思考取向。

如果说休谟提出的是一种彻底的经验主义的个人责任观，那么康德提出的就是一种先验意义上的彻底自律的责任。在康德那里，先验自我不仅是经验材料条理化、整体对象化的必要条件，更是科学知识形成的逻辑前提，还是其普遍必然性的理性建构的终极基础。对道德法则的敬重不可能出于经验，而是出于先验层面即对其普遍性的形式化阐明，只有如此才能上升至"出于责任"的形而上学高度。

尽管康德的先验自我具有普遍自我的意味，但是这个先验自我一旦与具体的社会环境和历史条件相结合，就会显现出空洞性与抽象性。其实，某种意义上讲，康德的责任研究可以归结为个体的意志自由的可能性问题。康德的责任乃是责任主体从自身出发的、为自己设定限制的责任，是一种具有自我性或为我性的个人责任。或许，这里的"我"不是具体化的个体，而是指称同一的、剥离了感性经验与特殊规定性的理性存在。但是，对康德来讲，每一具体化的理性个体都是可以转向自身内在的理性本质去认识、承担自己应负的责任的，这种责任承担无须考虑自己与他人共在的在世存在的特殊性。就此而言，"康德所界说的责任是无须对自己与他人共在的在世存在的特殊性做出应答的责任。所以，虽然康德为我们展示了目的王国的美好理想，其目的王国中的每一个体或主体都只是无窗户

---

[①] 胡塞尔：《胡塞尔选集》（下），倪梁康选编，三联书店1997年版，第1172—1173页。

的单子，封闭于自身的目的，即自身的主体性中。"① 对于康德而言，责任是一种先验的责任，所遵循的是与他律相对的道德自律的原则。

康德对于人的道德自律充满信心，他以"我应该，便能够"取代了奥古斯丁的"我应该，却不能够"。康德的责任哲学是不含任何经验因素的、纯粹的、形式的形而上学，不与具体的责任判断发生联系。但问题是一旦人丧失了对其的信念，自然会导致对这种标准、原则的放弃，转而借助偏好、现实的利益去履行责任。

### 三　基于自我意识的个人责任的历史评价

近代哲学中基于自我意识的责任充分展现出责任主体的自觉性。但是，这种自觉性却是一种个体化的朝向责任主体自身内在的自觉性，以至于到了黑格尔那里，责任已经彻彻底底在主体意志内在状态的意义上加以使用。这已经为当代社会中责任的唯我论困境埋下了伏笔。正如马克思所说："如果抽象的、个别的自我意识被设定为绝对的原则，那么一切真正的和现实的科学，由于个别性在事物本性中不居统治地位，当然就被取消了。可是一切对于人的意识来说是超验的东西，因而也就是属于想象的理智的东西，也就全部破灭了。反之，如果把那只在抽象的普遍性的形式下表现其自身的自我意识提升为绝对原理，那么就会为迷信的和不自由的神秘主义大开方便之门。"② 但是，为什么责任危机没有在近代社会爆发呢？我们需从当时的社会历史现实去寻找答案。

在文艺复兴和宗教改革运动的推动下，西方近代社会走上世俗化的道路，人的尊严和价值成为时代的核心话题。人们高举理性精神的大旗，自觉地从人自身出发来认识世界和反思人与这个世界的关系。这反映在哲学领域中就表现为主体与客体、思维与存在的关系成为哲学的基本问题。近代社会为什么如此重视人的存在、价值、意义以及幸福等问题呢？这是对中世纪时期人性压抑发起的挑战与反击。"中世纪神学与禁欲主义以神为中心、以来世幸福为精神寄托、以禁欲主义为道德戒条的观点，以及竭力

---

① 孙筱泠：《责任与应答——海德格尔原伦理学初探》，《复旦学报》（社会科学版）2006年第2期。
② 《马克思恩格斯全集》（第40卷），人民出版社1982年版，第242页。

否定人的价值、蔑视人的存在、贬低人的现实生活的幸福和意义的倾向。"[1] 其实，中世纪也重视人的价值与自由，但是这种价值只是信徒的价值，这种自由只是内在的精神自由。

在中世纪森严的等级制度中，人的尊严难以实现，只有在教会之中作为平等的一员才谈得上自身的价值问题。信徒的价值和尊严是在对弃民的对照中凸显出来的。基督教强调耶稣的牺牲成就了神性与人性的合一，凡信徒都可以从罪中得到救赎。但是，非信徒则会成为上帝的"弃民"，注定遭受永罚。

其实，在基督教看来无论是不是信徒，人都是生而有罪的，都需要自我反省来祈求赎罪。这实际上映射出一个关键的问题：基督教自身是一种压迫力量而非解放力量。它强调人的自然堕落而非人的价值，人在现实秩序中是不具有尊严和不配享受自由的，因此人能做的只是不断地反省自身、否定自我。在此意义上，基督教是一种信仰系统，也是一种社会共同体，人要融入教会才有可能成为信徒。尽管信徒可以实现精神的自由，但是在现实世界中却要受到王权与教权的双重压榨。这直接决定了基督教社会政治理论对秩序和权威的推崇。

理解了基督教的本质以及中世纪时期人的真实的生存状态，我们也就理解了近代社会对人的解放的意义与途径所在。人的解放首先是从挣脱教会权威开始的，体现为对人的现世存在和世俗生活的高扬，对人性而非神性的高扬。人与上帝之间不需要揳入任何体制化的社会结构，甚至，人自身可以成为上帝。这意味着，人，尤其是作为个体的人，要打破一切外在的结构与社会共同体的束缚，实现人的自我意识的彻底解放。总之，近代社会对人的价值的肯定、对个人的强调、对自我意识的凸显在这里都找到了合法性的依据。

由此我们也就理解了为什么从中世纪到近代，责任的取向在方方面面都发生了翻天覆地的转变。责任的终极对象从上帝转换为自我；责任的途径依赖信仰转换为依赖理性个体的自我意识；责任的内容从强制的禁欲主义转换为人的高度自律；责任的目的从自我救赎转换为实现人的价值与尊严。我们也就理解了，为什么近代社会如此重视个人责任，将责任生成的

---

[1] 宋希仁：《西方伦理思想史》，中国人民大学出版社2004年版，第150页。

根源视为人的自我意识而非其他。

　　纵观责任思想的历史发展进程，无论是古希腊基于善的对城邦的责任、中世纪基于信仰的对上帝的责任，还是近代哲学基于自我意识的个人责任，都仅仅是从思辨的、应然的层面来理解责任。但是，这其中还有着某种不同：古希腊时期基于善的对城邦的责任和中世纪基于信仰的对上帝的责任，更多地表现了作为责任主体的人的被动性，缺乏主体的自觉性。但是，这种责任观是无法匹配近代社会民族国家崛起与资本主义发展的社会现实的。当时的社会历史条件下，需要的是一种充分自觉的个体性责任意识。基于人的自我意识的个人责任，切合了人的自由和解放的时代主题，迎合了近代社会文化与社会变革的需求。当然，我们也应该关注基于自我意识的个人责任自身隐含着致命的理论的局限性，尤其体现在其对责任公共性的消解之上。随着当代社会市场经济的发展、科学技术的广泛应用以及全球化时代的到来，这种理论缺陷已经显现出致命的不足甚至造成了极大的危害性，直至导致当代社会责任危机的爆发。

# 第三章 当代社会责任危机的病理分析

当代社会的责任危机，如鲍曼所言，在于责任已经成为一种"自由漂浮的责任"①。当代社会责任危机发生的现实场域何在？如何对其根源进行理论分析？责任危机的实质及其具体表现为何？这正是本章要探讨的核心问题。

## 第一节 当代责任危机发生的现实场域

责任危机作为一个突出的时代问题被提升出来，与当代社会的几大基本社会现实密切相关：市场经济在全世界范围内迅速发展、科学全方位渗透社会生活各个领域、全球化浪潮席卷世界。市场经济的物化逻辑，社会生活的科学化，全球化进程与民族国家冲突带来的人的生存与文化困境，正是当代责任危机发生的现实场域。

### 一 市场经济的物化逻辑

市场经济是当代社会主导性的经济体系。市场经济的本质，可以从其带来的生产方式的变革来考量，也可以从其对社会结构变迁的意义来分析。但是，从更深一层来看，市场经济促进了人的思想观念的变革。在这个意义上，市场经济造就了当代社会中的人的物化。

（一）市场交换规则普遍化与人对物的依赖关系

在市场经济中，生产是为交换价值而进行的生产。市场经济以自由交换和自愿合作为前提，以市场机制来实现社会资源配置，是市场交换规则

---

① ［英］鲍曼：《现代性与大屠杀》，杨渝东等译，译林出版社2002年版，第213页。

普遍化的经济体系。

与前现代社会中"人的依赖关系"的本质特征相比,市场经济实现了"以物的依赖性为基础的人的独立性"①。在封建社会中人与人之间存在等级与贵贱之分,每个人都要依附于特定团体并履行特定的责任和使命。从 14 世纪开始,文艺复兴运动、新航路开辟、新教改革运动、思想启蒙运动、自然科学的发展和工业进步轰轰烈烈地展开,市场经济正是在这一历史背景下在全世界范围内迅速发展。市场经济依据交换规则的普遍化,"活动和产品的普遍交换已成为每一单个人的生存条件"②。从交换行为本身出发,每一个人"都自身反映为排他的并占支配地位的(具有决定作用的)交换主体。因而这就确立了个人的完全自由:自愿的交易;任何一方都不使用暴力"③。交换和分工互为条件,自愿选择和自由交换首先需要的是人的自由独立以及人与人之间的法权平等关系。霍布斯以其对自然状态的描述揭示当时市场经济状况的实然,洛克描述的自然状态则表现了其对市场经济的应然状态的憧憬。无论怎样,市场经济表达出人逐渐独立成为新世界的主力,"人终于以自己的现世身份直接登上了历史统治的舞台"④。但是,人的这种"独立性"过分依赖于"物"。马克思指出,"劳动产品一旦采取商品形式就具有的谜一般的性质究竟是从哪里来的呢?显然是从这种形式本身来的。人类劳动的等同性,取得了劳动产品的等同的价值对象性这种物的形式;用劳动的持续时间来计量的人类劳动力的耗费,取得了劳动产品的价值量的形式;最后,生产者的劳动的那些社会规定借以实现的生产者关系,取得了劳动产品的社会关系的形式。"而"商品形式和它借以得到表现的劳动产品的价值关系,是同劳动产品的物理性质以及由此产生的物的关系完全无关的。这只是人们自己的一定的社会关系,但它在人们面前采取了物与物的关系的虚幻形式。"⑤ 在市场经济条件与资本原则下,人的本质要靠"物"来规定,人与人的关系异化为物的关系。普遍交换的市场经济使人的互相联系"表现为对他们

---

① 《马克思恩格斯全集》(第 46 卷上),人民出版社 1979 年版,第 104 页。
② 同上书,第 103 页。
③ 同上书,第 196 页。
④ 张一兵、周嘉昕:《资本主义理解史》(第 1 卷),江苏人民出版社 2009 年版,第 49 页。
⑤ 《马克思恩格斯全集》(第 44 卷),人民出版社 2001 年版,第 89—90 页。

本身来说是异己的、无关的东西，表现为一种物。在交换价值上，人的社会关系转化为物的社会关系；人的能力转化为物的能力。……每个个人以物的形式占有社会权力"①。如果要表明自身的能力、获得自身的社会权力，就必须把自己的产品、活动连同自己本身首先转化为交换价值、转化为货币。正如霍克海默与阿多尔诺指出的，"随着统治权完全过渡为通过贸易和交往中介的资产阶级形式，随着工业的发展，才完全发生形式上的变化。人不是受刀剑，而是受巨大的机制奴役，当然这种机制最后也是会制造剑的"②。市场交换规则普遍化消除了封建专制当中人对人的直接性的统治与奴役，却塑造了一种非人为性的客观的物化关系的统治，难怪霍克海默与阿多尔诺感慨道："随着资产阶级商品经济的发展，神话中朦胧的地平线，被推论出来的理性的阳光照亮了，在强烈的阳光照耀下，新野蛮状态的种子得到了发展壮大。"③ 正是在这个意义上，马克思提出人与自己的产品、劳动以及人的本质的异化，卢卡奇把物化作为资本主义批判的核心问题。

（二）追逐利益最大化

市场经济的物化逻辑使人以追求和满足自我利益最大化作为自己的生存方式。"私人利益本身已经是社会所决定的利益，而且只有在社会所创造的条件下并使用社会所提供的手段，才能达到；也就是说，私人利益是与这些条件和手段的再生产相联系的。这是私人利益；但它的内容以及实现的形式和手段则是由不以任何人为转移的社会条件决定的。"④ 这种追求市场经济的内在的本质的追求，具有客观性和必然性。

我们承认合理限度内的自利性是具有一定合理性，但这并不等同于认同可以通过社会制度结构性地去放纵和鼓舞这种自利性。对利益最大化的无限追逐渗透在市场经济的血液之中。当霍布斯提出人的自然本性是"一切人反对一切人"之时，已经洞见了人的社会性已然转化为一种利益之争。趋利性成为人的新的自然属性，在这种人性观念基础上，"利益被看作兼具了欲望与理性这两个范畴的优良秉性，而欲望与理性这两个范畴

---

① 《马克思恩格斯全集》（第46卷上），人民出版社1979年版，第103—104页。
② 霍克海默、阿多尔诺：《启蒙辩证法》，重庆出版社1989年版，第222页。
③ 同上书，第28页。
④ 《马克思恩格斯全集》（第46卷上），人民出版社1979年版，第102—103页。

又被指认为由理性所强加和容纳的'自利'的欲望与由'自利'的欲望所指导和赋予力量的理性。"① 人都是利己的,在面临任何选择时,总会选择对自己利益的实现更有利的方案。"把自己当作手段,或者说当作提供服务的人,只不过是当作使自己成为自我目的、使自己占支配地位和主宰地位的手段;……是自私利益,并没有更高的东西要去实现;另一个人也被承认并被理解为同样是实现其自私利益的人,因此双方都知道,共同利益恰恰只存在于双方,多方以及存在于各方的独立之中,共同利益就是自私利益的交换。一般利益就是各种自私利益的一般性。"② 受到社会制度结构鼓舞的趋利性促使人们为追求和满足自我利益的最大化而存在。整个社会机制不断撩拨着人的自利动机,极易成为道德沦丧和社会责任感湮灭的社会。

在市场经济条件下,对金钱的欲望成为一种本能性欲望。雇佣关系的存在和对剩余价值的追逐,货币成了一切权力的权力。"货币不仅是致富欲望的一个对象,而且是致富欲望的唯一对象。这种欲望实质上就是万恶的求金欲。……贪欲在没有货币的情况下也是可能的;致富欲望本身是一定的社会发展的产物,而不是与历史产物相对立的自然产物。"③ 货币具有产生更多货币的功能,对金钱的渴望变成一种贪婪的欲望,这种欲望甚至成为市场经济下人的生存的第一动力。金钱不仅是致富欲望的对象,同时也是致富欲望的源泉,金钱是万能的。

市场经济谈不谈道德问题呢?纯粹的市场经济理论认为,市场可以通过"看不见的手"来达到公共利益的增进。舍勒甚至说,"在资本主义的组织形式和法权形式的开拓过程中,过去那种只在康庄大道之外的旁沟暗角里搞些冒险活动的欲求态度,恰恰变成了合规律的经济生活起支配性的灵魂;从事这类活动的人的特性已获得道德、法律甚至宗教和教会的认可。"④ 相对于前现代社会,市场机制通过交换价值的实现,充分刺激了个体以最大的可能挖掘和发挥自己的潜能、激情去满足自己的利益与欲望。欲望成为合法、合理的存在,这直接导致人们不再运用宗教去抑制欲

---

① 张一兵、周嘉昕:《资本主义理解史》(第1卷),江苏人民出版社2009年版,第53页。
② 《马克思恩格斯全集》(第46卷上),人民出版社1979年版,第196—197页。
③ 同上书,第171—172页。
④ 舍勒:《资本主义的未来》,罗悌伦等译,三联书店1979年版,第12—13页。

望,也不再运用道德去制约欲望。人们需要做的是利用欲望、驯化欲望。道德已无立足之地,因为金钱代替道德已经成为人的价值尺度。

市场经济并不研究如何通过道德教化来改变人的价值观的问题,它研究的是如何讲求效率和效益的问题。当斯密高声颂扬商业是"人道的"的时候,马克思讥讽道:"这是对的。世界上本来就没有绝对不道德的东西;商业对道德和人性也表示过应有的尊重。但是,是怎样表示的呵!当中世纪的强权,即公开的拦路行劫变成了商业时,这种行劫就变得人道些了;当商业上以禁止货币输出为特征的第一个阶段转变成重商主义学说时,商业也变得人道些了。现在连这种学说本身也变得人道些了",商业所谓的"人道"就在于"为了达到不道德的目的而滥用道德的伪善手段就是贸易自由论所引以自豪的东西"①。市场经济在催生财富、改善人类生存状态的同时,也带来而且势必会带来一些严重的问题。比如为了追求效益与利益,假冒伪劣、以次充好、欺行霸市、破坏环境,等等,甚至敢冒着上"绞刑架"的危险杀人越货。这正如伊格尔顿所说的场景:"资本家和资本都是死亡了的生命形象,一方面有生命却麻木不仁,另一方面,没有生命的东西却活跃着。"② 不可否认,资本原则之下一切都要以财富高效率增加为核心,人已经不再是主体意义上的活生生的真实存在的人。就深层意义而言,此时人是追逐利润的活着的资本。

市场经济利益至上的物化逻辑、对最大化效率的追逐、对实现利益的手段与途径的计算等本质特征,使市场经济与自由主义、个人主义和工具理性呈现"选择性亲和"的关系。市场经济的弊端在资本主义社会中被淋漓尽致地展现出来,劳动主体与客体条件分离,物和人的主、客体地位颠倒,资本逻辑在现实领域同化一切。市场主体如何才能约束自己并受到约束、积极承担社会责任,这已经成为当代社会一个普遍的突出问题。

(三) 市场经济下政府公共责任的碎片化

利益最大化规则在经济领域的巨大成功催生着当代社会政府市场化改革的取向。尤其是20世纪70年代以后,世界各国政府纷纷采用市场化的做法,试图通过政府与社会力量的合作来规避公共管理中的诸多弊端。这

---

① 《马克思恩格斯全集》(第1卷),人民出版社1960年版,第601—602页。
② 特里·伊格尔顿:《美学意识形态》,广西师范大学出版社1997年版,第92页。

种做法一方面取得一定成效，它标志着政府组织适应市场经济规则的主动性调整，通过让那些适宜市场规则运作的行业遵循市场法则在自由市场中经营获利，通过多样化的所有制形式满足人民群众日益增长的公共服务需求，是可以起到让政府摆脱沉重的财政负担、增加收入的效果的，同时还有利于促使相关行业在市场机制中健康成长。正如克雷格所言，"对于某些公共服务事项，如果由政府部门来实施，可能会导致行政效率低下、不计成本、忽视那些市场竞争所带来的新技术和观念的情形，而改善这种情形的最佳途径就是政府通过签订合同的形式将那些公共服务交由社会组织或个人来实施。"[1] 但是，我们必须看到这些做法也面临着诸多风险和挑战，尤其是内在地隐含着导致政府公共责任碎片化的因素。

政府改革过分关注市场化方法、管理技术以及经济、效率与效益之目标，以致反而对维护社会公共秩序、合理分配公共利益、提供公共服务等自身最根本的公共性责任的履行与承担较为忽视。这种重心的转变意味着政府实际上将自身也视为一种理性经济人，在政治市场中追求着它们自己的最大化的政治利益，而不管这些利益是否符合公共利益。为此，政府与各种利益集团"结盟"共同制定公共政策、"操纵"政治权力。政府公共权威被私有利益集团所瓜分，从而导致一个虚弱、分权的政府。"那些最大规模地控制资本的国家和集团，也最大规模地控制了国内和国际的舆论。……跨国公司、多国公司和各种形式的大资本，他们正在以'不受干预的市场'和'市民社会'作为舞台，不仅与民族国家相互合作操纵整个世界经济运作和利益分配，瓜分社会财富，而且也以立法形式实施社会控制。在政治公共领域，'私人'已经彻底消失，政党和大的利益集团成为唯一的合法代表。"[2] 在这种情况下，一旦发生重大危机事件政府很难承担社会救治的责任。那么这种责任能否转移到各种利益集团中去呢？对于政府而言，确保全体社会成员"无论何时何地，都应当得到相应的公共产品和服务"，"所有用户都应当被同等对待"以及"服务的价格应当为大多数用户所能够接受"[3]，这些都是政府组织不可推卸的公共责任。

---

[1] Paul P. Craig, *Administrative Law*, London: Sweet & Maxwell, 2000, p. 108.
[2] 汪晖、陈燕谷：《文化与公共性》，三联书店2005年版，第41—43页。
[3] 詹中原：《民营化政策——公共行政理论与实务之分析》，五南图书出版公司1993年版，第95页。

但是作为公共服务被委托对象的各种利益集团,却并非对服务性价值和公共责任情有独钟,其兴致在于最大化的利益获取,自然会在提供服务的过程中有选择性倾向,加剧公共服务非均等化的问题。也就是说,重大危机事件中政府难以承担的社会救治责任是难以转移到各种利益集团中去,最后只能导致政府公共责任的消解。

在具体措施上,政府通过民营化、合同出租以及分权和权力下放的方式,把政府所具有的诸多公共职能、公共权力转移到商业性机构和社会组织当中。"今天,正是社会组织在政治公共领域中处理国家行为,无论是通过政党的作用还是直接与公共行政相联系。由于公私两个领域的联合,不仅政治机构在商品交换和社会劳动领域承担了一定的功能;而且与之相反的社会权力也获取了政治权力。"[①] 哈贝马斯把这种情况称之为公共领域的"重新封建化"。一方面,这种做法导致大量商业性机构和社会组织介入政府的公共服务与权力体系当中;另一方面,为了达到减轻财政负担和精简机构提高效率的目的,政府不断地压缩政府及其公务人员的规模与雇佣时限,这匹"小马"日益难以拉动社会这辆"大车"。"持久地、反复地进行缩编……会把信心和支持的所有基础都摧毁",而且"还毁坏了机构的记忆、降低了'公共部门道德'保留下来的机会,导致了一种'空洞'和非常缺乏能力的政府。这里的矛盾是赤裸裸的,任何人都可以看到,而由此引起的道德和信任问题很快就会出现。"[②] 由此引发的最为关键的问题是,这最终导致"空洞"的和"非常缺乏能力的"政府对社会责任的推卸,使公共责任破碎化。政府管理内在着公共精神品质和内涵,这决定其具有其他机构不可替代的生存空间和管理样式。由上文的分析可以看出,现代政府管理的深层危机在于责任公共性的缺失,探究市场经济下政府公共责任的碎片化何以发生,如何把握政府管理责任公共性的基本诉求,理应成为现代政府管理议题中应着力思考和解决的基础性问题。

---

① 哈贝马斯:《公共领域》,载汪晖、陈燕谷:《文化与公共性》,三联书店2005年版,第131—132页。

② 克里斯托弗·波利特、海尔特·鲍克尔特:《公共管理改革——比较分析》,夏振平译,上海译文出版社2003年版,第153页。

## 二 社会生活的全面科学化

伴随神学时代终结，宗教信仰日益式微，科学的地位开始上升。直至当代社会，社会生活的各个领域与各个方面都体现出科学化的特征。社会生活的全面科学化意指科学成为唯一的知识，包括哲学、人文以及社会科学在内的一切研究领域都应当用科学理论和科学的方法论加以理解和解释。

科学化并非科学本身。随着近代自然科学特别是实验科学的发展，科学才逐渐迈向"科学化"。但是，此时的科学作为反对专制和迷信的先锋，彰显着对经院哲学和神学的进步意义。直至当下，科学与理性、进步、效率等现代性理念纠结在一起，"科学化"最终"发扬光大"。

在科学向科学化的推进中，数学发挥了巨大的作用。古希腊科学的第一形态就是数学。毕达哥拉斯学派以数学神秘主义的形式表明了数学对于认识和把握世界的意义，宇宙是以数学方式设计的。这种思维范式深深地影响了近现代科学发展的理路。伽利略认为自然是用数学语言写成的，在这个基础上进行他的"假设—演绎"的科学实验工作，建立了能将物理问题数学化的实验方法。可以说自伽利略开始，一种前所未有的系统理性科学观念和数字化的世界图景得以形成。以后的思想家们不仅将数理模式运用于自然，甚至也试图运用于整个社会。"有一种基本统一性，产生于一种主要为数学性的指导思想和工作方法……这并不是纯粹有益无损；十七世纪科学领域所受到的有效的但未经认识的限制，就是由于这种以数学为先务之急的缘故。经验中若有在当时不能归到数学里去的部分，就有被弃去的趋势，并且，即使那些原不适于数学的部分，也有被当作数学来处理的趋向，带来了未免可笑的结果。……极端事例则在社会方面，有最高尚的十七世纪哲学家斯宾诺莎……试图把伦理学化为数学原则。"[①] 笛卡儿则确立了演绎方法在科学发展中的地位，认为清晰明白是真理的标准和特征，人的心灵能从确实无误的概念推断出另一个概念，从而可以从自明的定理推演出最终的结果。

基于数学化的科学之本质特点在于标准化以及可控性。科学总是运用

---

① ［英］贝尔纳：《历史上的科学》，伍况甫译，科学出版社1959年版，第281页。

各类仪器对物质实体或现象在观察、实验的基础上展开。科学是对确定性的寻求,对世界的解释只有通过数字才能求证,一切都可以用科学的自主手段分类、预测、量度、计算和验证。科学倡导实证、推理和分析精神,认为人可以在经验材料的基础上发现无限的世界的普遍规律,并能够借助统一的、一元的规律来改造世界。世界的直观性、相对性逐渐消失,取而代之的是一个普全数理模式。不仅万物被看作是可精确测量和可严格规定的,而且事物之间的联系也不再被看作是经验的联系,而是先天的因果规律联系。于是,科学在这里成了推动社会进步、解决社会问题的唯一力量,成就一种线性的、乐观的进步主义。

在当代社会中,适应市场经济的需要并在追求经济利益最大化的刺激下,社会生活的全方面科学化。科学不再局限于个人的兴趣研究,而是与社会的经济制度、政府组织、社会结构等紧密地联系在一起,带来人的思维范式与生活方式的巨大变革。科学的本质特征结合着进步主义,在追逐利益最大化的过程中最终形成当代社会的理性根基——工具理性。

科学是具有实证性的,就此而言,科学化的社会生活是拒斥价值和意义问题的,最终消解了人的责任主体的资格与地位。科学运用定律、假设和理论揭示现象世界的规律,概不关心这些规律之外的价值判断与所谓"本质"。胡塞尔所说的"普遍感到悲哀的"科学的"危机"就是指科学的实证化这一当代社会事实。胡塞尔指出,当我们"从几何学出发,从感性上呈现的并且可以数学化的东西出发,对世界的考察中,抽去了在人格的生活中作为人格的主体;抽去了一切在任何意义上都是精神的东西;抽取了一切在人的实践中附到事物上的文化特性。通过这种抽象产生出纯粹物体的东西;但是这种纯粹物体的东西被当作具体的现实性来接受。它们的总体作为一个世界成为研究的主题。"[①] 在此,一切事件被认为都是可以一义性地和预先地加以规定的。

社会生活的全面科学化,使世界以及生活在其中的人化约为确定的普遍的量和组成要素,是可置换和可替代的。这是对科学化要求的规律化与高效化世界的一种迎合,因为后者最起码的条件是没有意外与偶然,最好

---

① 胡塞尔:《欧洲科学的危机与超越论的现象学》,王炳文译,商务印书馆2001年版,第76页。

是可以千篇一律地重复发生，消除变异的概率。也就是说，同样的衡量标准可以应用到不同的情境中去。统计学在当代社会中成为通行的语言：一切都可以简化为数据图表上的一条线段或是一串数字。对于图表或者数字，我们可以只谈进度，不看对象的性质。即使性质截然不同的任务，在这里都没有什么区别，因为它们是不会引起道德评价或者是责任判断的。

如此一来，任何人之为人的属性与特质就被泯灭了。彰显人的存在与价值的责任也随着人的非人化而被消解得无影无踪了。现代制度设计把行为对象非人化，现代管理行为的一个基本特征就是量化、标准化，因为只有这样才能提高组织行为的效率。高效率做事的最起码的条件就是没有意外，最好是可以千篇一律地重复发生，消除行为对象的变异的概率。人变成工具化活动中的一只单纯齿轮，于是，"跟所有其他的官僚机构管理对象一样，作为对象的人已经被简化为纯粹的、无质的规定性的量度，因而也就失去了他们的独特性。他们早已被非人化"[①]。在一个充斥标准、逻辑、形式的科学化世界中，人被化约为数字化的量，本来丰富多彩的世界被同一化，情境的差异性与价值的多元性被抹杀。不仅人的实践中的物所附有的文化和精神特性都被抽象掉了，而且人的自我物化代替了人对社会生活世界所作的文化上既定的自我理解。"人们对于它自己所机械地面对着的客体采取了被动的态度，这种客体就是被固定的规律和被确定的独立于人的意识，不受人的干涉所影响的客观过程即完全被封闭的系统。"[②] 人被剥夺了特殊性和个别性，人及其实践的对象不再是活生生的具体存在，而成为去掉了丰富内涵的干巴巴的抽象物。

科学化在当代社会生活诸领域的全面渗透，使人成为一种量的存在，世界成为由科学构造的一幅知识体系图景。责任的生成与知识的生成成为同一个过程。"缺乏知识就自动地意味着缺乏责任感。"[③] 在消解人的主体性、价值感的同时也吞噬了人的真正的责任性存在。但是，人，也只有人才是道德命题的对象。一旦人不再是活生生的具体存在，而是我们数据图表上的一条线段或是庞大数字中的一个小数点时，一旦人被抽掉了丰富的

---

① ［英］鲍曼：《现代性与大屠杀》，杨渝东等译，译林出版社2002年版，第137页。
② 卢卡奇：《历史和阶级意识》，张西平译，重庆出版社1989年版，第99页。
③ ［英］贝尔纳：《历史上的科学》，伍况甫译，科学出版社1959年版，第722页。

内涵而简化为零时，人就丧失了成为道德对象的能力。现代管理体系把道德的话语进行了崭新的转换：用纪律、义务、忠诚取代了良知与责任，它在成功地使非科学技术问题非道德化的同时，使科学技术道德化了。人们惊奇地发现，这种从功能与形式出发合理地选择最佳手段和途径的"科学技术道德"，远远要比自由、良知、责任、情感等来得容易得多。当整个社会充斥着"技术道德"时，那种人之为人的道德自主性与真正的责任性存在已然远去了。

### 三 全球化进程与民族国家的矛盾

全球化已成为一个不争的事实，意味着经济、政治与文化等全方位的全球化。与此同时，人们生活在一个由民族国家组成的世界体系之中，民族国家的发展是民族共同体为捍卫和发展自己而不断扩张权力、加大经济范围的结果。全球化进程与民族国家的发展矛盾重重。

首先，民族国家作为独立自主的政治实体已成为当今世界最为主要的政治管理组织。与此同时，我们不得不承认的另一个事实在于，全球化已经成为当代社会不可回避的现实。"不断扩大产品销路的需要，驱使资产阶级奔走于全球各地。它必须到处落户，到处开发，到处建立联系。资产阶级，由于开拓了世界市场，使一切国家的生产和消费都成为世界性的了。"[①] 各民族共同体一直为捍卫和加大自身经济与政治范围而努力，特别是十六七世纪在资本主义蓬勃发展之际，建立更大、更强和统一的国家经济区域成为民族共同体继续发展的必要保证。随着市场经济的发展，在处于发展阶段的民族意识的支持下，封建庄园和城市国家等种种封建力量基本上被合并为国家。民族国家的兴起尤其与市场经济关系密切，市场经济的发展是国家与社会分离的经济基础，市场经济也需要最初兴起的民族国家来保护市民阶层。不仅如此，民族国家在当代社会中还具有成员认同的意义，毕竟随着对上帝的信仰的崩溃，政治统治的合法性基础已经日益成为一个重要议题。

其次，民族国家与社会"监控"具有内在的关联，这一关联在当代社会表现得尤为突出。国内学术界一般认为民族国家的兴起以法国大革命

---

① 《马克思恩格斯选集》（第1卷），人民出版社1995年版，第276页。

为分水岭，后者催生了民族国家对自由、民主、平等和权利的政治诉求。就功能来看，"民族—国家存在于由其他民族—国家所组成的联合体中，它是维持治理的一套制度模式，它对业已划定边界（国界）的领土实施行政垄断，它的统治靠法律以及对内部和外部暴力工具的直接控制而得以维持。"① 民族国家的主要职能在于保卫"边界（国界）的领土"和维持行政、法律力量对社会的"直接控制"，这直接决定其过程本质上是行政力量集中的过程。"行政力量的强化使国家对暴力手段的依赖逐步弱化"，但行政力量依赖于"扩张监控以及动员社会行为"②。吉登斯在其著作《历史唯物主义之当代批判》中指出"'监控'，我主要指两种相互关联的现象。第一种是'信息'的积累，即储存行动者或集体组织的符号性资料；第二种是指集体组织中，上级对下属活动的监督（supervision）。"③ 在《民族—国家与暴力》中，吉登斯进一步指出："监控大致集中在（a）国家对其管辖人口实行的各种建档分类方式——身份证、许可证和其他官方文件，它需要所有成员照准执行，即使是最鸡毛蒜皮的事情也要遵循成规；还有（b）由警察或他们的线人对这些活动进一步监视的基础。"④ 可见，对于任何一个民族国家而言，直接的监控与间接的监控都是加强其统治力量的必要条件。以此为基础，吉登斯区分了民族国家三种类型的监控即治安方面的监控、反思性监控以及福利国家监控。

全球化意味着对民族国家监控与保卫方方面面"边界"的根本职能的挑战。一方面，以民族国家为基本单位的对内和对外贸易现在成为全球一体化的市场经济，不同民族国家内部独特的经济治理模式有可能成为相互之间经济交往的障碍。而且，面对全球一体化的市场经济的巨大冲击力，仅靠某一民族国家自身的力量来应对又显得过于单薄。另一方面，对一些关系到整个人类生死存亡的议题，当代民族国家受到了拷问。这些议题主要包括全球气候、生态环境、战争与暴力等问题。我们也必须意识

---

① Giddens, *A Contemporary Critique of Historical Materialism*, London: Macmillan Press Ltd., 1981, p. 190.
② 吉登斯：《民族—国家与暴力》，胡宗泽等译，三联书店1998年版，第246页。
③ Anthony Giddens., *A Contemporary Critique of Historical Materialism*, London: the Macmillan Press Ltd., 1981, p. 169.
④ 吉登斯：《民族—国家与暴力》，胡宗泽等译，三联书店1998年版，第354—360页。

到，各个国家只有联合起来，才能解决一系列的全球性议题。人类对科学技术肆无忌惮的使用，招致自然对人类的疯狂报复，甚至可能因此导致人类的消亡。这些问题在任何一个单一的国家内部都是无法得到解决的。

最后，我们必须承认，"过去那种地方的和民族的自给自足和闭关自守状态，被各民族的各方面的互相往来和各方面的互相依赖所代替了。物质的生产是如此，精神的生产也是如此。各民族的精神产品成了公共的财产。民族的片面性和局限性日益成为不可能。"① 在今天，全球化早已超越了经济的全球化，是全球范围内时间与空间关系的重组，更是"精神"的全球化。不可否认，文化已经越来越成为一个民族凝聚力和创造力的重要源泉，而文化之所以具有一定的模式乃是因为各种文化有其不同的主旋律即民族精神。② 弗兰茨·博厄斯在为本尼迪克特《文化模式》所作的绪言已然给予我们提示：当我们把一种文化的意义作为一个整体来加以把握时，我们需要确定文化特质间更大的历史联系。思考一个民族的文化模式，是社会行为主体的一种自我启蒙运动，彰显着主体意识的人文关怀。文化模式是指各民族或国家所具有的独特的文化体系，它是由各种文化特质有机结合而构成的一个有特色的文化体系。文化模式具有内在整体性，其具体内容纷繁复杂。"一种文化就像一个人，或多或少有一种思想与行为的一致模式。每一文化之内，总有一些特别的，没必要为其他类型的社会分享的目的。在对这些目的的服从过程中，每一民族越来越深入地强化着它的经验，并且与这些内驱力的紧迫性相适应，行为的异质项就会采取愈来愈一致的形式。当那些最不协调的行为被完全整合的文化接受后，它们常常通过最不可能的变化而使它们自己代表了该文化的具体目标。"③ 文化的模式化产生于一个民族中广大成员的长期实践与创造，需要几代人甚至几十代人的生活历练，通过社会化的途径世代延续而结构化或形式化。从这个意义上说，文化模式就是人们普遍接受的共同遵循的风俗习惯，使各国家、各民族的文化具有鲜明的总体特征。就内在整体性而言，文化模式化使传统文化所包含的各个方面构成一个有机统一的整体，而且

---

① 《马克思恩格斯选集》（第1卷），人民出版社1995年版，第276页。
② 荀明俐：《文化模式理论的解释力研究——读本尼迪克特的〈文化模式〉》，《学术交流》2008年第9期。
③ 本尼迪克特：《文化模式》，何锡章译，华夏出版社1987年版，第36页。

文化整体产生一个各部分的独特安排和相互关系的结果。文化超越了它们的特质的总和。可是，以往的人类学"投入了对文化特质的分析，而没有致力于研究已形成为整体的文化"①。进化论学派、传播学派等早期文化人类学基本着眼于具体的文化特质——比如巫术、图腾、常识、仪式等，即使涉及文化总体也基本上是笼统地把各种文化特质简单地总和一下，由此而探讨文化的进化传播变迁等。文化模式没有停留在具体文化特质的一般功能分析，也没有笼统地谈论文化整体的演进和发展机制，而是深入揭示各种文化特质的本质关联，从而揭示出特定时代、特定民族由各种文化特质整合的共同的、占主导地位的文化模式。就具体内容而言，大体说来每一种文化模式都包含微观维度和宏观维度。微观维度体现于日常生活之中，如风俗习惯、服饰等方面；宏观维度表现在社会制度、政治制度和经济等方面。以往我们习惯于从长时段、大跨度的宏观视野去着眼大结构、大过程、大比较，往往忽视个人与小群体的日常生活部分。其实人们的衣食住行、人际交往、职业与劳动、生死爱憎、焦虑憧憬、家庭关系等行为，也处处体现着一种文化模式的影响力。可以说，微观维度与宏观维度相互补充，相互影响，谁也无法替代对方。

其实许多思想家都曾赋予文化模式、文化精神以强大的解释力，并以此对社会政治领域、经济领域和文化领域做出独特的解释。马克斯·韦伯就致力于考察"世界诸宗教的经济伦理观"，关注世界主要民族的精神文化气质与该民族的社会经济发展之间的内在联系。在《新教伦理与资本主义精神》一书中，他试图运用"新教"这种宗教类型来解释西方近代资本主义的发展。在《儒教与道教》《印度教与佛教》《古代犹太教》以及《伊斯兰教》等著作中，韦伯力图证明这些古老民族的宗教伦理精神是这些民族资本主义发展的内在羁绊。当然，也有人根据阶层的不同、年龄的不同、地域的不同等等而形成的不同文化模式来解释各种亚文化现象。一方面，文化模式具有对各种本土文化、民族文化的强大的解释力，注重从族群、民族占主导支配地位的心理、动机和目的层面来理解重大历史事件。民族主要指共同语言、共同地域、共同经济生活和共同心理的人组成的共同体。某种意义上说，文化模式就是特定的民族心理的、系统

---

① 本尼迪克特：《文化模式》，何锡章译，华夏出版社1987年版，第37页。

的、相对稳定的文化表现形式，这种民族心理和国民性研究有别于解剖社会现象的所谓功能方法，强调构成文化的前提性因素，这些前提性因素是心理结构、价值体系、思维方式——因为这些前提性因素，一种文化模式已经巩固了。每一种形式都带有自己的普遍的内驱力和动机，这些内驱力和动机决定着它们过去的历史和未来。每一种文化模式都服从于一个主导动机，即某种特有心理反应突出到可以支配整个文化。或许只有运用文化模式理论，我们才可以更好地解释同样面对大屠杀的罪行，日本的蛮横无理与德国的真诚悔意；以及同样面对被大屠杀的事实，我们的冷漠忘却与犹太民族的深刻反思。另一方面，文化模式又是作为哲学理解范式的文化哲学，也是对社会历史的解释模式。理解不同社会秩序和个体心理的根本点在于文化模式。一个社会的本质就是协助这个文化群体内部可能出现的冲突，协调个体与群体之间的矛盾。"问题的症结在于，考虑中的行为必须穿过社会承认的针眼，只有广泛意义上的历史，才能对社会历史接纳或拒绝的原因作出解释。"[①] 历史绝不是仅仅依靠"内省"就能够发现的"一连串事实"，如同经济体系不能还原为单纯的人类竞争，或是将现代战争视为人类好斗本性的产物，这些解释对人类学家来讲，不过是"空洞的圆环"。当我们把历史感引入文化模式的思索中，会发现它并不总是稳定的，当一种主导型模式失范，它就会向另一种文化模式转换。在文化模式转换中，文化整合推动文化演进与变迁。文化不断整合的过程也就是文化不断变迁或不断变异的过程。文化整合不断推动文化的发展或变迁，成为文化演进的推动力。文化演进是必然的，但我们不能以此认为文化演进是决定论的。没有任何一种文化模式的演进是绝对的必然性的产物。演进的进程就是选择的进程。文化模式的关键差异在于其整体定位的方向的不同，其经验性的特性永远不可能在其他任何一个地方全盘复现出来。每一种文化模式都是社会用以表现其特有目的的特色。在本尼迪克特看来，人无种族上的高低贵贱之分；文化无等级优劣之别。各文化都有自己的价值取向，有自己与所属社会相适应的能力。文化模式化与文化整合的进程不是有关普遍物质之本质的画卷。

全球化要求民族国家具有一定的文化开放性，但每一民族国家早已形

---

[①] 本尼迪克特：《文化模式》，何锡章译，华夏出版社1987年版，第180页。

## 第三章 当代社会责任危机的病理分析

成基于某种认同机制的巩固的文化模式。正如吉登斯断言:"民族主义可以定义为,对于某些符号的共同归属感,这些符号可以使一个特定人群的成员认同他们共同属于一个相同的社群。"① "如果民族主义基本上导向主权——尤其是在国家遭受大量侵凌争夺的环境当中,或者在国家强烈整军备战之时——民族主义情绪可能发生一个排外的转折,即强调这个'民族'超乎对手的优越性。"② 在人类历史发展的长河中,不同民族国家之间的文化交往有过彼此交融的场面,但也产生过大量的争端和冲突。其实,文化模式化与文化整合是同一进程的两个方面,文化整合中文化模式和个体人格被双重建构起来。所谓文化整合,就是指构成文化的诸文化要素、子系统与层次之间相互适应相互综合变为整体或完全的过程。文化整合强调,在各种文化的意义中的一种逻辑的、情绪的或美感的协调,追求文化规范与行为的适合以及不同的风俗、制度彼此功能上的相互依赖。文化的整合把所有导向谋生、婚配、战争、崇拜神灵等五花八门的行为,根据文化内部发展起来的无意识选择原则,转化为一致的模式。每一复杂层面上的文化,即便是最简单的层面上的文化,都获得了整合,而且可以存在众多可能的结构。文化整合不仅是在社会活动和精神生产等存在领域的整合,也是在日常生活领域的整合。各种文化特质在一文化主旨或"民族精神"的统摄下,不断地交接、融合和修正,趋向于或修正为具有一致性的思想或行为模式。一种文化在它自身某种规范化的动机、情感、价值、准则的作用下,从周围地区的那些可能的特性中选择其可用者,而舍弃了那些无用的东西,它把其他的特性都重新改造,使它们符合自己的需要,这就是整合的力量,也是整合的结果。在本尼迪克特看来,整合的创造力量在个人的心灵里,而且关系到个人如何根据其文化的主观标准,对文化特质加以选择,排斥与修正。把一种文化的意义作为一个整体来加以把握,表明文化模式对个体人格的持续塑造作用——"接受",这是一个民族文化的深层结构。但问题是人不仅是文化衍生物,人也具有主观能动性及其对文化的建构作用。完整意义上的社会从来不能与作为其组成的个

---

① Anthony Giddens, *Sociology: A Brief but Critical Introduction*, Macmillan Education Ltd., 1982, p. 155.
② 吉登斯:《民族—国家与暴力》,胡宗泽等译,三联书店1998年版,第262页。

人相分离，恰恰相反，"文化中所具有的任何要素，归根结底没有不是个人所作的贡献。"① 人类学家兰德曼也从同一意义强调，人从本能的统治中获得自由以及在趋向创造性的自我决定中走向自由。

只有清晰地看到全球化对民族国家方方面面尤其是文化"边界"的根本职能的挑战时，我们才能领会全球化所带来的一种全球性的视角，才能领会全球化对当代社会中民族国家的政治统治提出的质疑。"科学技术的发展加速了生产、贸易和消费的跨国化……当代世界日益全球化的经济和文化关系没有发展出与之相应的新的政治形式，因而全球化的经济过程仍然是以民族国家体系作为其政治保障的，"② 这意味着民族国家必然要发生某些"功能性变化"。一方面，我们应当警惕和规避全球化交往中的文化与经济霸权、强制性渗透、不平等交易与剥削以及控制等问题。文化的进步机制就在于其批判本性与模仿机制。"我们可以训练自己，培养出对我们文明的主导特质进行批判的能力。"③ 无论何时，人类都要追求自由平等而不愿生活在暴力强制的阴影之下。诸文化模式之间的交流、交融和理解就甚为关键了。只有能够"以泰然的方式对待自己与其他文化类型的偏差的"文化，才有在全球化的洪流之中坚持到底的可能性。"向习惯思想挑战，促使养成这些思想的人揪心地痛苦。它激起悲观，是因为它把陈旧的原则完全打乱了，而不是由于它包含着任何内在困难。只要新的观念像习惯、信仰一样受到欢迎，它就会成为美好生活可资依靠的另一种屏障。那时，我们将获得一种更为现实的社会信念，还会把人类为自己从生存原料中创造出来的各种和平共存、平等有效的生活模式之据，成为宽容的新基石。"④ 或许，只有这种对待文化的反思与批判的态度，才能实现我国坚持社会主义先进文化的前进方向，激发全民族文化创造活力的夙愿。

全球化进程与社会领域分化冲突所带来的生存困境，呼唤民族国家的政治统治力量提升自身的社会责任感与责任能力，以世界的视角和人类生存的高度审视自身的行为、评价作为的后果。同时，通过国家与国家之

---

① 本尼迪克特：《文化模式》，何锡章译，华夏出版社1987年版，第196页。
② 汪晖，陈燕谷：《文化与公共性》，三联书店2005年版，第5页。
③ 本尼迪克特：《文化模式》，何锡章译，华夏出版社1987年版，第193页。
④ 同上书，第210—216页。

间、政府与政府之间的通力合作来共同解决全球性议题。严峻的事实摆在面前,对自我责任的过度关注是到了适时退场的时候了,人类需要更多地承担起对他人、对社会、对自然的责任。

## 第二节 当代责任危机根源的理论分析

当代社会实现了任何以往社会无法比拟的财富的急剧增长和效率迅速提高。这委实要归功于当代社会最大化原则的奉行:经济产出最大化,政治管理效率最大化,功利最大化。社会生活全面的科学化与工具理性相得益彰造成对责任意识的破坏;主体形而上学压制和同一化他者,建基于此的自由主义倡导"原子化"的个体自由而导致责任的自我化。在责任关系中,自我被放在了绝对的中心位置之上,他者被隐匿甚至被还原。

### 一 工具理性的制度缺陷对责任意识的破坏

古希腊理性主义与希伯来精神是公认的西方文化的渊源。这两种精神曾经密不可分,但后来古希腊理性主义的地位越来越凸显出来,不但成为古代文明的摇篮,更是通过与科学技术的联盟转换出工具理性而成为当代社会结构的支撑。

工具理性遵循科学化逻辑,将社会视为一个管理对象,那些无法同化的他者成为社会进步的危险因子和抑制因素;科学技术上升为当代社会意识形态,工具理性自身成为明确和垄断的权威,责任成了对纪律的服从与具体角色的忠诚;利用制度设计的技术优势,工具理性控制着人及其生活的世界,最终促使责任破碎化。

(一) 工具理性的逻辑

现代性进程之初人类心怀美好的憧憬,欲用知识取代神话与想象,用科学取代盲目信仰。但是现代社会却越来越服从于工具理性的逻辑,妄图实现人类对自然的绝对统治,期望建立一个完美的世界花园。鲍曼的比喻生动而形象,我们充当了"园丁"的角色——除去杂草,只保留我们认为最美的花朵。这恰恰体现了现代管理体系的本质——工具理性——内在的破坏力。它一再强调,任何事物都可以还原化约为纯形式的抽象性和齐一性,并依据自明的公理和规则在量上精确地加以运演计算。"现今技术之所以有发展是因为它在发展;技术手段被应用是因为它们的存在,并且在不同价值混杂的另一个世界里,不去使用技术已经创造或者将要创造的手段,仍被认为是不可饶恕的罪行。"① 我们要警惕——或许我们已经身处其中——诉求工具理性的现代管理体系是否已经超越我们的控制能力。

马尔库塞曾经指出技术理性与批判理性之分。技术理性指现代社会中技术成为物化的巨大载体,事实与价值相分离,人们只关心如何去做而不是应该做什么。"理性的概念处在技术进步的影响之下,而且经验的方法被视为是理性活动的典型。……具有一个向形式个体生活和在自然模式之上的社会生活发展的趋势。"② 可以看出,马尔库塞在某种意义上将技术理性与工具理性概念等化,这当然是值得商榷的。工具理性概念是马克斯·韦伯在研究现代性问题时提出的,即"通过对外界事物的情况和其他人的举止的期待,并利用这种期待作为'条件'或者作为'手段',以期实现自己合乎理性所争取和考虑的作为成果的目的。"③ 我们能够很直观地看出马尔库塞提出的技术理性无论在内涵、外延上都与韦伯的工具理性相一致。但细究起来,技术理性与工具理性似乎不能混为一谈。技术理性是作为一种特殊的实践理性而存在的,是人类对技术活动应该做什么、能够怎样做等观念的掌握与解答。在技术理性的视域内,技术绝不仅仅是工具,技术活动内在着技术主体的目的性与价值预设,技术活动是合规律性和合目的性的统一,具有工具和价值的双向维度,是承载着人文关怀和价值诉求的。首先,从本质上讲,技术是以追求效用为目标的理性活动。效用首先具有效率的意谓,但技术活动的目标不在于去探索那些客观规律,而在于利用规律去设计和发明那些为人所需要却在自然状态中本不存在的程序、装置和产品。设计就是设计可能性——只有从人的目的出发和通过人的活动才成为可能的事情。人的需要、目的、意志、情感等价值因素必然会在技术活动之中体现出来。其次,技术活动具有技术主体、客体与中介的完整结构,是一个主观与客观、事实与价值内在统一化的结构。"任何技术要素唯有在进入人的生活、实践,在设计—制造—使用的

---

① [英]鲍曼:《现代性与大屠杀》,杨渝东等译,译林出版社2002年版,第135页。
② [德]马尔库塞:《理性和革命——黑格尔和社会理论的兴起》,重庆出版社1993年版,第233页。
③ 韦伯:《经济与社会》(上),林荣远译,商务印书馆1998年版,第56页。

整个过程中才能获得其现实形态,展开和发展自身,显示出它的全部社会文化意义和后果。"① 最后,技术活动还是一个在"可能性空间中的选择和反馈"的过程。技术过程中,人的目的和需要逐渐转化为因果性结构、事实性描述及其物质产物。同时,"自然法则和我们的能力、条件等等的限制实际上是限定了一个(或几个)可能性空间,同一个需要亦可以由不同的技术手段来满足,因而,可以把技术设计描述为可能性空间中的搜索、选择、聚焦过程"②。这个"搜索、选择、聚焦过程"的背后,又总是隐藏着人的某种判断在其中。这样,因果性和目的、价值性自然而然地衔接起来了,工具理性与价值理性在技术理性中得以贯通。虽然韦伯始终在寻找工具理性和价值理性弥合的路径,但问题在于现代性发展至此,我们更应该看到的是技术理性与工具理性给这个时代以及生活于其中的人所带来的负面影响。

马尔库塞把技术理性的工具之维无限放大,以致取消了它的价值之维,这本身固然就是一种单向度的思维方式,但其技术理性批判思想影响却是深远的。马尔库塞的技术理性理论揭示了一个深刻的社会现实:技术愈是发展,人类愈是受到它的奴役。发达工业社会中技术理性取代价值理性成为统治理性。"技术进步 = 社会财富的增长(即国民生产总值的增长) = 奴役的扩展"③,极权主义的技术理性领域已经成为理性观念的最后变形,技术的进步使政治统治变成技术统治,"政治的意识形态"变成"科学技术的意识形态"。我们的社会以"用技术而非恐怖来征服离心的社会理论"而著名,"统治的形式……越来越变成了技术的、生产的甚至福利的"④。科学技术不仅决定着社会需要,而且也决定着个人的需要与欲望。它消除了私人生活和社会生活、个人需要与社会需要之间的对立。马尔库塞的技术理性批判思想的确深刻地揭示了现代社会中技术理性发展的消极影响。计算的理性和仔细衡量的设计排除了偶然、可能,当然也要排除行为者那难以预测的价值动机,尤其是道德责任与良知意识。也就是说,技术理性与工具理性的区别在这里并没有得到深究,本书采用工具理

---

① 朱葆伟:《关于技术与价值关系的两个问题》,《哲学研究》1995 年第 7 期。
② 同上。
③ H. Marcuse, *Counterrevolution and Revolt*, Boston:Beacon Press, 1972, p.4.
④ [德]马尔库塞:《工业社会和新左派》,商务印书馆 1982 年版,第 82 页。

性的说法，是出于技术理性正是具有内在的工具主义特点，才让我们更加鲜明地看到当前工具理性与技术理性已经成为一种能够提供社会统治合法性的肯定性思维方式与新的意识形态这一社会事实。与这一事实相比，深究技术理性与工具理性的严格区别似乎可以暂且搁置。

工具理性的基本逻辑是科学的逻辑，正是科学构成了工具理性的基础。这其实表明"科学能供实际应用这一事实是科学进步的永久根源，又是科学生效的确实保证。但科学的进步尚不只是各项技术的不断改进而已。科学的另一同样重要部分是连接许多实用科学成就而构成的理论体制。"[①] 科学对社会的影响绝非只是表现在促进社会物质生产这一点上，科学的观念与逻辑已经深刻地影响了所有其他人类思想和动作，哲学的和政治的，乃至宗教的和艺术的。

科学的逻辑使工具理性把一切对象视为可化约的量化指标，一切对象已经成为在数学上完全可以掌握的东西，甚至在过去"不能深入研究的东西，不可解决的东西，非理性的东西都通过数学原理加以改造了"[②]。工具理性将世界看成数学上可掌握的、可推论的计算化的世界，以标准化、规范性、普适性作为自己的思维范式。"主体与客体的距离是抽象的前提，它是以主人通过所支配的东西所获得的事物的距离为基础的。"也正是"通过把自然界中的一切变成可以重复的抽象，以及抽象使一切为之服务的工业统治权的平等化，被解放者本身最终就变成了黑格尔称之为启蒙的结果的部队"[③]。韦伯用"合理性"的概念揭示当代社会的理性基础，指出工具（和）理性不断扩张并逐渐获得了自主性和独立性，最终吞噬了价值的合理性。

工具理性把世界理解为工具，与价值理性截然对立。也就是说，工具理性的张扬必然导致价值理性的衰微。"现实可被视若一种（假设的）工具体系；形而上学的'是如此'让位于'是工具'。"[④] 人们以工具的态度来对待世界才是"正确的"，这种工具逻辑论设计并反映着当下社会的现实。工具理性有助于为社会统治提供合法性的根源，因为它提供了一种

---

① [英]贝尔纳：《历史上的科学》，伍况甫译，科学出版社1959年版，第22页。
② 霍克海默、阿多尔诺：《启蒙辩证法》，重庆出版社1989年版，第21页。
③ 同上书，第11页。
④ [德]马尔库塞：《单向度的人》，张峰译，重庆出版社1988年版，第129页。

"纯形式"，这种纯形式能在实践上服从一切的目的。价值仅仅是"理想的"，"脱离了客观现实，成为主观的。唯一能满足价值的某种抽象而无害效力的途径，似乎是一种形而上学的法令。……但这种法令是不可证实的，因而不是真正客观的。价值也许具有一种更高的尊严（在道德上和精神上），但价值不是现实的"①。在工具理性那里价值理性只是"参照物"而已，因为它既不能来自"本体论的条件"，也不能来自科学的、合理的条件——工具理性已经先验地拒绝了这种哲学，这就导致现代社会中价值理性在逻辑上就不可能享有普遍的有效性和现实性。

最为关键的是，工具理性的科学化逻辑促使社会被视为管理的一个对象。社会是问题的集合，需要被严格控制、掌握，而且还要对社会加以改进。整个社会就是一项需要不断修缮的工程项目。科学与工具理性相得益彰，人类不再野蛮、愚昧或者混乱，而是可以把握世界进而统治世界。启蒙要用知识取代想象，解除人的自发生存或者依据神性的受动生存，将工具理性法则和社会契约原则作为社会结构和社会活动的依据。当代社会文明化的进程，就是人的个体化和社会运行的理性化进程。总而言之，社会成为制订计划和有意识设计的对象。毫不夸张地讲，工具理性"摧毁了旧的不平等的、不正确的东西，直接的统治权，但同时以在普遍的联系中，在一些存在的东西与另外一些存在的东西的关系中，使这种统治权永恒化"②。为了追求设计完美的社会秩序，工具理性要排除一切偶然性和不确定性。任何威胁到社会秩序、破坏界限与身份的安全性与清晰度的东西都要加以拒斥甚至是消灭。工具理性将具有绝对他性的无法与我和我们同化的他者塑造成蔑视、破坏社会秩序的集中体现，他者成为罪恶的根源。

（二）科学技术成为当代社会的意识形态

当代社会中科学伙同技术加强了对人的心理、认识以及"被管理的世界"的操纵与控制，其发展构成了社会合法性的论证。科学技术甚至拥有了至上的统治权，但这绝不仅仅是科学理论和技术研究自身发展的结果。究其原因，科学技术与文化、政治和经济融为一个无所不在的整体，

---

① ［德］马尔库塞：《单向度的人》，张峰译，重庆出版社1988年版，第125页。
② 霍克海默、阿多尔诺：《启蒙辩证法》，重庆出版社1989年版，第7页。

消解着任何替代性的选择和抗争的力量。"工艺的合理性已经变成了一种政治的合理性",而且"有助于建构一种新型的、更有效的、也更加愉快的社会控制和社会强制的形式"①。哈贝马斯明确指出,科学技术作为一种意识形态,"甚至可以渗透到非政治化的广大居民的意识中,并且可以使合法性的力量得到发展"②。当代社会中,科学技术甚至成为政治的先导目标。当只有能够成功地操纵国家机构技术组织、组织和利用好现有的科学技术时,政治权力才能维持并巩固自己。与此同时,为了巩固已经取得的成就以及顺利地实现未来的变革,政治权力成为技术发展以及社会变革的一个不可缺少的条件。在对那些被认为会对社会现有秩序产生威胁的势力的斗争中,政治权力机器会变成存在之物的临时保管人。政治权力通过种种手段使自己渗透到社会生活中去,它甚至会设想自身之外的社会群体与民众只能扮演被动的角色,没有独立自主地作出政治判断的能力。政治民主在今天越来越成为国家向民众传达决定的同义词。

工具理性立足于科学技术发展的无限潜力与无限解决问题的能力之上。源自古希腊的理性主义始终渗透着一种乐观的传统:世界是有规律可循的,人借助于理性可以找到纷繁复杂的感觉背后那个合理确定的客观秩序,获得真理和知识。在工具理性的支配下,人们相信只要获得世界运动规律的科学知识,就可以技术的方式来控制它、支配它。笛卡儿甚至发出"给我物质和运动,我将造出这个世界"的豪言。技术的存在就是技术发展的理由本身,技术强大的自我推动能力已经为其自身的扩张和丰富提供了最为充分的理由。技术的发展制造出需求的手段,而寻求需求又是为了满足技术的能力,如此往复、以至无穷。技术就是目的和意义所在,技术万能的道路畅通无阻,工具的、手段的理性大获全胜。

正是基于对科学技术的无限信任,人们总是满足于工具理性揭示的未来的繁荣景象,也才有信心总是不断地设定更为宏大的社会目标。"社会的发展,依靠科技进步的逻辑,依靠更加充分地和合理地利用尚未转化为

---

① [德]马尔库塞:《单向度的人》,张峰译,重庆出版社988年版,第15—16页。
② 哈贝马斯:《作为"意识形态"的技术和科学》,李黎、郭官义译,学林出版社1999年版,第63页。

现实的科学和技术的潜力"①。人类不仅相信自身对自然绝对的主导者的地位,还认为社会完全处于人的理性和意志的征服与控制之下。也就是说,人类相信随着自己主体性力量的不断发展,势必可以越来越自由地把握自身和自然。"你可以选择你所想要的处所、形式和能力,按照自己的希望和判断去任意占有。其他一切存在者的本性被我规定的范围所限制,你不受任何限制,你可以按自己的意志自由,将自己的本性决定在自己手中。我把你放在世界的中心,你可以看到世界的一切;我可使你既不属于天上,又不属于地下;既不可朽,又不是不可朽。你可以用自尊心和自由选择,造就你的样式和意愿。"② 科学技术为人类规划和预设出一个作为人类实验和创造领域的无限未来。通过对未来自由的许诺,以科学技术为意识形态的工具理性化的社会为自己赋予了不容置疑的合法性。但是,我们需要明白,"无限未来"对于科学技术而言只具有相对的意义,只是对特定时空范围的超越而已。科学技术永远不可能穷尽所有的难题,人类不可能只依靠科学技术而一劳永逸。

科学技术在当代社会的合法性与权威地位成为能自我证明的同义反复。工具理性绝对的生产效率和不断增长的生活标准,是达到了把人从自然的动物性的禁锢下解放出来的初衷,但同时也使人们对科学知识和技术力量的顶礼膜拜。技术和知识成为互相印证的自我封闭的循环。技术就是知识,同时对技术的崇拜又被制度化成现代的科学知识。所有不遵从社会现行规则的行为早在定义时就已经是不道德的了,在工具理性主导的现代管理体系内"伴随着否定非技术问题的道德意义,而使技术道德化了"③。当科学技术与理性、进步、效率等现代性观念纠缠在一起实现对社会的统治时,人们开始把科学技术当成自明的前提直接接收下来。"一种新奇的期望充斥了我们的意识,一个更加合理化的社会组织,或者简言之,即由理性和更合理的社会关系左右的社会,是否不能由有意的计划安排来实

---

① 哈贝马斯:《作为"意识形态"的技术和科学》,李黎、郭官义译,学林出版社1999年版,第8页。

② E. Cassirer, *The Renaissance Philosophy of Man*, Chicago: Univ. of Chicago Press, 1948, pp. 244–245.

③ [英]鲍曼:《现代性与大屠杀》,杨渝东等译,译林出版社2002年版,第211页。

现。这就是技术统治社会的观念。"[①] 无论在经济领域、政治领域还是文化领域，所有的责任都成了对纪律的服从与角色的忠诚。理解和反思消逝了，价值评价缺失了，因为一切早已经是合理的了。

政治权力控制的加强使日常生活进一步分化，给个人和群体贴上了标签并加以限制。其目的就是使自身成为明确和垄断的权威，让他者的声音无声无息。这种情况最有可能出现在不容许独立、一切都毫不例外地从属于线性等级制的工具理性化的现代组织当中。法西斯主义是实施在清除掉国家政治多元主义的障碍之后，苏联也是在根除了社会自治的残余之后，才开始系统而彻底地消灭他者的。这唯一的权威，消解着可能对权威产生挑战的公共生活、公共领域以及那些普遍性无法含纳的异质。权威的效力让人们常常埋没了责任感知，违背了自己的责任判断。

（三）制度设计的技术优势

鲍曼在其获得1990年Amalfa欧洲奖的名著《现代性与大屠杀》中曾经就德国政府对犹太人的大屠杀进行了入木三分的阐析。大屠杀是人类历史上震撼人心的种族清洗运动。有人认为这些事情离我们是那么遥远，仿佛它仅仅是写在历史书中的一个段落、一个章节，仅仅是发生过的一个普通的历史事件而已，似乎只是在遥远的大西洋彼岸才会发生。正如鲍曼所说，在一些人那里，"大屠杀经常作为发生在犹太人身上，而且是仅仅发生在犹太人身上的悲剧，沉淀在公众的意识里，因此对于所有其他人而言，它要求惋惜、怜悯，也许还有谢罪，但也仅此而已。"[②] 大屠杀被看成是人类文明化进程中的一个断裂，是现代化社会中的一种病毒性细菌，是可以在现代性进程中自行弥合和治愈的。但是问题并不是如此简单。大屠杀其实是现代文明的一个"范式"，是其"历史趋势"之"自然的"、"正常的"结果。冷血的、全面的、彻底的屠杀需要用现代管理机构来代替暴徒。暴力并没有在文明的进程中消失，"真正发生的是对暴力的重新利用并把接近暴力的机会进行了再分配"。[③] 现代制度设计中充斥着规则、

---

[①] ［德］伽达默尔：《科学时代的理性》，薛华等译，国际文化出版公司1988年版，第63—64页。

[②] 齐格蒙特·鲍曼：《现代性与大屠杀》，杨渝东等译，译林出版社2002年版，第3页。

[③] Jonathan Sacks, *to Heal a Fractured World—The Ethics of Responsibility*, New York: Continuum, 2005, p. 8.

理性与所谓的价值中立，道德已经离这种"实用"的技术、这种理性利益的判断越来越远。人，作为一种手段，已然湮灭在现代管理体制的洪流之中，丧失了本己的目的性。

可以说，无论是理论界还是历史现实过程，现代性已经日益成为出镜率最高的主题之一。不同学科领域、不同思想派别的学者研究中已经发现许多理论中争论的重大问题，实际上都直接地或间接地与现代性问题有着千丝万缕的联系。无论是把现代性界定为一种"态度"，一套行为制度模式，还是一项未竟的事业，现代性作为一种与前现代性相对的理性精神、法制精神、科学精神，都是以理性化作为标志的，其核心在于对秩序与规则的追求。它把需要、为实现特定需要采取的可能手段以及这种手段可能产生的结果等都一一纳入考虑和计算。韦伯所设计的理想意义上的现代制度设计最大限度地迎合了这一需要，由此成为现代社会最为基本的现实结构。现代制度设计能够在人类历史上长期存在和发展，是以其合法性作为前提的，而合法性又来源于一种正当性的信念。这种正当性的信念可以分为两大类别：一类是主观的正当性，包括情感的正当性、价值合理性的正当性与宗教的正当性；第二类是客观的正当性，包括习惯的正当性、法律的正当性。在这两类正当性信念的支持下，韦伯断定人类历史上的三种权威模式即"卡里斯马（charisma）型权威"（意译为个人魅力型）、"传统型权威"和"法理型权威"中，只有"法理型权威"具有合法的正当性。因为建立在领袖人物个人的特质和吸引力之上的"个人魅力型权威"和建立在习惯和传统的神圣性之上的"传统型权威"只具有一种主观的正当性，这与韦伯所追求的客观的正当性即官僚制精神是背道而驰的。于是，韦伯把所有的注意力集中于制度设计的方案之上。在韦伯那里，现代制度设计指的就是建立在法理型权威基础上的一种高度制度设计的理性化组织机构的"理想类型"，具有着严密分工和层级结构，并由相对稳定的专业人员履行各种公共职责。现代制度设计实质上是一种与工业文明相适应的高度科学的、理性的、法治型的和契约型的官僚精神、现代化精神。这种精神具体表现为：有明确划分权责的法规。按系统的劳动分工确定机构和人员的任务领域，"执行这些任务所需要的发号施令的权力，是以一种稳定性的方式进行分配的，并且是关于物质的、神权的以及其他方面强制手段的法规严格限制的"；机构有"一种牢固而有秩序的上下级制度，在这种制度中存在着一种上级机关对下级机关的监督关系";公私分明,"从原则上讲,设立公职人员的现代组织是要把办公机关与官员的私人住所分开的。并且一般说来,官僚制把官场活动看作是某种与私人生活领域有明显区别的事情";管理者通常都是"经过了彻底而且是熟练地培训的",其管理工作要遵循一般规律,"有关这些规律的知识表现为官员们所掌握的一种专门技术性学问"。与此相适应,现代制度设计语境下的管理者一般具有以下特点:担任公职变成了一种"职业",一旦进入现代制度设计机构"就被认为是接受了一种要忠实地进行管理的特殊义务",其所具有的"新式的忠诚"就在于它并不与一个"具体的人"建立关系,而"只对不因人而异的职务性目标效忠";管理者总是为一种"明显的社会尊重"而奋斗着,其任命权由上级权力当局掌握,但一旦获得某一职位便具有了终身性,并按照职责种类领取薪金。[①] 不可否认,现代制度设计作为高度理性化的组织机构,在产生之初起过积极的历史作用。它有效地抑制了当权者将国家官职作为个人赡恩徇私、私相授受的赠品,或者作为执政党的战利品而合法地进行"肥缺分赃"的丑恶行为。这源于它所具有的严密分工和层级结构,并由相对稳定的专业人员履行各种公共职责。可以说,现代制度设计对于现代社会以前所未有的速度进步与发展起到过不可替代的作用。现代制度设计通过专门化、科层化、规则化、技术化和非人格化的制度设计,实现了机构规范、角色规范、价值规范,高扬起理性精神、法制精神、科学精神,能够有效地克服管理过程中的感情因素、人治因素与经验主义,从而保证组织实现有序化、保持高效运转。

问题在于,如果说现代制度设计是善于追求功利和效率的,但是它却无力进行是非善恶的区分与弃取。这意味着,一旦把某种价值观念、意识形态等视为信奉的源头,现代制度设计就会自动开足马力自动奔向这个目标。这一点早已在历史实践中得到证实,"二战"大屠杀就体现了"科学种族主义"、"社会改造工程"的意识形态与现代制度设计的完美结合。鲍曼借沙比尼和西维尔之口算了这样一笔账:德国政府大约杀害了六百万犹太人。按平均每天杀害一百人的速度计算,需要将近两百年的时间,但

---

[①] 韦伯:《官僚制》,转引自《国外公共行政理论精选》,彭和平、竹立家等编译,中共中央党校出版社1997年版,第33—42页。

这些人仅仅用了几年时间就被彻底解决掉了。准确、快速、清楚、持续、一致,尽可能降低消耗和减少摩擦——制度设计技术在现代社会管理体系中被提升到了最为优化的状态。作为一种对理性化的规范性统治的追求,马克斯·韦伯的现代制度设计与现代工业文明社会达成了多方面的一致性。韦伯的伟大之处在于他看到的不仅仅是现代制度设计的必然与合理性,还敏锐地洞察到其负面效应,甚至给予了极为悲观的批评:"科层组织(与死的机器相结合),致力于建立那种未来奴役的外壳。对于这种未来奴役,如果一种纯粹的、技术上好的,即理性的科层管理及其维持是用来决定人们的事务在其中得到引导的方式的最后的和唯一的价值,那么人们也许有一天会由于软弱而被迫服从,就像古代国家的农民曾经服从过的一样。"[①] 现代制度设计悲剧性地内含着价值的分裂与冲突,对工具理性的追求以忽视人的自由与创造性为代价,社会领域中的理性运行机制的规范化力量与个体的主体意识和个性化之间必然存在着张力;对科层制的崇尚使人要实现的是组织角色的要求,而不是个人的欲望与需要;高度的专业化体系锻造了人性选择的异化,甚至使人为了谋求"社会尊重"的地位而出卖自己的信念、理想与准则。现代制度设计中角色的荣誉在于有一种违心地执行上司的错误命令的本事:对上司负责、兢兢业业、克尽职守,似乎那种错误命令完全符合自己的想法。正如马尔库塞在《爱欲与文明》和《单向度的人》中所指出的:发达的装配线、政府机关的日常事务、买卖仪式等不仅使工作关系代替了人与人之间的关系,而且割断了现代人同爱欲的联系,不能满足个体的需要和倾向。在这里作为主体的人"死亡"了。

如前所述,现代制度设计依据工具理性被设计为严密的制度:明确划分权责的法规;按系统的劳动分工确定机构和人员的任务领域,执行这些任务所需要的发号施令的权力,是以一种稳定性的方式进行分配的,并且是关于物质的、神权的以及其他方面强制手段的法规严格限制的;依赖于准确的分工的技巧以及部门之间的协调配合,命令和信息畅通无阻;机构有一种牢固而有秩序的上下级制度,在这种制度中存在着一种上级机关对

---

[①] 马克斯·韦伯:《政治论文集》,转引自马尔库塞《现代文明与人的困境》,三联书店1989年版,第105页。

下级机关的监督关系；组织成员的管理工作要遵循一般规律，有关这些规律的知识表现为官员们所掌握的一种专门技术性学问。工具理性追求确定而避开混乱，按权力自上而下排列成严格规定的等级层次结构，体现为一种"格网"式的制度设计。在这其中，每一个人都与所在的职位相匹配，履行确定性的责任。无须多做，但也不能少做，因为多做或是少做都会动摇责任的确定性。即使是玩弄政治的老手在面对训练有素的管理人员时，都不会再觉得自己是一个专家，而是处在外行的位置。

  细致入微的职位分工和权力等级的划分使得行为过程划分为诸多的功能任务，而且这些任务彼此分隔。行为的发生与行为价值和意义分离，以技术的责任代替了道德的责任以及行为对象非人化，结果就是出现了许多没有人自觉承担责任的行为。显而易见，必然导致的后果是行为主体远离行为的对象，行为者无法将行为的过程与最终结果紧密联系起来。自然，无法完整地思考行为本身的意义，只能以行为要求的目标本身、以规则与社会秩序所定义的理由来为自己的行为寻找合理性。在当代社会中，人们尊崇的启蒙就是要用知识取代想象，将科学技术与工具理性法则作为社会结构和社会活动的依据。科学技术上升为当代社会意识形态，工具理性自身成为明确和垄断的权威；利用制度设计的技术优势，工具理性控制着人及其生活的世界，最终促使公共责任的消解。行为过程与行为的意义分离开来道德话语在这里被转换：纪律、义务、忠诚取代了良知与责任，技术道德化了，人们习惯于服从纪律、盲信权威与抽象知识。我们做出道德的责任行为是因为我们选择如此，能够选择是因为我们会形成一定的意图，形成行为的意图是因为我们是自由的。也正是因为我们是自由的，我们必须负起责任来。作为完整的责任主体，拥有自由的选择能力。我们说某一个行为是富有道德意味的责任行为，其根据就在于，行为主体在行为始点就获悉了这一行为的价值与目的所在。"道德行为的自主性是终极的，不可缩减的。它避开一切将它编纂成规章法典的行为，如同它不服务于任何外在于它的目的一样，它也不和任何外在于它的事物建立联系。"[①] 一个道德的责任行为，绝不是行为过程与行为意义分离的行为。真正的责任应该是责任主体的整体性行为，在行为始点我就获悉了这一行为的意义。一

---

① 齐格蒙特·鲍曼：《现代性与大屠杀》，杨渝东等译，译林出版社2002年版，第120页。

个意味责任的行为，行为过程与行为的意义不可分离。

工具理性通过制度设计把行为细致地精确化，宣称只要按照规则要求按部就班地去做，必然可以实现行为目标以及效果最大化。无论多么不可思议的任务，只要进入这台每个零件都一丝不苟地运行的精密机器，在理论上都是必然会完成的。过去、现在和将来都已经被处理和安排得明明白白，人们只要严格按照给定的规则行事就万事大吉了。德国政府对犹太人的大屠杀之所以引起如此持续而深远的争论，很重要的原因就在于其独特性，"就像现代工厂远远超过了手工工匠的村舍作坊，或者使用拖拉机、联合收割机和杀虫剂的现代工业农场远远超过了只有马匹、锄镐和手工除草的农庄一样，大屠杀远远超过了过去的屠杀事件"。[1] 现代性进程中的大屠杀绝不是愤怒与狂暴的心理与情绪的产物，也不同于原始社会那些"不特别开化"的人"对他们同样野蛮的邻居"所实施的暴行，我们更不可以仅仅把大屠杀视为某一个或某些历史人物心血来潮的一时冲动，大屠杀是现代文明的一个产物。"就像按现代——理性的、有计划的、科学信息化的、专门的、被有效管理的、协调一致的——方式所做的所有其他事情一样，大屠杀超过了全部它所谓的前现代等价事件并使它们黯然失色。"[2] 大屠杀是一个宏大的计划，具有绝对的规模，是一种有意识的制度设计的结果。以现代性所宣扬的和提倡的标准来衡量，我们甚至可以说大屠杀是现代制度设计杰出运作的结果。没有卓越的现代制度设计，这样的大屠杀根本无法完成。

其实，有关必然与自由的关系，人们的争论始终就没有停息过，这根源于人是能动与受动的统一体这样一个基本事实。历史证明，当人们用"铁的必然性"来指谓事物发展的唯一的可能趋势时，人的自由和责任就遁形了。在工具理性的制度设计中，绝对的忠诚、明确的义务与严格的纪律成为人的完整的责任的替代品。对于居身于现代制度设计的成员来说，其成功与否的标准在于能不能完成组织赋予他所在的职位的要求：高效准确地完成职位要求，就是成功，可以获得嘉奖，否则就是失败，将会受到相应的处罚。他所做的每一项工作以及工作的每一步都会辅以详细的职位

---

[1] 齐格蒙特·鲍曼：《现代性与大屠杀》，杨渝东等译，译林出版社2002年版，第130页。
[2] 同上书，第120页。

说明与职位分析，工作手册已经预先把下一步详细地告知给每一个人。组织成员（准确地说，人已经成为一个零件和环节）不需要思考过多，只需按照纪律与规则的要求去做就万事大吉了。即使思考，至多就思考一下为了再高效率地完成体系制定的目标，我们还可以采取哪些改进措施而已。现代制度设计中，行为的正当性与合理性仅仅来源于组织规则的规定。人成为职位角色的化身，与组织高度认同就是荣誉，遵从就是德性。阿伦特把角色化的人称呼为投身者，他们"是剧目中的一分子，必须扮演他的那个角色——因此他是受到限制的，因而是有偏见的。另外，因为投身者关心的是声誉，也就是来自他人的评价，所以对他来说重要的是在他人面前如何表现自己：他依赖于旁观者的议论，因而他不是自发自足的，他不是根据理性的内在的声音而行为的，而是根据观众们希望他表现的那样去举动。"① 行为的正当性与合理性仅仅来源于组织规则的规定。如果还存在那么一点点的疑问或者良心的不安，就将这种责任交付给你的上级吧，就像韦伯讲过的，因为"这是一种领袖无法也不应该拒绝和转移的责任"，"技术责任和道德责任的不同之处在于：技术责任忘记了行动是达到行动本身以外的目的的一个手段。……大多数功能专门化的行为要么在道德考验上掉以轻心，要么就是对道德漠不关心。当行为不再受道德忧虑的阻碍时，就可以在清晰的理性基础上来对行为作出判断了"②。于是责任就在成员与成员之间、行为者和直接的上级之间、行为者隶属的组织与上级组织之间进行转移。行为者总是会为自己的行为找到借口，当被要求承担责任时就会把自己看作执行他人意愿的工具，从而把责任再推诿给别人。当需要追究责任之时，设计者可以推托下面执行不当，执行者也可以借口奉命行事。无论多么残忍的罪行与邪恶的行为，责任要么是在上下推诿中被减轻，要么就是根本找不到责任的承担者。可以说通过工具理性化的制度设计，现代制度设计以技术的责任代替了道德的责任，责任在整体上被肢解并走向破碎与漂浮。

---

① Hannah Arendt, *Lecture on Kant's Political Philosophy*, edited by Ronald Beiner. Chicago: The University of Chicago Press, 1982, p. 55.
② 齐格蒙特·鲍曼：《现代性与大屠杀》，杨渝东等译，译林出版社2002年版，第120页。

## 二 "原子化"个体自由导致责任自我化

尽管自20世纪80年代至今一直存在着社群主义与自由主义之争,但自由主义一直是当代社会占据主导地位的意识形态,社群主义始终无法与自由主义相抗衡。自由主义主要探讨关于个人、社会与国家关系的理论,指出国家或社会在本质上要以个人权利或利益为出发点。在自由主义的理论视野中,社会被简约为个人的总和,探索社会的奥秘只需对个人的兴趣、愿望、动机和行为作充分的研究就足够了。

自由主义实现的是"原子化"的自由与权利。个人具有最高价值,社会只是达到个人目的的手段;个体是独立的、自足的和自主的存在;唯有个人是价值的主体。

### (一)从个人精神自由到原子化的自由

个人自由与权利是自由主义捍卫的核心理念。法律授予个人的权利神圣不可侵犯,任何包括政府在内的政治权威都不能以任何方式或者名义压制个人的自由。个人的自由和权利在当代社会获得这样"崇高"的地位,得益于文艺复兴运动对人性和人的价值的充分肯定,更为重要的是与由马丁·路德和加尔文发起的宗教改革运动密切相关。

"因信称义"是马丁·路德神学思想的核心。它是指信徒可以凭借对上帝所具有的坚定信心,通过自己领悟《圣经》而直接与上帝进行沟通,以此得到灵魂的拯救并成为"义人"。"上帝的道不是借什么行为所能领受,所能爱慕的,乃是单借着信。因此,灵魂为着他的生命与义所需要的既然只是信,这样灵魂显然是因信称义,而不是因行为称义;因为若可因别的来称义,就不需要道,这样也不必要信了。"[1] 信心是个人直面上帝的唯一通道,教会那种极其烦琐的宗教礼仪只会成为障碍,自我之外的一切中介都丧失了原来的意义。这种信心完全内敛于人的内心之中,信徒凭着虔诚的信仰和信心,就可以获得精神的自由。精神的自由使人的意识与自我得到了统一,具有自由和反省意识的自我随着宗教改革的展开而萌动起来。而且,上帝是唯一的权威,只要个人因与上帝的神交而获得灵魂的

---

[1] 马丁·路德:《马丁·路德文选》,马丁·路德著作翻译小组译,中国社会科学出版社2003年版,第5页。

拯救，世俗中的强制和他人就显得无关紧要了。个人实现精神自主的同时，以独立个体的身份活跃于世俗世界中。马丁·路德还指出，上帝是一位我们希望从他得到一切益处并且在需要之时随时得着帮助的神，人是为着他的生命与"义"才去信仰并取悦上帝。也就是说，上帝是依据人的价值来设计的，是人的自我意识中的神或者偶像，是为着人的需要而生的。

受马丁·路德宗教改革的影响，加尔文在瑞士日内瓦进行宗教改革。加尔文的宗教改革以"先定论"作为核心，指出个人的命运为上帝所预定，上帝召唤着个人成就其世俗事业。信徒为了得救需要在世俗社会中恪尽职守和勤奋工作。加尔文的教义成为当时新兴资本主义精神所需的新教伦理的核心。"宗教改革运动，以及在宗教幌子下进行的与此相关的斗争，从它们的理论方面来看，都只是市民阶级、城市平民以及同他们一起参加运动的农民使旧的神学世界知识适应改变了的经济条件和新的阶级的生活方式的反复尝试。"① 宗教改革宣称人的救赎不用期待来世，在现世就可以获得。上帝所接受的唯一生活方式，不是用修道禁欲主义超越现世道德，而是完成每个人在尘世上的地位所赋予他的义务。每个人直接面对上帝，为上帝的荣誉而尽责就体现在日常生活之中。无休止的、不间断的和有组织的劳动本身不仅变成了世俗生活的首要目的，而且成为来世得到超度的禁欲主义手段、复活和虔信最可靠的标志。获赎的信念就此转化为尘世中对职责的恪守以及成就和利润最大化。

路德和加尔文宗教改革的初衷是寻求信徒接近上帝的途径，结果却为自由主义的确立和发展打开了通道：自我摆脱了肉体、传统教会和世俗权威的束缚，个人的精神自由得以实现。具有反思意识的精神性自我成为作出判断和指导行为的始源。

个体的自由与权利在这里以上帝的名义得到正名，但却给心灵套上了沉重的锁链。马克思曾经就此指出，"路德战胜了虔信的奴役制，是因为他用信仰的奴役制代替了它。他破除了对权威的信仰，是因为他恢复了信仰的权威，他把僧侣变成了俗人，是因为他把俗人变成了僧侣。他把人从

---

① 《马克思恩格斯全集》（第21卷），人民出版社1965年版，第546页。

外在宗教笃诚解放出来,是因为他把宗教笃诚变成了人的内在世界。他把肉体从锁链中解放出来,是因为他给人的心灵套上了锁链。"① 笛卡儿正是在对宗教改革思想进行吸收的基础上,把"自我"变成了自由地、独立地思维着的主体,"自我"才作为绝对的本原、以理论理性的姿态踏上了自身认识之途。自由在这里被理解成对强制的免除,正如哈耶克在谈论社会权力时所指出的,我们必须"对这种权力加以限制——亦即把这种权力局限在那些必须凭靠其他人来阻止强制的领域之中,并且期望把强制现象减少到最低限度"②。个体自我的"原子化"的自由被无限放大了。

(二) 个体自我权利绝对优先

其实仅仅是个体的人的精神和意识自由的实现,以及体现在日常生活之中经济伦理,这些都不足以造就个人自由和权利今时今日至高无上的地位。霍布斯、斯宾诺莎、洛克、卢梭、康德等一大批启蒙思想家把对个人权利的肯定扩展到了政治领域。人生而自由和平等享有天赋的自然权利是他们的核心观点。这样,个人的自由和权利获得了先验的根据,从而在现实世界中获得了合法性的地位。

基于人类学和心理学前提,霍布斯提出自然权利是每个人为了自己本性的保全而根据其意愿运用其自身力量的自由。进而,霍布斯把个人权利泛化,指出"一群人经本群中每一个个人个别地同意、由一个人代表时,就成了单一人格",③ 这样该群体实际上就成为了一个个人。斯宾诺莎则从自然法理论和永久人性理论出发,进一步把权利的范围加大。"每个个体有最高之权为其所能为;换言之,个体之权达于他的所规定的力量的最大。……每个个体应竭力以保存其自身,不顾一切,只有自己,这是自然的最高的法律与权利。"④ 凡是每个个人能为的,均属其权利范围之内。洛克则强调生命、自由、平等尤其财产,是每个人都享有的不可侵犯的权利。他指出"每个人生来就有双重的权利:第一,他的人身自由的权利,别人没有权力加以支配,只能由他自己自由处理;第二,首先是和他的弟

---

① 《马克思恩格斯选集》(第 1 卷),人民出版社 1995 年版,第 10 页。
② [英]哈耶克:《个人主义与经济秩序》,邓正来译,三联书店 2003 年版,第 23 页.
③ 霍布斯:《利维坦》,黎思复等译,商务印书馆 1985 年版,第 131 页。
④ 斯宾诺莎:《神学政治论》,温锡增译,商务印书馆 1963 年版,第 212 页。

兄继承他的父亲的财物的权利"①。卢梭更是把个人的自由视为人性的首要法则,认为放弃自己的自由,就是放弃自己做人的资格,就是放弃人类的权利,甚至就是放弃自己的义务。社会不过是"能以全部共同的力量来维护和保障每个结合者的人身和财富"的手段②。康德比以上思想家在更高、更抽象的意义上确立了自由和权利的概念,将之完全先验地从自我中推演出来。"只有一种天赋的权利,即与生俱来的自由",③ 个人的自由与其独一无二的、原生的、与生俱来的权利融为一体。尽管这些启蒙思想家的观点存在着林林总总的具体的差异,但从总体上和本质上讲,他们关于个人的自由和权利的阐释大体上还是趋于一致的。在他们看来,个人的自由和权利是生来就有、不可分割或让渡的,是可以被理性先验地认知的,必须被政治权威或者立法机关所承认和宣告。

(三) 个人主义:自由主义的精神基础

现代性对人的自由本质的认同,是与个人主义相联系的。个人及其权利是自由主义政治哲学的基石,个人主义是自由主义的精神基础。在世界范围内具有广泛影响的《不列颠百科全书》将个人主义(individuism)定义为一种政治和社会哲学,高度重视个人自由,广泛强调自我支配、自我控制、不受外来约束的个人或自我。个人主义包含一种价值体系,一种人性理论,一种对于某些政治、经济、社会和宗教行为的总的态度。尽管人们对个人主义的概念在不同的历史阶段和文化中有不同的理解,但是其核心内涵总体上讲还是比较一致的。

1. 个人绝对地置于社会之上

作为自由主义的一个本质特征,个人主义宣称:个人本身就是目的,具有最高价值,社会只是达到个人目的的手段。个人被看作是权利的负荷者,国家与政府只有在个人同意的基础上形成才具有合法性,而政治代表就是个人利益的代表。社会是一种这样的逻辑结构:对于生活在这个社会中的个人来说,最符合他的利益的,就是让他有最大限度的自由去选择他的目标和达到这个目标的手段,而不会受到其他因素的干涉。个人主义反

---

① 洛克:《政府论——论政府的真正起源、范围和目的》(下),叶启芳等译,商务印书馆1964年版,第116—117页。
② 卢梭:《社会契约论》,何兆武译,商务印书馆1980年版,第19页。
③ 康德:《法的形而上学原理》,沈叔平译,商务印书馆1991年版,第50页。

抗一切权威——尤其是那些由国家或社会施加的强迫。

个人主义坚信个人是最原初、最基本的既定的存在物。其他任何群体，如政府、国家等都有其渊源，需要存在的合法性论证。唯有个人，是不需证明、也无法证明的。在这里，个人是一种有着既定的兴趣、愿望、目的、需要的抽象的人，相对社会共同体而言，个人才是真实的存在。除了个人以外，所有的群体组织或者人类的概念都是抽象的，并不具备如个人那般的真实性。个人主义往往诉求"一种具有自发内聚力的社会，那里有着平等的个人权利、有限政府、自由放任、自然正义和公平机会及个人自由、道德发展和尊严"①。政治被理解成为了自己的利益和需要而施展手段的舞台。

个人利益在这里被凸现出来。"共同体的利益是道德术语中所能有的最笼统的用语之一，因而它往往失去意义。共同体的利益是……组成共同体的若干成员的利益总和。……不理解什么是个人利益，谈论共同体的利益便毫无意义。"② 个人主义认为只有个人利益的维护才是现实的，而这种倾向如果不加限制，就会滑向极端自私的自我中心主义。空想社会主义者在个人主义思潮发展的早期就针对这种端倪进行了猛烈的批判。

个人主义常常会与享乐主义、拜金主义结合在一起，暴露出人性中自私自利和唯利是图的一面。当代社会中，商品、资本与货币等"物"似乎越来越成为衡量一切的手段与价值体系的最高点，甚至人的感情也是金钱的奴隶。一切都必须符合形式逻辑的原则，人和他的目的只是作为计算收益和利润的时候被算入其中的。效率和功利越来越被视为主导的价值观念，当代人被深深地卷入经济最大化与对利润无限累积的旋涡之中。利润最大、成本最低、风险最少、效率最高成为社会所有领域的通用尺度，如何以最少的投资赚取最大的利润是其最主要的思维方式。人的主体意识越是强烈，就越是陷入到主体性的困惑之中去。"事情就是这样，在人类的主体意识空前觉醒的现代，人们越是追求自己的主体性，就越是发现自己对物的依赖，人的社会关系和能力越来越物化，越来越成为非人的即物的

---

① [英]卢克斯：《个人主义》，阎克文译，江苏人民出版社2001年版，第24页。
② 边沁：《道德与立法原理导论》，时殷弘译，商务印书馆2000年版，第58页。

社会关系和能力。"① 对物的依赖使当代人沉沦于经验性实存与功利主义之中，丧失了自身完整性和崇高性，从而导致责任关怀的碎片化与单向度。人们不再热衷于对社会的否定和批判，而是不断将自我感性化、生物化、经验化与功利化的一面充分地表现出来。在经济利益的驱动之下，人将自身降格为人"物"的傀儡和附庸：金钱、地位、权力等似乎成为自我责任的全部内容。

个人主义片面强调个人本位，而对个体实在性的其他诸多规定性不加关注。自由殖民责任，经济殖民政治和文化，自我成为社会的价值指向和意义来源。

2. 作为原子的个人

与社会群体相比较而言，个人主义认为个人是更为本位的存在，那么个人与个人之间的关系如何呢？斯宾诺莎的"实体"、莱布尼茨的"单子"，可以说是简洁地体现了现代性哲学的个人主义思想，即把个体看作是独立的、自足的和自主的。个人与个人之间的关系可以用原子与原子的关系来形容。用"原子"来比附个人，并不是说个人可以脱离社会而存在，而意在说明个人主义对"个体性"与"自主性"的狭隘偏执。

在个人主义看来，个人是牛顿式的原子，对于其他个人只有外在的时间和空间的关系。"不过在每一社会的原子中，蕴藏着内在的自由。"② 只要除去外部的束缚，这种内在的自由便可充分表现出来。笛卡儿式实体性的"自我"概念，就体现了这种具有自由本质的个人：无须凭借任何外物，而只需依靠自身就成为自己的东西。莱布尼茨的"单子说"也同样反映了这种有关个人特质的认知，他所构想的单子是一个个独立的、互不依存的实体，甚至没有可供事物出入的窗口。在这里个人被理解成"没有构成性特质的空壳"式的孤独的、原子化的自我。在这种意义上，人与人之间的有机联系被割断，人变成了抽象的、孤立的和被动的原子。

新自由主义基本秉承了启蒙运动的思想。在罗尔斯看来，"社会的每一成员都被认为是具有一种基于正义，或者说基于自然权利的不可侵犯

---

① 郭湛：《主体性哲学》，云南人民出版社2002年版，第5页。
② 杜威：《人的问题》，付统先等译，上海人民出版社1965年版，第109页。

性，这种不可侵犯性甚至是任何别人的福利都不可逾越的。"① 社会是由先行个体化的个人组成的，自我独立于它所拥有的价值观。公众生活的可能性、承诺以及目标等都被排除出去。桑德尔指出在罗尔斯那里，没有一种承诺可以深刻地支配着自我，以至于缺少这种承诺自我就无法理解自己；也没有任何一种生活目标的力量会如此强大，以至于一旦计划发生改变就能够扰乱对自我的认识。可以说，这种对个体自我是具有强烈的形上色彩，自我不仅可以独立于外在的秩序而存在，而且其本身就是意义和秩序的来源，从而极易导致个人的原子化倾向。自我与另一个自我即他者之间无法实现交流与沟通。

个人主义无法在普遍性、必然性的意义上承认，人不能仅仅为着自己而孤立地活着。自我保存的自然准则深深地包含在自我保全的先验理性之中，这又成为人的现实的政治权利的根基。这样，对自我的责任就绝对优先于对他人的责任和义务，绝不能因为公共的善而牺牲个人的权利。正如格里芬所说："现代性总是意味着对自我的理解由群体主义向个体主义的一个重大转变。现代性不是把社会或共同体看成首要的东西，'个人'只是社会的产物，仅仅拥有有限的自主性；而是把社会理解为达到某种目的而自愿地结合在一起的独立的个人的聚合体"，"作为一种理想，人们一直强调的是个人独立于他人的重要性"。② 个人主义认为对社会的研究应当以对个人描述为基础，关注的是社会的基本结构对于个人的权利的维护与实现的责任，而不是个人是如何走到一起以构成社会从而创设他们的公共责任。

一个有意义的组织起来的共同体甚至复杂的现实社会，在个人主义这里只是个自我利害权衡的对象。个人能够与他所存在的物质环境、社会关系和历史传统分离开来理解。"我们继承了 17 世纪的原子论。不是因为我们仍信奉契约论（尽管各种翻版仍旧流行），而是因为我们仍然发现易于把政治社会考虑成经由意志建立的，或工具般地思考它。在后一种情况下，即使我们不再把社会的起源理解为依赖于同意，可我们仍旧这样理解也这样评估社会的作用，即它是我们达到归因于个体或选民集团的目标的

---

① 罗尔斯：《正义论》，何怀宏等译，中国社会科学出版社 1988 年版，第 27 页。
② [美] 格里芬：《后现代精神》，王成兵译，中央编译出版社 1997 年版，第 5 页。

工具"。① 对社会的工具化理解为人创造的是凝固和象的物理空间环境，行为的对象化为某种跟他总的人格相反的东西。就像卢卡奇说的，"自己的存在被归为一个孤立的部分并堕入了异化的系统中时，在这里人格只能袖手旁观"。② 或许，这种原子式的个人也会组成共同体，但是这种共同体只是虚假的共同体，它是决计无法为个人的自我认同与归属提供终极意义的。无论是原子化的个人，还是虚假的共同体，都无非碎片而已。人与人的疏离与冷漠，人与人之间丧失了责任意识和统一性，都是当代社会的碎片化、漂浮化的写照。

3. 唯有个人是价值的主体

个人主义强调以个人为本、个人的自由和个人的自足，也强调自我独立的美德。只不过，个人主义认为唯有个人才是价值的主体以及道德考虑的中心点。这种价值观念反映在责任问题上，就体现出一种唯有个人才是责任的主体的价值取向，排除了群体作为责任主体的资格与能力。这种认识在现实中导致的危害极大，甚至会出现有罪过，但找不到犯过者；有犯罪行为，但却无法认定罪犯；有罪状，但却没有认罪者的奇异景观。

其实，从广义上讲任何认为个人而不是由个人组成的整体具有中心价值的理论和态度都可以称之为个人主义。因此不能把个人主义与极端利己主义等同起来。其实文艺复兴时期在宣扬个人主义的时候是有过分颂扬个人的利益和追求之嫌，而不加任何约束的个人主义必然会滑入极端利己主义。实事求是地讲，个人主义虽然为极端利己的自我责任准备了滋养的温床，但是绝不等同于此。而且，对自我负责只要限定在合理的度之内，是具有一定合理性与积极意义的。

自由主义和个人主义之所以成为当代社会责任危机的一大理论根源，并非因为其对自由的强调，而是因为这种价值体系把人视为"原子化"的存在并将个人当作一切事物和问题的核心和出发点。不可否认，自由主义和个人主义主张人的个性的解放与主体自由，宣扬作为个体的人的权利，确实对人们走出神权和禁欲主义的重重束缚发挥了重大的历史作用。正是由于个人主

---

① [加] 泰勒：《自我的根源：现代认同的形成》，韩震等译，译林出版社 2001 年版，第 296 页。

② 卢卡奇：《历史和阶级意识》，张西平译，重庆出版社 1989 年版，第 99 页。

义的存在价值,追求个人利益最大化的市场经济才能充分展开,限制国家权力的现代民主政治才得以建构。自由主义和个人主义宣称一切个人从某种意义上说在道义上是平等的,可是,这种平等只是形式上的和抽象的平等而已。自由主义和个人主义欠缺对人性的社会学层面的基础性考察,没有深入到活生生的实践和社会中去考虑个人,把社会仅仅描述为个人的意志和利益的总和。因为启蒙思想家们所提出的平等、自由、博爱等口号根本上是与资本主义私有制内在相关的,这些口号是有其深刻的经济内容和财产内容的。"特权、优先权符合于与等级相联系的私有制,而权利符合于竞争、自由私有制的状态……人权本身就是特权,而私有制就是垄断。"① 所谓的"天赋人权"最核心的就是资产阶级个人的财产私有权。

自由主义者认为个体自由设定了责任并赋予责任以全部意义。自由主义者并不关心个人是如何走到一起以构成社会从而创设他们的责任,而是追问社会要得到维持、个人的安全或自由要得以维护,社会必须确立什么样的责任。自由主义认为,一个人行动的结果决定于他的行动,其所能够控制的那些境况决定了一个人行动的结果,因此个人自由设定了个人责任。在个人与社会的关系上,自我优先于目的,权利优先于善,不能因为普遍的善而牺牲个人的权利。与此一致,自由主义关注"社会的基本结构"对于个人自由和权利的保障与实现的责任。

自由主义和个人主义的迅猛发展已经使纯粹个人利益成为现代价值观念中被人们津津乐道的价值标准,当代社会的生活在自由的本体性承诺中最终体现为责任的虚无与生存意义的遗忘。个人主义是一种只顾自己而又无所不适的情感,个人与他人隔离、与大众疏远。当个人各自建立了自己的"小社会"之后,就任由"大社会"自行发展了。人们在凸显个体自我或追求自我实现的同时,缺失了正确认识自我和生活意义的有效方式。历史、社会文化或他者的存在意义在这里隐形,自我的认识也失去了必要的参照和语境。

### 三 主体形而上学同一化他者

人们习惯上将近代哲学称之为哲学的由"本体论"向"认识论"的

---

① 《马克思恩格斯全集》(第 3 卷),人民出版社 1960 年版,第 229 页。

转向。古希腊哲学执着于自然、存在等"客观存在"寻求世界的本原，中世纪哲学痴迷于"上帝"这一主观精神的变体。唯有近代哲学自觉认识到，任何外在世界都必须通过进入人的自我意识而获得其自身的存在。"无论是自然世界还是超自然世界，都是处于与人的主观认识的关系之中的'存在'，当我们断言'某物存在'时，总是不可避免地暗含着一个无条件的前提，那就是这'某物存在'总是进入人的意识领域为人所认识到的'某物'，无论是'感性世界'，还是'本体世界'，都不能脱离开这种与人的认识的关系。"① 与古希腊和中世纪时期人的被动性相比，近代哲学这种"认识论转向"所彰显的正是以人的主观意识为核心的个体主体性存在。

其实，无论任何时代的哲学，总要对存在者之为存在者根据展开"形而上学"的追问。所不同的是，近代以前是一种"实体形而上学"，近代以后是一种"主体形而上学"。"实体形而上学"是一种实体本体论思维，古希腊哲学和中世纪哲学以追究流动的现象世界背后的超验的、永恒的、绝对的、无限的"实体"为根本旨趣。到了近代，哲学家们致力于围绕自我意识追寻人之为人的根据，于是，主观意识的"自我"成为一种新的"实体"。"作为突出的基底（subiectum）的我思自我"得到确立，那么"绝对基础（fundamentum absolutum）就被达到了，那么这就是说：主体乃是被转移到意识中的根据（υποκειμενον），即真实的在场者，就是在传统语言中十分含糊地被叫作'实体'的那个东西"。② 在这个意义上，近代哲学的"认识论"转向只是一种相对意义上的转向而已。"近代'认识论'具有鲜明的本体论意义——在基本思想原则上它仍然是'本体论'性的，仍然是'形而上学'的，因而在最深层的意义上，它并没有实现哲学的真正'转向'。"③ 在马克思主义哲学产生之前，一部哲学史可以说就是一部本体论哲学的历史。

遵循本体论哲学传统，主体形而上学把实体化的主观意识的"自我"作为世界的中心和本质，认为一切他者都可以还原为自我意识。当巴门尼

---

① 贺来：《"认识论转向"的本体论意蕴》，《社会科学战线》2005年第3期。
② 海德格尔：《面向思的事情》，陈小文等译，商务印书馆1996年版，第64页。
③ 贺来：《"认识论转向"的本体论意蕴》，《社会科学战线》2005年第3期。

德第一次提出"存在是一"时，便已确立了本体论哲学的这种基本特征及其走向。在此之后，"一"演变为本原、理念、实体、客观精神以至现代哲学中的存在、自我意识等。柏拉图认为理念是形态各异的具体事物的共相、存在的根据与目的。在理念世界当中，善是最高的理念。灵魂本来具有各种知识，只是由于肉体的遮蔽而忘却，需要靠回忆才能重新获得。这实际上也表明所有的知识早已包含在人自身之中了。这种抽象理念发展到亚里士多德那里，演变为实体即一切存在的中心。后来古罗马的新柏拉图主义提出世界的本原是无以言状的"太一"，其宗教神秘主义性质使之成为中世纪宗教哲学的理论来源。发展到中世纪，上帝成为最高的本体。但严格讲来，自笛卡儿以降，哲学才得以可能借谢林之口而申言："整个哲学都发端于、并且必须发端于一个作为绝对本原而同时也是绝对统一体的本原。"① 这个"绝对本原"就是基于"我思"的抽象主体和绝对的自我意识。

笛卡儿奠定了主体性的觉醒或自我意识原则这样的近代哲学的基本精神。在这里展现给我们的是一个反传统和反权威的抽象的、孤立的主体，这个主体的全部特征就是我思。人只是一个在思想的东西，不断地怀疑、理解、想象或者感觉等。其理性的自立，完全基于其主体的尊严。也正是对于自我价值的过分强调，自我被罩上个人主义的光环而与他者疏远。斯宾诺莎的"实体"、莱布尼茨的"单子"等，都把意识的自我实体化为"主体"，使之成为世界的基点以及知识的基础。世界是由个体主体来认识的，自我本身的存在是首要的、第一性的和本原的，个体主体被抬升到一种本体的地位。

人类为成为"一"的诠释者而奋斗，并造就了现代社会中自我主体的神话。主体形而上学要求把一切活生生的个性及其差异统统归一，任何他者无能幸免。当代著名伦理哲学家列维纳斯不无严肃地指出，整个西方思想的典型特征就是对他者的压制。"哲学总是要回到熟悉的根基（存在，真理，同者）"，"哲学的特征就在于它无法思考作为他者的他者。"② 我与他者之间不可还原的关系以及他者的绝对他性被消解。主体被锁闭在

---

① 谢林：《先验唯心论体系》，梁志学等译，商务印书馆1976年版，第274页。
② ［英］戴维斯：《列维纳斯》，李瑞华译，江苏人民出版社2006年版，第35页。

它的自我中,把他者视为自我构造的对象与结果。

众多当代哲学家已经意识到不能把个体主体作为他者的"君主",任由其只对自己负责。人们纷纷寻找解决的出路,但往往是走了一圈又回到了问题的原点。作为第一个意识到"现代性问题的哲学家",黑格尔深刻地洞见到"自我意识只有在一个别的自我意识里才获得它的满足"①,由此拉开"主人和奴隶"之间的厮杀。"主人"代表自我,是具有独立意识的自为存在。"奴隶"代表对象,是为对方而存在的依赖的意识。"主人"通过殊死的斗争获得奴隶的承认,并使奴隶屈从于自己。双方都不是真正完整的自我意识,因为"奴隶"的屈从或者"主人"对异己的同化都不是恰当的方式。"主人"只是获得了动物性的享受,"把对物的独立性一面让给奴隶,让奴隶对物予以加工改造"②。历史在不经意间转向了奴隶的反抗。作为"主人"的自我与作为"奴隶"的他者的这种矛盾最终要上升到"绝对精神"之中才能解决。不仅如此,在黑格尔看来,精神生活与世俗生活、个人与社会以及个人与国家等诸多矛盾,都需要到作为本体的"绝对精神"的运动中去寻求解决。如果说黑格尔用诸多笔墨突出他者和他人的重要性,他也用同样浓重的笔墨来谈论如何克服、统一和压抑他者。难怪哈贝马斯认为这种调和仍落脚在近代意识哲学的思维框架中,列维纳斯也指出黑格尔之所以承认他者,仅仅是为了把他者整合进不断扩张的同者的范围之内。

从根本上讲,使他者问题真正在现代哲学中得以浮现出来的是现象学对他者的研究。胡塞尔提出"同感"说,企图走出自我之外,承认他者的独立自主性。胡塞尔意识到任何以先验本我作为其最初决定性的哲学,都必然面临唯我论的问题。为了走出证明自我确定性时受到的"唯我论"的困扰,胡塞尔指出,先验本我拥有一个与物理世界互动的身体。"当它意识到它自身的经验自我时,本我也可以观察到世界包含其他的身体,这些身体以与它自身的身体非常相似的方式作出行为和应答",由此,他者虽然不可能直接地呈现给我的意识,但是"他或她的身体和行为可以"③。

---

① 黑格尔:《精神现象学》(上),贺麟等译,商务印书馆 1979 年版,第 121 页。
② 同上书,第 128 页。
③ [英] 戴维斯:《列维纳斯》,李瑞华译. 江苏人民出版社 2006 年版,第 28 页。

## 第三章 当代社会责任危机的病理分析

这样一来,其他的本我不是被呈现,而是被共现,是通过类比而揭示的。问题在于,在胡塞尔这里,他者只是其他的本我。先验本我承认所谓他者的存在,只是因为他或她与我类似而已。本质上,他者只是我自己的反映,每一个本我只是一个单子而已。胡塞尔自己也不得不承认:"我们必须充分地考虑到自我的绝对的唯一性以及它对于一切构成的中心地位。"[①] 自我依旧是所有意义和知识的源泉。

分析哲学对他者问题的研究采取了与胡塞尔及其类似的思路,通过类比论证,将他者以"他人之心"的形式呈现在其心灵哲学之中。罗素在多部著作中就反复谈到这一主题,他指出"如果我们不能肯定客体的独立存在,我们也便不能肯定别人身体的独立存在,因此便更不能肯定别人心灵的存在了;因为除了凭借观察他们的身体而得到的那些根据外,我们再没有别的根据可以相信他们也有心灵。这样,倘使我们不能肯定客体的独立存在,那么我们就会孤零零地失落在一片沙漠里。"[②] 从这一引文中可以看出,罗素承认"他人之心"存在之目的显然是为了避免陷入自我"孤零零地失落在一片沙漠里"。但可惜这个初衷并未实现,连罗素本人都表示不能严格地证明唯我论是虚妄的他者依旧是要被还原为那我思自我的绝对本原之中的。

海德格尔不从先验本我的绝对性出发,而是直接去描述自我的存在结构,把此在在世表达为一种与他者的"共在"关系。"无世界的单纯主体并不首先'存在',也从不曾给定。同样,无他人的绝缘的自我归根到底也并不首先存在。"[③] 但海德格尔对存在模式的关切远远大于对经验遭遇的兴趣。"即使当事实上没有他者就近出现或被感知到时,共在也是此在的一个实存性特征。甚至此在的独自存在也是在世界中的共在。"[④] 海德格尔的"此在"仍然是自我中心主义的一种延续,最后还是把他者消融在"此在"之中,到前主体性的生存中去寻找责任的根据。

主体形而上学充满着对"同一"的热切渴望,他者被同化、还原乃至

---

[①] 胡塞尔:《欧洲科学的危机与超越论的现象学》,王炳文译,商务印书馆2001年版,第226页。
[②] 罗素:《哲学问题》,何兆武译,商务印书馆1999年版,第11页。
[③] 海德格尔:《存在与时间》,陈嘉映等译,生活·读书·新知三联书店,1987年版,第143页。
[④] [英]戴维斯:《列维纳斯》,李瑞华译,江苏人民出版社2006年版,第32页。

泯灭。这就抹杀了与主体相对应的责任客体,破坏了责任关系的生成。

## 第三节 当代社会责任危机的实质

市场经济造就物化逻辑,社会生活全面科学化,全球化进程与民族国家矛盾重重。在此现实基础上,工具理性泛滥,自由主义和个人主义盛行,人文价值失落。责任公共性的缺失成为当代责任危机的实质所在,不仅表现为公共责任的缺失,还表现为责任为我性与私人性的凸显。当代社会责任危机导致责任的冷漠化、破碎化以及责任功利化、计算化等诸多消极后果。

### 一 责任公共性的缺失:责任危机实质

当代社会责任危机的实质在于责任公共性的缺失。当代社会中人们越来越关注对自我责任的实现,无力也不愿积极承担公共责任。要么对他者视而不见,要么将对他者的责任转移给自身之外的权威。在责任关系中,一切从个人出发,一切以自我为中心,一切服从于自我的价值标准和评价体系。在这种以自我为中心的责任观念中,他者都被置于从属的手段或工具性的地位。

责任公共性的缺失意味着公共责任与政治伦理的缺失,意味着责任制度尤其是责任评价制度的不健全,意味着责任充分表现出为我性与私人性的一面。这直接导致当代社会中责任处于一种"自由漂浮"的危机状态。主体形而上学压制他者,工具理性生成了一种无限的、大一统的理性化的世界图像,而自由主义和个人主义在把自我建立为一切尺度的终极尺度。"对于现代之本质具有决定性意义的两大进程——亦即世界成为图像和人成为主体——的相互交叉,同时也照亮了初看起来近乎荒谬的现代历史的基本进程。这也就是说,对世界作为被征服的世界的支配越是广泛和深入,客体之显现越是客观,则主体也就越主观地,亦即迫切地突现出来。"[1] 只不过这种主体性更多地体现为一种面对垄断权威时工于计算的自我保全。"当人的本性(厌憎杀戮、不倾向于暴力、害怕负罪感、害怕

---

[1] 海德格尔:《海德格尔选集》(下),孙周兴编选,生活·读书·新知三联书店1996年版,第902页。

第三章 当代社会责任危机的病理分析　　125

对不道德行为负责）遭遇到文明的产物当中最备受珍视的实际效率，即遭遇到其技术、选择的理性标准、思想和行为服从于经济与效能的倾向的时候，就暴露出了它的不足与脆弱。"① 只要当代人这种个人主义的功利化价值取向得不到改变，那社会上通行的就只能是"强者生存"而非"共生共荣"的法则，人们就一定要最大限度地利用工具理性强化自己的"中心"地位。人的自我中心化、原子化、经验化导致了人与自然以及人与人的关系的深刻变化，责任已经日益被纪律、角色的荣誉感等所取代而成为一种漂浮着的责任。

**二　当代社会责任危机的主要表现**

就具体表现形式而言，我们将当代社会责任危机的主要表现归结为公共责任的缺失、责任为我性至上以及责任私人性的凸显。

（一）公共责任的缺失

公共责任是责任主体以公共利益的维护为目的所承担的义务与要求。人们在讨论公共责任问题时，习惯上将其限定在政府及其部门的公共管理职能上。政府及其各级部门确实是当代社会最为主要的公共责任主体，但是，我们不能忽视个人以及其他非政府组织对公共责任的承担。"随着政府商事合同的大规模涌现，公共责任不仅适用于政府机关和政府机构，也延伸到了合同相对方，即自愿组织、代理机关等，甚至中间利益团体。"② 公共责任的核心不在于是谁在承担，而在于一定要以公共利益的维护为目的。公共责任意味着公共利益应该是责任的最终的善，应把对社会责任的承担作为一种义务和使命。这是根源于人的社会本质的。

但是，人在普遍的物化中以追求和满足自我利益最大化为生存法则，公共责任难逃缺失的厄运。市场经济和科学技术的疯狂与对人的全面影响与控制，造就了当代社会中基于工具理性行动的经济人。追求自我经济利益最大化成为人们践履责任的主要动机。那种把善作为责任的目的、把责任本身看成是一种绝对的道德命令的社会责任感，在这个物欲横流的社会中已经越来越难觅踪影了。人们履行责任不再出于良心的呼唤，不再出于

---

① ［英］鲍曼：《现代性与大屠杀》，杨渝东等译，译林出版社 2002 年版，第 18 页。
② 王振华：《公共伦理学》，社会科学文献出版社 2010 年版，第 217 页。

道德目的的冲动，不再出于维护自己的与荣誉，更多是出于对金钱、荣誉、地位等外在目标的功利性追求。尤其在资本主义社会，责任是"坦白地"依据金钱来计量的。如果一个人正正经经地搞他的事业并养活他的家属，他就算对社会尽了他的最基本的责任。流行的博弈论最大的特点就是把博弈的双方都视为理性地谋求自身利益最大化的自由行动者。哈耶克基于知识和进化修正了自斯密以来形成的"经济人"假设，但也难逃个人通过不断地探索和试错追求效用最大化的最终结局。

在当代社会生活的各领域、各方面都存在着责任公共性缺失的表现。从家庭、社会团体到政府，从抛弃妻子、玩忽职守到污染环境，责任公共性缺失的现象可谓比比皆是。这里我们主要从政治、经济、自然以及教育等领域举隅一二。

政府及其部门本应立足公共利益，积极承担社会责任，但我们可以看到某些地方政府及其工作人员的状况令人堪忧：违法越权现象严重；政府官员角色定位不清，滥用职权，以权谋私；行政道德失范，官员腐败和寻租泛化；盲目铺摊子，上项目，资源浪费严重；民主有效性不强，对公众回应性不高；形式主义、地方保护主义严重；等等。"商业、市场、科技和行动的价值效应远远超过和掩盖了人们对公共社会和公共事务的政治关注，西方民主国家普遍出现的'投票疲劳症'和以此为基本症候的政治冷漠（罗尔斯将之形象地刻画为'袖手旁观'：'stand–off'）已是一个不争的事实。"[①] 金钱、世俗与功利的观念已深入人心，成为当代人的常规心态，政治领域也难逃"法网"。甚至我们还可以看到政府在公共服务委托外包中存在"提供者垄断"的现象。在许多情况下，政府委托外包公共服务时看会与某一相对固定的被委托者合作。"长期固定的合作增强了私人部门与政府谈判的能力，进而影响政府对于公共服务监督评估标准的制定。私人部门还可能凭借其在经营中的垄断地位，以放弃其公共职责要挟政而政府基于确保公共产品的有效供给，只能做出有利于代理商的政策决定和资金倾斜。由于缺乏竞争机制，政府不得不降低公共服务的资质要求，加上一些公共服务的质量和数量具有不可约定性（non–contractible），这就为私人部门的机会主义提供了可能，承包方可以在消减服务成

---

① 万俊人：《公共性的政治伦理理解》，《读书》2009 年第 12 期。

本的同时又不违反合同,而为了实现成本的降低,必然会带来服务质量的下降"①,自然必然会带来政府责任公共性的缺失。

当前公众反映强烈的企业社会责任缺失行为与事件主要有：第一,因缺乏防护造成的职业病和生产事故。第二,不卫生食品与假冒伪劣药品。第三,产品质量与售后服务事件。公众最反感的企业社会责任缺失事件,反映的都是直接关系到人民基本权益和消费者权益的问题。以上这些问题,或因环境而起,或对环境产生不良影响,与公众的健康和安全及其生活质量密切相关,因此受到公众的重视。企业社会责任缺失这些问题的产生,不仅说明了企业社会责任感的缺失,而且反映了政府制度规范的缺位。

现代自然科学和技术的功利主义倾向,不仅导致人类将自然仅仅作为为自身服务的工具和材料,更遮蔽了人性本身。人类主体反过来成了现代科学技术发展的工具,异化为客体。"内在于技术文明结构之中的无意识现代组织的威胁,迄今技术以几何级数的累加任意地漂流着：这就是产生伴随耗竭、污染、星球荒凉等'发展太多'的启示。这里可信的推断是可怕的,可估计到的时间跨度正惊人地缩小。在这里避免灾难要求废除现存的全部生活方式,甚至发达工业社会的(生活)原则,这将触犯无数利益。"② 大面积地砍伐森林,过度捕猎野生动物,工业化和城市化发展造成的污染、植被破坏,无控制的旅游,土壤、水、空气的污染,全球变暖等人类的各种活动是引起大量物种灭绝或濒临灭绝的原因。

关于教育领域公共责任的缺失,或许翔实的数字可以对当代社会责任危机更具说服力。作者曾就高校教师责任意识及其践履问题进行过立项研究,较之其他教育层次而言,高校教师更应具备社会责任意识,方可培养出具有公民意识与政治热情的专业人才。作者选取东北地区数所高校为样本,以教师和学生的思维范式作为当前高等教育公共责任缺失研究的突破口。一方面,教师的思维范式直接影响着大学生对世界的认知与行为方式。高校是以培养社会未来人才为导向的,尤以一些专业还以向政府等公

---

① 郑旭辉：《政府公共服务委托外包的风险及其规制》,《中南大学学报》(社会科学版) 2013 年第 3 期。

② Hans Jonas, The Imperative of Responsibility: In Search of an Ethics for the Technological Age, Chicago: University of Chicago Press, 1985, p.202.

共机关输送人才为目的,这就需要着重培养其公共性品质。但许多教师在现实语境中却沉沦于经验性实存,极不利于对学生创新精神与社会责任意识的培养。尤其在理工类高校中,教师早已习惯于科学理性化的思维范式,而对自身作为知识分子而肩负的社会批判与文化建构的历史使命较为漠然。为了更好地了解这一现状及其问题,进而为分析与解决这一问题提供事实依据,作者与课题组成员于2011年9月至2014年10月对8所大学开展了问卷调查。被调查对象(样本)为在职一线教师,调查中共发放问卷340份,回收有效问卷302份,有效回收率为88.82%。调查数据使用 SPSS 15.0 进行统计分析。

通过对调查问卷和访谈资料的分析,理工类高校教师在教学思维、科研思维以及角色定位等方面存在较大问题。首先,教学思维存在同质化的倾向。表1和表2是对当前高校教师中一些教学思维与观点的反映情况。选择经常指导学生预习的只有15.2%,偶尔指导的为83%,从不指导的为1.8%。这说明教师在课前没有认真系统地钻研所教内容,并注意其跨学科之间的联系。预习是学生形成自学能力的途径之一,但大部分高校教师或者仅停留在口头交代,或者只是偶尔指导一下,而且上课时不是十分注重运用多种教学手段、对教学内容进行有针对性的生动讲解,难以调动学生学习的积极性。此外,当前教师也不是十分注重实践教学与课堂讨论的作用,也缺乏教学反思的意识。教师对教学反馈重视不足,不能及时通过学生反馈的学习情况进行查漏补缺。其次,科研思维与能力欠缺。从对调查问卷的回答中我们可以直观地看出,理工类高校行政管理专业教师普遍感受到工作的巨大压力,压力体现在教学压力、经济状况、人际关系、健康状况等方面,但其中尤以科研压力为重(见表3)。其主要原因在于当前高校教师忽视对科研能力的长期培养,习惯于急功近利式的"出快拳"。根据调查,超过80%的高校教师每天花在本职工作上的时间为6小时以下,超过半数以上的高校教师每年花在用于提高自我的继续学习的时间仅为1个月以下。从对调查问卷结果的分析来看,高校对主干专业的重视与对非主干专业发展的相对弱化构成了部分教师科研思维与能力欠缺的重要原因。非主干专业在学科建设、专业发展、科研扶持、信息获得等方面均处于弱势地位,成为高校发展的薄弱环节。教师对"您觉得人生成功必备条件是什么"的回答,则展现出科研思维与能力欠缺更为深层的原因即对经济利益的过分关注（见表4）。此题的设计是为了考察高校教师的职业动机，30.8%的人选择了金钱作为必备条件，而选择理想、人格、知识、能力的比例远小于金钱。这说明经济霸权和商业伦理使高校教师的传统思维范式悄然改变。最后，教师职业思维定位失范。市场经济的大潮冲刷着社会的各个角落，效率和功利越来越被视为社会主导的价值观念与意识形态。根据问卷调查，当前高校行政管理专业教师在择业初始时就比较注重这一行业的稳定程度，而并不是十分在意这一职业的荣誉感与社会使命。这直接导致教师在工作中十分关注自己的职称晋升与评定、学校安排给自己的工作量所能带来的经济收益，以致常常出现完成预定的教学任务就万事大吉的情况。在对"您在工作中最关心的问题是什么？"的调查中，80%的教师最关心职称晋升与评定、工作量、完成预定教学任务这三项，而选择科研环境与经费、心理上的满足以及学生的尊重的教师只有15%。通过问卷调查，有超过70%的高校教师为了保证自己的利益，选择在面对管理机制弊端与管理者存在的问题时保持缄默，或选择私下议论。如果可能会出现与同事的利益冲突，大部分教师会采取的做法是争取自身利益最大化或者尽可能化解冲突。面对学生不听讲、不参与的情况，更是采取不管不顾的态度。表5是对一些观点的反映情况。近五成的高校教师认为自己只要尽到完成教学任务的职责就可以了，多出科研成绩只是为了自己的职称晋升或者获得相应的津贴，关心学生的学习与生活则是超越自己的职责范围的。这说明相当一部分高校教师将这一职业角色仅仅定位为一种谋生手段，而对自己肩负的社会批判使命与大学生人生导师的角色认识不深。一般而言，高校较为关注教师管理机制的程序性建设。通过专门化、科层化、规则化的设计，实现机构规范、角色规范，保证教师管理实现有序化地高效运转。问题在于，这种取向极易向教师释放追求最大化效率的信号。高校行政管理专业教师同质化、功利化、世俗化的思维范式的形成，并非一种个体的现象，而与当代社会的基本社会现实密切相关。当代社会实现了任何以往社会无法比拟的财富的急剧增长和效率迅速提高。这委实要归功于当代社会最大化原则的奉行：经济产出最大化，政治管理效率最大化，利益最大化。如前所述，在追逐利益最大化的过程中，工具理性最终形成现代社会的理性根基。通过工具理性化的制度设计，责任公共性趋于瓦解，走向破碎与漂浮。这种工具理性化、功利主义化的思维范式以及破碎与漂浮的责任意识，恰恰是高校教师最应该规避的。

表 1 单位：%

| 题目 \ 选项 | 经常 | 偶尔 | 从不 |
|---|---|---|---|
| 您在教学过程中，指导学生预习的情况 | 15.2 | 83 | 1.8 |
| 您上课时运用多媒体、小组讨论、角色模拟或其他手段的情况 | 2.9 | 73.2 | 23.9 |

表 2 单位：%

| 题目 \ 选项 | 非常多 | 较多 | 不多 | 很少 | 几乎没有 |
|---|---|---|---|---|---|
| 在课堂上，您给学生发言的机会 | 2.94 | 5.88 | 85.3 | 5.88 | 0 |
| 您为学生设计的教学实践活动 | 1.12 | 15.88 | 36 | 45.88 | 1.12 |
| 每讲完一节课后，您自觉、主动反思本节课内容的情况 | 1.12 | 1.76 | 70.5 | 25.5 | 1.12 |

表 3 单位：%

| 题目 \ 选项 | 教学压力 | 经济状况 | 人际关系 | 健康状况 | 教学压力 | 其他 |
|---|---|---|---|---|---|---|
| 您感到压力最大的部分是 | 35.3 | 27.4 | 5 | 8.2 | 21 | 3.1 |

表 4 单位：%

| 题目 \ 选项 | 理想 | 人格 | 关系 | 金钱 | 知识 | 能力 | 其他 |
|---|---|---|---|---|---|---|---|
| 您觉得人生成功必备条件是什么 | 6.4 | 5.6 | 21.9 | 30.8 | 22.2 | 10.9 | 2.2 |

表 5 单位：%

| 题目 \ 选项 | 经常 | 偶尔 | 从不 |
|---|---|---|---|
| 您课上或者业余时间与您的学生交流谈心的情况 | 5.2 | 93 | 1.8 |

续表

| 题目 \ 选项 | 经常 | 偶尔 | 从不 |
| --- | --- | --- | --- |
| 您主动关心学生的学习和业余生活的情况 | 2.9 | 73.2 | 23.9 |
| 您主动参加学校与社会公共活动的情况 | 3.1 | 93.3 | 3.6 |

（二）责任的为我性至上

为我性是与我为性是责任应有的双重维度。为我性表明责任主体责任履行和承担指向行为者自身，体现着对人的自我价值的肯定。我为性则是责任主体指向他者的责任履行和承担，体现着对他者价值的肯定。就人的目的性而言，责任都是为我的，责任以责任主体自身为依归。但是，人不能只是把自己当作目的。"（1）每个人只有作为另一个人的手段才能达到自己的目的；（2）每个人只有作为自我目的（自我的存在）才能成为另一个人的手段（为他的存在）；（3）每个人是手段同时又是目的，而且只有成为手段才能达到自己的目的，只有把自己当作自我目的才能成为手段。"[①] 就人的手段性而言，责任又都是指向责任主体自身之外的，即责任是具有我为的蕴意的。没有对象，责任关系就无法存在。责任是为我性与我为性的统一。

我们承认，在一般意义上，责任我为性要以为我性为前提。责任为我性具有一定的合理性，对自我生命的保存是对人的一种责任自觉。一个人要承担社会责任，实现责任的我为性，首先就要履行对自我的最基本的责任。社会本身即处于社会关系中的人本身，社会的历史的第一个前提就是，"人们为了能'创造历史'，必须能够生活。但是为了生活，首先就需要吃喝住穿以及其他一些东西。因此，第一个历史活动就是生产满足这些需要的资料，即生产物质生活本身，而且这是这样的历史活动，一切历史的一种基本条件，人们单是为了能够生活就必须每日每时去完成它，现在和几千年前都是这样。"[②] 社会的经济结构和上层建筑，就是人们进行生产的经济关系、政治关系和思想关系的总和。人们履行和承担对自我的

---

[①] 《马克思恩格斯全集》（第46卷上），人民出版社1979年版，第196页。
[②] 《马克思恩格斯选集》（第1卷），人民出版社1995年版，第78—79页。

责任，离不开在一定生产条件下对自己的生活资料的生产，因此又结成一定的政治关系、思想关系。正像社会本身生产人一样，人也生产社会，在实践的基础上，个人与社会互为前提、相互生成。为了保存自我的生命，人都有一定程度的需要。现实生活中，每个人都或多或少地会关心自己的利益和福祉。没有责任主体对自我的负责，人的生存与发展就无法得到保障，承担社会责任就会沦为空谈。只要在合理的限度之内，这种责任为我性都应该得到保护。不仅如此，为我性还体现在责任主体对自我一些更高层次的需要进行满足，比如自我个性的发展与才能的发挥、获得精神的愉悦、自我实现的需要以及获得他人承认与尊重等，这类积极有益的责任为我性应该得到提倡。

但是问题在于，当代社会中工具理性泛滥、个人主义盛行，人们割裂了责任为我性与我为性的内在关联，认为责任是为我的而非为他的，这已经成为当代社会责任危机的一大重要表现。人们不断将自我经验化的一面充分地表现出来，将为我性置于绝对的优先的地位。每个人都以自身为目的，"其他一切在他看来都是虚无。但是，如果他不同别人发生关系，他就不能达到他的全部目的，因此，其他人变成为特殊的人达到目的的手段"[①]。我只关注我自己，保持我的存在的连续性，为我自己负责。一旦人们不从我为性出发来看待为我性，自我就会成为一个孤立的、抽象的、非现实的主体。在这个语境中，他人隐去了。这个问题在作者每日工作和生活的高校系统内尤为突出。高校是传播知识的神圣殿堂，但其意义绝非仅仅是一个知识培训机构，更应是一个社会的精神存在与文化表征。高校教育不能局限于将科学视为没有彻底解决的问题，这种意识之本质在于把对知识的追求作为目的本身，把理智仅仅作为解决问题——学术、商业、工业、政治和社会状况——的手段。尽管知识对人与社会的发展具有深刻的影响，但是把知识看作目的本身，强调不受任何价值影响的认识，过于强调高校外在的文化服务功能，极为容易导致工具主义、科学主义、实用主义取向。可以说，高校内在的文化性品质和精神内蕴，决定其具有其他机构不可替代的生存空间和生活样式。高校理应将自身视为时代的苏格拉底式的"牛虻""助产士"与"电鳐"，时刻将"什么是值得过的生活"

---

[①] 黑格尔：《法哲学原理》，范扬等译，商务印书馆1982年版，第197页。

视为自身管理、教师管理与学生培育的终极问题,这才是一个高校为社会应当承担的我为性责任。但当前高校的现状却是责任为我性凸显而我为性观念淡薄,这种责任为我性意识的泛滥表现在各个层面。首先,就高校自身管理层面而言,过于关注行政管理责任,相对忽视学术管理责任。其深刻后果在于,高校社会批判责任意识的缺失。严格来讲,高校行政管理与学术管理是应该比肩而行的。但是,现实状态中二者之间总是处于一种冲突和失衡的状态。对于纯粹行政管理责任而言,责任即是纪律,服从纪律就是履行责任。这是一种讲求求同性与保守性的责任。无论在根本属性上还是行使方式上,高校学术管理责任都与行政管理责任极为不同。学术管理在于营造一种自治性、轻松的学术氛围,引导和激励高校师生超越个人情感与主观意愿,积极关注当下社会现实,理想地引导"时代精神"。社会愈是浮躁,高校师生就越加应当有定力。面对社会中道德失范、价值贬抑、人文精神弱化的现状,高校管理更应张扬人之存在的精神性、主体性,重建健全的人格与社会精神。高校教师不能不涉及世俗生活,但更要承担为世俗存在寻找意义的重任。然而,当下一种明显的趋势是行政管理责任不断被强化,官本位倾向严重,学术腐败滋生,部分高校甚至搞出许多科研"量化"工程。学术不再以"拉开间距"的方式把握杂多的、流变的社会现实,不再深层透视与理智反观社会问题,反倒成为大众文化的跑马场。其次,就高校教师层面而言,职业责任世俗化问题尤为突出。"传道、授业、解惑"是人们对教师这一职业传统的责任要求。高校教师作为知识分子的中坚力量,既不同于其他职业群体,又区别于其他层次的教师。高校教师职业责任的根本,在于它以发现真理为己任,体现出一种深刻的公共责任意识。高校师生须探索真理,以终极关怀为己责。终极关怀是一种关注超越性、彼岸性的形上追求。高校的文化表征意义存乎于其气韵与神趣之中,存乎于其对自身生活于其中的整个生存世界的精神性的领悟。这既是一种恢宏襟怀,又是对"什么是值得过的生活"的最好的注解。但是,经济霸权和商业伦理使高校教师的传统规则悄然改变。"传道"已然隐退,"授业""解惑"也越来越工具化。为了更多地获得名誉与利益,一些高校教师盲目丝毫不珍惜职业荣誉,抄袭现象日益猖獗。无视受教育者个性,以单一的判断标准作为教学管理的杠杆。同质化的教学模式培养出只会模仿、记忆的大学生。没有问题意识、没有反思意识、没有心怀"什么是值得过的生活"的学生，怎能成为具有良知与公共责任意识的国家公民？数千年前苏格拉底对古希腊公民的担忧，今日依然发人深省。最后，就大学生层面而言，缺乏社会责任担当意识，自我利益取向严重。大学生本应是一个社会体系中自由、创新、进取和独立的精神象征，但是现实语境中却有越来越多的大学生沉沦于经验性实存与功利主义之中。他们越来越多地关注日常生活，满足于平庸情趣，真正的价值判断被现实的利益驱动遮蔽。不断将自我感性化、生物化与经验的一面最为充分地表现出来。近日较为轰动的"药家鑫开车撞伤人后又连刺数刀致对方死亡一案"，充分暴露出当前大学生以自我利益为绝对中心的现实。此案引起较大社会反响，一个主要原因就在于药家鑫是一个受过高等教育的大学生。但是，他的行为却充斥着冷漠与暴力。他头脑里想的不是承担自己行为的后果，并积极拯救他人生命的责任，而是对受害者"以后会找自己不断索赔"的顾虑，这是非常典型的责任为我性意识。药家鑫辩护律师声称其"学习优秀、得过各种奖励"。我们用什么来作为大学生"优秀"的标准？是得到好的学习成绩以期为自己毕业后找到一份好的工作，还是作一名充盈良知意识、爱心与正义感的国家公民？我们悲哀地看到，以满足自我需要、实现自我幸福与自我价值为终极指向，这种责任为我性在当前大学生中并非是凤毛麟角。一旦作为文化精英的高校及其师生不再以独立的姿态追求真理，不再从维护正义、改造社会的实际出发来启蒙大众，不再对公民责任的积极履行与承担，不在积极介入到各种公共事物中去，也就是说不再注重责任的我为性而将我为性置于中心地位，这势必会形成高校师生局限于自我利益、关注私人领域、消解批判意识与社会责任感的局面，也势必会影响社会文化向健康方向的发展，最终阻碍社会的进步。

其实，责任我为性隐含了自我之外还有他者存在的前提预设。我与他者的关系，不能是排斥、蔑视甚至是占有，而应该以平等、尊重和对话的方式进行回应。自然界是人类社会的发源地，一定历史阶段的社会总体又是一定个人借以生存和发展的基础。一个人的社会存在或者说客观环境对其来讲是被给予的，不能把自我当成一个凭空产生的完全独立存在的抽象主体。如果脱离社会历史条件以及个人的特定的社会实践的性质和内容，就无法对自我作出具体说明，自我也无法实现责任为我性。

责任我为性促使人们思考人之所以为人的根本所在，人的责任意识与道德水准的提高是在自我与他者的交往中锻造起来。正是针对当代社会责任为我性过于突出的现实问题，列维纳斯甚至把为他者的责任绝对化。责任主体通过他者反观自身并展现自身的力量，他者又时刻提醒着责任主体同时还是一个对象性的、感性的、受动的存在物。但是也决不能仅仅从"直接的感性"去理解责任，而必须要借助他者的中介。面对他者，我必须不断提醒自己、反省自己而不是去苛责他者；与此同时，主体性又驱使着责任主体主动地去认知责任关系，自觉地实践责任，积极承担对责任实践结果的评价。责任我为性倡导积极践履公共责任，这样才能还原每一位公民个体本真的生存状态并实现其丰富的生命体验，才能更深刻地理解"什么是值得过的生活"，才能反观到自身存在的价值并且展现自身的力量。

（三）责任的私人性凸显

责任是由人与群体组织的资格及其角色所赋予，并与之相适应的进行某些活动、承担相应后果以及相关评价的要求。责任的私人性主要表现为从责任主体尤其是责任主体的意志自由出发去理解责任，行之以善还是行之以恶取决于主体的自我决断。在这个意义上，责任具有一定的私人性、主观性。也就是说，人们普遍认为所谓责任就是行为者基于自由选择而对行为后果的承担。我们应当承认，在责任的生成中，责任主体的意志自由、行为自由、自由选择与责任能力具有重要意义。但是，社会现实生活与历史条件也是责任生成的关键因素。而且，客观的社会条件与历史发展背景对责任主体的责任实践具有逻辑与现实的双重的先在意义。

回顾责任观的历史发展，我们发现责任日益退化为一种基于自我意识的个人责任。当自我意识高扬之时，责任的私人性就实实在在地凸显出来了。无论是"自我的同一性"还是作为"一束知觉"或"先验统觉"的自我，它们的本质都在于我的"心"的现象完完全全属于"自我"，只为"自我"拥有与理解。可见，责任的私人性意味着责任的封闭性和隐秘性。

过分依赖责任的私人性，意味着对责任自律性、应然性与他律性、实然性的割裂。当代社会中，人们习惯于把责任仅仅建立在个体所具有的责任感与美德的基础上，只强调出发点的善以及前提的优先性。当普罗提诺在"自觉意识"的阐释中揭示良知之时,就已经表明隐蔽性和极端的个体性是良知的局限性所在。甚至一旦当人们谈及"我遵循我的良知"时,就意味着公开的讨论尚未开始却已然结束了。没有良知感就意味着道德责任的沦丧,这是当代社会责任危机的重要表现。但是,责任的私人性只是表明了良知的重要性,却无法提供获得和运用良知的必然性与有效机制。因此,理解和把握责任,决不能仅仅将之局限于自愿、自觉、自主、自教、内控等自律性概念。一个有责任感、有高尚美德、有良知和较强自制能力的行为者,是可以通过自律来履行责任的。如何保证缺乏责任感和理性自律的人去承担责任呢?这就需要对责任本意中的公共之维加以引申,强调责任的他律性。过分强调责任自律性不仅不能解决甚至还会恶化现代社会的责任危机。

责任的私人性在当代社会的凸显还表现在责任评价上。在应然的意义上,行为者自身以及他人都是责任评价的有效主体,而且一般来讲社会规范体系是进行评价的最终依据。但是当代社会一个突出的问题在于,责任评价总是被更多地与责任主体的价值判断、自我体悟和自我认同联系起来,而缺失社会评价的层面。其实,由私人所遵守的价值观念与规范是无法称为社会规范的,那只是私人性的习惯而已。如果一个人的责任评价标准严重违背其所处社会中普遍的价值标准与行为规范,他就难以与他人共存,进而难以实现自我的生存。

责任私人性的凸显使责任主体难以将个人视角转换为他者视角,难以在与他人的相互理解与交流中达成责任的共识。没有交流,就没有游历他者视角的可能性,极其不利于责任主体对自身应负的责任的理解、判断与把握。我们看到现实生活中许多人对责任及其评价的理解,还只是处于行为习惯或者习俗性道德的水平之上,根本无法上升到反思性道德责任的层次。人们满足也无法超越自我的狭隘的小圈子去重新审视自己生存的意义所在。这也正是当代社会中人不断将自我感性化、经验化与功利化的一面充分地表现出来的原因所在。

## 三 当代社会责任危机的消极后果

面对当代社会公共责任缺失、责任为我性至上以及责任私人性凸显等责任危机的主要表现,我们不得不承认手段化、抽象化、碎片化、一维化和功利化已然成为当代人生存处境的真实写照。

（一）责任的冷漠化

责任公共性的缺失使公共利益、公共福祉与自我之外的他者通通都不在责任主体的视野之内。社会学家贝尔对这种公共责任冷漠现象进行了深刻地概括，"社会上的个人主义精神气质，其好的一面是要维护个人自由的观念，其坏的一面则是要逃避群体社会所规定的个人应负的社会责任和个人为社会应做出的牺牲。"① 现代社会中人们满足于"私人"的身份而疏于对"公民"身份的责任承担。公民责任的消极履行与承担使责任主体缺失批判意识和社会责任感，人们局限于对自我利益关注的私人领地，不愿积极介入到各种公共事物中去。

其实公民责任的践履在根本意义上表达了对公共权力合法运作的期待与怀疑：期待公共权力可以积极履行国家赋予的公共管理责任，也关注公共权力的异化动以及相应主体对后果的此承担。当代社会中，人们普遍患有政治冷漠症，这对政治权力制衡建制化防止极权主义暴政是极为不利的。众多哲学家和伦理学家在反思"大屠杀"时都曾指出，大屠杀得以"顺利"进行凭借的绝对不仅仅是屠杀者的一己之力，更借助了庞大的社会机器以及旁观者的无反抗行为与责任冷漠。

当然，责任的冷漠化不仅仅体现在政治领域，还体现经济、教育、文化等社会各大领域之中。人们趋向于经验性实存与功利主义，难以摆脱对自我利益和私人领地的关注，难以积极介入到各种公共事物中，最终导致责任冷漠化泛滥。这种责任冷漠化的凸显出美国著名人本主义哲学家弗洛姆所提出的"占有性"意味。弗洛姆在《占有还是生存》中剖析了现代人重占有的生存方式。弗洛姆指出，要扬弃现代人的这种异化的心理机制，根本的出路在于确立"积极自由"的生存状态，而"获得这种自由的方法，是自我的实现，是发挥自己的个性"②。从某种意义上讲，占有性就是缺乏创造性，而超越性和创造性恰恰是人区别于动物的明显的特征。其主要特征是失去了人的本质规定性。所谓占有性思维范式就是在本质上是指满足

---

① [美]贝尔：《资本主义文化矛盾》，郁建兴等译，生活·读书·新知三联书店1989年版，第308页。

② 弗洛姆：《逃避自由》，陈学明译，北方文艺出版社1987年版，第133页。

于生存现状,缺乏批判性,关注自我利益与世俗生活的一种思维范式、价值观念与生存状态。这正是对当代社会中责任冷漠化的深刻解读。

(二) 责任的破碎化

责任的破碎化即行为者在责任行为中无法实现有效认同,没有一种角色能够真正体现责任主体的身份与本质。为了追求高效化行为者专注于完成组织设计中的每一项职责,这种对细节的过分关注,又造成行为者整体感的丧失。行为者在履行和承担责任时,处于枯燥、卑微与依附的角色感受。枯燥是指责任主体没有积极主动承担责任的欲望与动机。卑微是指责任主体认同责任就是遵从。日复一日的模式化的生活,全部的智慧运用在怎样带着面罩做人,对上卑躬屈膝,对下气势凌人,甚至将之视为人生的全部价值与意义。依附是指责任主体追求抽象的平等,丧失自我意识与独立的人格性。当代社会有着强大的控制功能,善于运用一系列技术手段与心理策略对人进行调控。面对角色责任与自然责任冲突时,即使行为者在内心的最底处还保留着一些道德良知,但是从来不敢将之公之于众或是转化为责任行为。

责任的破碎化使责任主体失去完整性和崇高性。责任主体与角色高度认同,心甘情愿地做一个承担自己角色的木偶,没有激情,没有理想,唯一的想法就是生存下去。这种责任的荣誉在于:对上司负责、兢兢业业、克尽职守,从未思考过上级的命令与组织的职责是否符合社会道义。即使作为文化精英的汇集地,高校也难以发扬批判精神,自然难以培养具有独立人格的个体并引领社会发展。我们痛心地看到,现实中的高校教育非但没有积极发挥其超越性、前瞻性、批判性与社会文化批判功能,反而沦为大众文化的"歌功颂德"者与社会现实的附庸者。在越来越商品化和消费化的社会中,人们过多地从惩罚或功利的角度考虑责任问题,责任变成了一种具体的、有限的和明确的规定。苏格拉底虽作古久矣,但"苏格拉底问题"却在此时迸发出耀眼的光芒。无论在经济领域、政治领域还是文化领域,纪律认同就是荣誉,就是德性,行为者不断将自我感性与经验的一面在责任行为中充分地表现出来。责任都转化为对纪律的服从与角色的忠诚。思考消逝,价值评价缺失,批判远去,因为一切早已经是合理的了。

### （三）责任的功利化与计算化

功利化是当代责任危机必然的消极后果。"功利原理是指这样的原理：它按照看来势必增大或减小利益有关者之幸福的倾向，亦即促进或妨碍此种幸福的倾向，来赞成或非难任何一项行动。我说的是无论什么行动，因而不仅是私人的每项行动，而且是政府的每项措施。"[①] 当代社会中，"利益"、"幸福"以及快乐和痛苦业已成为人们进行责任实践的主要动机与目的，而"计算"则是工具理性与自由主义时代赋予我们的"最佳"的手段。责任成为一种功利取向的计算化责任。

计算化责任之"计算"有特定的含义，意指一种投资与收益的有目的的预先计算。它源起资本主义企业经营管理的"簿记"会计制度，需要借助民法为代表的规范体系的契约保障。在韦伯看来，计算性是"社会理性化"的灵魂。可计算性贯穿在工具理性当中，成为衡量所有过程与观点的真正价值的唯一合法的尺度。这种变复杂为简单、变无序为有序、化变化于确定的"计算"。

责任的计算化主要在行为者践履角色责任时体现出来。当代社会社会分工越来越细化，但人与人之间的协作劳动与依赖又越来越加强，人的生活越来越依靠于外部世界。在责任关系中，责任主体一般依据自身承担的角色尤其是职业角色对自我身份进行识别。当代生活的突出之处是社会的系统化行为，角色所能带来的收益以及达到这一目标的最有效途径的越来越精确化。于是，一个人负不负责任甚至成功与否的标准，只是看他能不能完成组织分配其所在的职务的要求任务：高效准确地完成职位要求，就是成功，可以获得嘉奖，否则就是失败，将会受到相应的处罚。

首先，行为者要为之履行责任的角色是预设了一个目的。这个目的一般以酬劳、地位以及各种福利的形式表现出来，行为者在开始履行责任之前就已知晓。行为者坚信，只要严格按照由所处角色的特定的规范与要求去做，就可以实现这个目的。换言之，责任的计算化依靠借助于对未来的许诺，而为自己赋予了合法性。行为者一直为这唾手可得的目的所激励，严格履行自己的角色责任。在这种责任中充斥的是细致精确的规则、高效率地完成一系列目标的冲动。自我成为责任的终极指向，无暇顾及自

---

[①] 边沁：《道德与立法原理导论》，时殷弘译，商务印书馆2000年版，第58页。

我之外的任何他者。

其次,责任的计算化使人成为功名利禄的傀儡。当行为的手段可计算、程序可计算、目的可预测,自然的结果就是人们对秩序的无限制的建构。理性计算的反面是什么?只能是炽情、混乱和漫无目的。因为混乱,一切人和事就不能恪守其必然的位置,不能完成其注定的目标。可计算性必然召唤无所不及的永恒秩序,避开偶然和混乱。在真实的矛盾世界中,问题的解决必然伴随着新的问题的出现,建构一种秩序的各种干预似乎又在促成其他的失序,于是虚假的秩序恰恰见证了秩序再生的永恒。人们的责任就成了对秩序的永无止境地建构。正是在这种意义上,鲍曼认为"在现代性为自己设定的并且使得现代性成其为是的诸多不可能的任务中,秩序的任务——作为不可能之最,作为必然之最,作为其他一切任务的原型(将其他所有的任务仅仅当作自身的隐喻)——凸现出来"①,并指出大屠杀与通过大规模的社会工程造就完美社会的当代人为设计理念之间有着内在的关联。

不仅如此,计算的逻辑还赋予人以追求秩序的完美性的责任,建立"完美社会"成了人的首要责任。人们总是想要创造一个无缺陷的世界并不留痕迹地铲除这个世界的不完美,可问题是在现实之中、在此岸世界之中,绝对的完美却是永不可能实现的。"在这方面我们没有成功。我们仍然到处留下痕迹——病毒、笔误、病菌和灾难——像在人造世界中心人的签名似的不完善的标记。"② 于是就催生出了"制造完美"的责任:将虚拟当成实在,将幻想当成现实,将超验当成必然,将现象当成本质。用博德里亚的术语来说,这叫作"完美的罪行"。"我们已忘掉的是:逃避给人以力量,能力产生于不在场。虽然我们不能再对抗不在场的象征性控制,我们今天还是陷入了相反的幻觉之中,屏幕与影像激增的、幻想破灭的幻觉之中。"③ 将罪行完美地遮掩使之具有合法性,从而使人消除对现实世界的批判。

人们仰望着、憧憬着完美秩序的海市蜃楼,坚信依靠自己的处心积虑

---

① [英] 鲍曼:《对秩序的追求》,邵迎生译,《南京大学学报》1999 年第 3 期。
② 博德里亚:《完美的罪行》,王为民译,商务印书馆 2000 年版,第 43 页。
③ 同上书,第 8 页。

可以搭建攀上通往名誉、金钱的阶梯。行为过程是可计算的，而且目的本身也是可计算的。在这每分每秒的计算中，行为者已忘记人之为人的价值与责任要求，忘记对公共责任的承担。

对任何理论问题的深层把握都要根植于其所处的时代发展之上，责任问题亦是如此。从历史发展进程来看，当代社会是近代社会所开启的现代性进程的进一步延伸。现代性宣扬主体自由与理性法则，人以其理性型构着自身与外在世界，并将其作为社会世界的基础和保证。但是，如今的现代性再也不是如在近代社会那般成为一种人的胜利的昭显力量。全球生态灾难、恐怖主义、极权主义尤其是两次世界大战把现代性的后果展现得淋漓尽致。曾经迎合人的自由与理性的基于自我意识的个人责任，在当代社会再也无法获得自身合法性的证明。

当代社会的责任危机，折射出当代社会生活的弊病所在。认识责任危机的消极后果，目的不在于将责任抛弃掉，而在于从危机中看到挑战与希望。理解和把握责任危机，才有可能克服责任危机，促使我们重新思考责任危机背后的人之存在与社会发展问题。

# 第四章　责任的重构及其意义

重构责任是摆脱当代社会责任危机的一种可能性理论与实践探索。针对当代社会责任公共性缺失的危机实质，责任重构需将公共性视为责任价值选取的优先尺度。在此基础上，需从责任内容、责任主体与责任客体对责任进行全方位重构。责任的重构对于化解当代社会责任困境无疑具有重要的理论和现实意义。

## 第一节　公共性：责任重构的价值选择

自由主义、个人主义、功利主义在工具理性化的当代社会之中大行其道，使人越来越满足眼前的物质需要的同时，更使当代人习惯于用进步主义的概念和对未来自由与发展的期许来代替理性的批判。"我们已经被告知并且相信，解放和自由意味着将他者，连同世界上其他的一切，简化为某种目标：其有用性在于其提供满足的能力。比其他任何已知的社会组织形式组织得更加彻底的社会，已经向技术的不受挑战或不受约束的规则屈服，埋没了他者那张人性的脸，并因此把人类社会性的善恶中性化推到了一个史无前例的深度。"[1] 如若一味纠缠责任自我朝向势必雪上加霜，责任公共性的彰显由此具有了难以估量的意义。公共性是责任重构的价值首选。责任公共性到底包含哪些基本层面？责任公共性特质何在？依据何在？这些是以公共性作为首选价值对责任进行重构所必须把握的问题。

---

[1]　[英] 鲍曼：《现代性与大屠杀》，杨渝东等译，译林出版社2002年版，第285页。

## 一 责任公共性的基本层面

责任公共性是一个多层面的问题,不同的层面不能混为一谈。依据的标准不同,我们也可以得出不同的关于责任公共性层面的结论。比如以民族国家为标准,我们可以将责任公共性区分为民族国家内部层面、民族与国家之间层面、民族国家与人类社会以及自然之间的层面这三大方面。从本书对责任的内涵以及内在要素的界定出发,我们主要从社会责任、责任制度规范以及政治公共责任这三个层面来把握责任公共性的主要问题所在。对责任公共性进行这样的层面划分,在实现了对责任个体性超越的同时,也实现了对当代社会中人的同质化的超越,即"对多元的个体性、私人性和同一的普遍主义、极权主义的双重超越"①。可见,本书如此把握责任公共问题,不仅是出于学理上的考虑,还是针对当代社会责任危机的实质与表征而有的放矢的。

### (一)社会责任层面

从社会责任这个层面而言,责任公共性强调个人与群体组织需要积极承担去对他人、对社会的责任,比如救死扶伤、保护环境等。换句话讲,责任公共性要求个人或者群体必须具有"为他"的责任意识。当代责任危机一大主要表现就在于责任主体过分强调对自身负责,一味地寻求自我利益与需求的满足。因此要尽量规避过度的责任为我性,而提倡责任的为他性。

为他责任的前提是责任具有"我为性"。责任我为性使主体自身力量得到确证,表明在责任关系中责任主体具有自主性,是能动的。责任主体要通过他者来认识自身和展现自身的力量。责任始终是人的责任,而人是感性的、对象性的存在物。责任主体的自我认识与责任意识的形成要依凭他者,没有他者,人就无法反观自身。不仅如此,主体还要通过他者这一介质来展现自身的力量。马克思在其博士本书中考察原子的偏斜问题时就表达过这种思想。原子离不开"他物",主体也离不开他者。马克思后来明确指出"人对自身的任何关系,只有通过人对他人的关系,才能得到

---

① 沈湘平:《论公共性的四个典型层面》,《教学与研究》2007年第4期。

实现和表现"①。人在自身之外不仅仅有自己的感性的对象，还要进行对象性的活动。只有通过作为客体的他者，主体自身的力量才能得以实现。责任主体只有通过对他者进行的责任实践，才能将自我的责任意识外化，表征自身的本质力量。

责任公共性强调责任为他性的一面，为他责任的自觉履行与实现程度体现出社会责任的本质与意义。日本当代著名的哲学家、美学家今道友信说，"义就意味着责任。在义（羲）这个字中，上面是个羊字，下面是个我予。……指的是在共同体中自己背负着祭祀时绝对必要的珍贵之物，它既是自己肩负着对共同体的责任，即在水平方向上应答其他成员的期待和委托；又是自己肩负着对上天的责任，即在垂直方向上对于超越性存在的应答。"② 为他责任突出了责任主体对他者的回应关系，不论这个主体是个人还是群体。

（二）责任制度规范层面

从制度规范层面而言，责任公共性意味着责任的可交流性、普遍性与共识性。这对责任评价至关重要。仅仅依靠责任主体的责任意识自身，是难以确保责任尤其是社会责任得到实现的。毕竟，责任主体是生活在具体社会中的，总是要面对林林总总的利益、欲望的诱惑，面临重重责任冲突的抉择。没有责任担当的责任意识与责任能力，是责任主体自身的耻辱；但是，没有创造出让责任主体用于承担责任的社会氛围，那就是一个社会的耻辱了。在这个意义上，责任制度规范层面的责任公共性意义非凡。

责任的生成固然无法离开责任主体的自我意识、意志自由与自主选择，自由尤其是意志自由是责任的先决条件。但是，责任本身还包含着责任行为及其后果、责任评价等内在要素。而且，人越是关注自身行为对他人和外在世界所产生的后果与影响，越是尊重社会外在规范和承担起社会责任，就越是会为社会所承认和接纳，从而越是衬托出其个体性的存在价值。

责任始终是要以责任规范性和社会性为基础和根据的，同时，责任的

---

① 《马克思恩格斯选集》（第1卷），人民出版社1995年版，第48页。
② 今道友信：《东西方哲学美学比较》，李心峰等译，中国人民大学出版社1990年版，第54—55页。

规范性和社会性通过责任主体的责任意识、责任行为得到实现和升华。制度规范层面的责任公共性表明责任是一种社会性的存在和规范性的存在。

(三) 政治公共责任层面

责任公共性当然不只是政治公共责任问题,但是政治公共责任却绝对是责任公共性的主题之一。我们重视人的社会责任的践履,重视对责任制度与规范的建构,但责任公共性问题却并非到此而止。政治公共责任的践履意味着责任是内含着对价值的追求的。"作为事实陈述的政治的'公共性'实际远不等于作为价值评价的'公共性'的政治。"① 责任公共性不仅仅是一种责任意识或者对责任践履的具体的制度保障,它更是具有"范导"作用的价值诉求:追求自由、公平与正义。政治公共责任由此"远离"经济,而与政治伦理、政治道德相互关联。

对政治公共责任的践履是一种体现人的本质的"行动"。阿伦特依据工作、劳动和行动的划分,凸显出行动和行动者的公共意义。人们在对政治公共责任的承担中,摆脱了世俗与功利的困扰,排出了以生存为目的的责任意识。在这个意义上,政治公共责任为责任主体打造了一个政治生活空间,其个性在其中得到全面展示,人与人也处在最大限度的开放之中。对于阿伦特来说,人在政治空间中一件重要的事情就在于如何真诚地表达自己的意见。判断是否真诚地开放自己的主要标准就是自我是否一致而不自相矛盾。"与整个世界不一致要比作为一个个体却与自己不一致容易得多。"② 诚然,我们可以批判阿伦特对古希腊城邦政治直接民主制的回归是缺乏社会基础的,也可以批判阿伦特对经济因素之社会意义的蔑视。但是,我们无法忽视阿伦特提出的这种观点对当代社会的批判意义。政治的商业化已是一个不争的事实,这极大地导致人们对政治公共责任的漠视。

## 二 责任公共性特质

责任公共性以主体间性的视域来考虑责任,把公共利益作为责任理论和实践的伦理基础,以公平、正义与共识为价值旨归。具体来讲,责任公

---

① 万俊人:《公共性的政治伦理理解》,《读书》2009 年第 12 期。
② [德] 阿伦特:《哲学与政治》,林晖译,载贺照田:《西方现代性的曲折与展开》,吉林人民出版社 2002 年版,第 351 页。

共性具有共在性、规范性与社会性的特质。

(一) 责任公共性之共在性

责任公共性实际上就是在构筑一种人与人共存的普遍法则。从这种意义上讲,责任公共性的共在性就是指责任主体与他者的共存,以主体间性的视域来审视责任。

人类个体的有限性决定了人类不可能单纯以个体的形式存在,与他人共存是人类繁衍与发展的必然选择。结成社会关系是人类克服生物性层面和精神性层面个体有限性的最一般的需求。从这点上说,自我和他者共生共存。

当人有了自我和他人的意识的时候,人与人就已经"共在"一起了。责任公共性之共在性首先就体现为责任主体对责任客体有所意识、有所思考。这种反思性的责任意识是一个把责任主体自身分裂为二的过程,是"我"与自身的无声对话。所谓"苏格拉底问题"就其根本意义而言,表明了激起他人思考的重要意义。其实,"思"是理解公共责任的一扇大门。当人有了自我和他人的意识的时候,人与人就已经"共在"一起了。这种反思性的责任意识是一个把责任主体自身分裂为二的过程,是"我"与自身的无声对话。在责任反思当中,反思的人把自身分裂为二,只有当外部世界打扰了思考者,他才重新把自身合二为一。从这样一种责任反思的经验来看,总是有另一个"我"与责任主体相伴。正是在这个意义上,阿伦特说,"正是这种我与自身的二元性,使得思考成了一种真正的活动"。[①] 只有人才具有责任意识,能够领悟责任主体与客体间的客观关系,并在领悟中明晓应然的观念和准则。但责任决不仅仅指一种责任意识,但是如果仅仅停留在责任主体意识的阶段,我们就会返回到责任个体性中去。责任还意味着现实的担当,将责任意识的现实化、行为化。同时,也正是在对责任的履行与担当中,责任主体与他人的共在才不断显现出来。这种思考,不是亚里士多德的"Contemplation",不是"旁观",而是强调行动的发生与行动的价值、意义的统一。我们行动是因为我们选择如此,能够选择是因为我们会形成一定的意图,形成行为的意图是因为我们是自

---

① Hannah Arendt, The Life of the Mind, One/Thinking, edited by Mary McCarthy, San Diego. London: Harcourt Brace & Company, 1977, p. 185.

由的。也正是因为我们是自由的，我们必须负起责任来。真正的责任应该是责任主体的整体性行为，在行动始点我就获悉了这一行动的意义所在。但是，当前的现状缺失并未十分重视对这种"思"的能力的培育。这里匮乏对"问题意识"的培养，只有不断地记忆、复述；这里鲜见对公平感、正义感、社会责任感与良知意识的宣扬，只见科学知识、规律法则的重复再现。在当下社会，难见一个知识分子、文化精英应有的对"什么是值得过的生活"的孜孜追求。

责任公共性之共在性意味着责任主体对责任客体的承认。对客体的承认意味着责任主体承认他者是与自身异质的存在，意味着对"差异"的承认。如此，责任摆脱了以往那种还原论、同一论，成为对话交往中的"差异性"的联合。真正的责任关系，只有在主体之间的责任交往关系中，在主体与主体相互承认和尊重对方的主体身份时才可能存在。行为者首先以自我为主体，同时又必须在一定程度上把对方也作为主体，在责任交往的基础上完成主体间的责任互动。为他人负责实际上就是从对方的角度出发去回应对方的呼唤、满足对方的需要。责任主体从而不再将自己局限于以自我为中心的狭小范围之内，而是跳出自我，融入自我与他人共同构筑的广泛的责任领域中。

责任公共性之共在性一直贯穿于人类社会发展过程中，并在全球化时代日益彰显出来。就当今人类社会所面临的重大问题而言，每个个体，每个局部、地域、民族、国家都不可能置身于人类共同命运之外，全人类都面临着共同的灾难和风险，需要责任的共同承担。如生态的恶化、毒品走私、跨国犯罪、恐怖主义，等等，都不是单独个人乃至单独民族、国家所能解决的。

从宽泛的意义上，责任公共性不仅要人与同时代、同一空间之中的他者共存，还要与未来的他者"共存"。现代科学技术的发展，确证着人的本质力量，其影响早已超越了时空的界限。现代责任发展一个重要的倾向就是对未来人类之责任感。对未来的他者的责任，是因为我们对人类形象的敬重。在未来时空之中，"真正的人一直已经在那儿，已经在已知的历史之中：在他的顶峰与低谷、在他的伟大与卑微、在他的幸福与痛苦、他的正义与罪恶之中——总之在与他的人性不可分的一切模糊之中。"[1] 责

---

[1] Hans Jonas, The Imperative of Responsibility: In Search of an Ethics for the Technological Age, Chicago: University of Chicago Press, 1984, p.129.

任主体对未来他者的回应，表明责任已突破此时此地的在场原则成为一种远距离的责任关系。

责任公共性意味着责任主体与他者的共在，但这种共在是一种"我"承担起为他者责任的共在。由于这种责任关系的确立，"我"真正成为一个独立的、不可替代的主体。在马克思看来，个人尤其是"现实的个人"是揭露资本主义社会"压迫"和"统治"秘密的重要体现。"逃亡农奴仅仅是力求自由地发展和巩固他们现有的生存条件，因而归根结底只是力求达到自由劳动；而无产者，为了保住自己的个性，就应当消灭他们至今所面临的生存条件，消灭这个同时也是整个旧社会生存的条件，即消灭劳动。因此，他们也就和国家这种形式（在这种形式下组成社会的各个个人迄今都表现为某种整体）处于直接的对立中，他们应当推翻国家，使自己作为个性的个人确立下来。"① 在责任主体基于自我反思承担起对他者的责任时，责任主体"使自己作为个性的个人确立下来"。作为责任主体的个体，没有被消解或被压制。责任主体在对他者负责中获得自由与个性的真实体验。

（二）责任公共性之规范性

责任公共性之规范性意味着责任与规范的本质联系。规范是一种标准，是对自身的言行在范围、方式、程序等方面的限制。我们将责任理解为由人的群体组织的人格和角色所赋予，并与之相适应的进行某些活动、承担相应后果以及相关评价的要求，规范性就是对责任概念中"评价"的关注。责任关乎行为者的个体自我的意志自由与选择自由，但责任的生成与外化却不可逃避地受到一定社会历史条件的制约。尽管选择和决断是主体以个别的方式、依据自己的意志自由做出的，但并不是绝对意义上的随意任性，因为它总是要依据一定的标准才能做出。这种标准的确立与形成势必会打上社会规范性的烙印。

责任不可能脱离规范，反之，规范也要依靠责任行为才能现实化。评价当然可以出自责任主体，但更多的是其他社会成员或者社会对责任主体的评价。无论评价主体是谁，都要以社会现有的规范体系为参照。对责任后果进行评价的规范，可以是不伤害的消极责任，也可以是互相帮助的积

---

① 《马克思恩格斯全集》（第3卷），人民出版社1960年版，第87页。

极责任，但无论哪一种，全都是有着普遍的适用性与约束力的规范。与此同时，只有责任主体将外在的规范内化为的责任意识，并积极将之转化为责任行为，规范才有可能得以实现。

在现实的责任关系中，规范性意味着责任的公开性。所谓公开性，就是公之于众，不加隐蔽。这主要是对于责任主体而言的。其实，责任评价所依据的规范的形成，是一个长期的实践过程。毕竟，不同的责任主体由于生活经验、文化背景的不同，责任依据与主张都会有所不同。即使对同一责任评价标准，不同的责任主体也会由于思维方式、行为方式、责任认知能力的不同，也会产生较大的差异性。因而公开性的意义在于通过公民对公共事务、公共活动的分享与参与，实现交流而达到契合。公共权力机关有通过各种信息渠道合法地为社会公众提供各种社会信息的责任。

（三）责任公共性之社会性

从责任主体的角度看，没有脱离社会的个体，人的自我意识总是具有社会内容。如果每一个个体之间都是没有任何关系的，那么个体也就没有了特征，成为不可认识的。与此相反，个体是处于社会关系之网中的个体，是这一关系网中感知和应答的主体。任何人的存在与成长都离不开既定的社会环境与历史条件，这是人无法选择的。马克思说，考察人就不能"从其耳垂或某种不同于动物的另一特征中引申出来"，而要"从其现实的历史活动和存在来加以考察"[①]。个体的自我意识总是具有社会内容的人生价值、社会正义、伦理道德等问题，尤其是责任主体对善恶、是非、公私等问题的把握，从未脱离社会的意识水平。

责任公共性之社会性意味着，没有离开一定社会内容、社会性质和社会形式的抽象的责任。行为者承担责任后果与接受评价也总是以具有社会性质的真理标准、价值尺度和人性根据为依托。看似呈现出不可穷尽的差别性和难以捕捉的任意性的个人责任意识与责任行为，其实都离不开行为者对社会的体验与认同。在责任范畴内没有绝对的个体自由，总是受制于社会中某种外在的必然性，并在这种必然性的前提下来行动。责任关系的形成实际上是以社会规则和组织、以社会意义为中介的主体间关系建构的过程。

---

① 《马克思恩格斯全集》（第3卷），人民出版社1960年版，第606—607页。

我们不能脱离社会而在纯粹"概念"的意义上谈论大写的"人"的责任，但是，也绝对不能在把"个人"的概念从"社会"中抹去。其实社会生活的良序建构本身就蕴含着促进社会成员自由与个性发展的意味。"人们的社会历史始终只是他们的个体发展的历史，而不管他们是否意识到这一点。他们的物质关系形成他们一切关系的基础。这种物质关系不过是他们的物质的和个体的活动所借以实现的必然形式罢了"。① 历史的主体终归要落脚在具体的现实的个人身上。"现实的个人"不仅是处于一定的社会关系中的人，还是从事实际活动的人。"有个性的个人与偶然的个人之间的差别，不仅是逻辑的差别，而且是历史的事实。在不同的时期，这种差别具有不同的含义，……这种差别不是我们为每个时代划定的，而是每个时代本身在它所发现的各种不同的现成因素之间划定的，而且不是根据概念而是在物质生活冲突的影响下划定的。"② 责任不仅是一个理论问题，更是一个实践问题，而且只有落脚于社会实践责任的意义才能显现出来。我们无法离开个体的生活经验与具体的社会处境去谈责任。在这个意义上，我们需要结合社会条件的变化历史地看待个体的自由与个性。没有抽象的自由与个性，也没有绝对的自由与个性。责任公共性之社会性特质与个人之自由与个性的发展应该是统一的。

### 三 公共理性：责任公共性之依据

没有公共理性的支撑，责任公共性的实现就是妄谈。公共理性对责任的公共性具有主体性以及客体性价值。

#### （一）公共理性的内涵

理性历来都是哲学上一个重要且具有多重内涵的概念。就一般的意义而言，理性是人的最高层次的理智。"理性是人的能力，它的运行是主体的思维功能，它的结果是思维着的主体对外部存在的理智审定。"③ 在人类的活动中，理性既表现为思辨理性、工具理性的形式，又作为价值理性、实践理性、交往理性和伦理理性发挥着重要的作用。

---

① 《马克思恩格斯选集》（第4卷），人民出版社1995年版，第532页。
② 《马克思恩格斯选集》（第1卷），人民出版社1995年版，第122—123页。
③ 何颖：《非理性及其价值研究》，中国社会科学出版社2003年版，第31页。

无论以何种形式出现，理性总是内含着对象属性与主体性的双重含义。承载理性的虽然是个人，但是理性尤其是实践理性却具有普遍性与共通性，具有一种公共性。"理性所要求的这种普遍性，是以交互主体性（主体间性）的视域来考虑自我主体的行动。因此，实践理性的法则是一种交互主体性的法则，是一种需要得到相关主体共同承认或共同遵守的法则，"而且，实践理性"展现了自身的公共性，以自身的公共性达成一种公共的理解和共识"[①]。古希腊人将实践理性的公共性完全等同于政治，将之屈从于城邦之善；中世纪从上帝那里寻找理性之公共性根源；近代社会则从自然状态、社会状态、社会政治等契约理论入手，这一取向一直延续到当代社会对理性及其公共性的理解。

霍布斯认为在每个人都按照自己的本性而生活的人类最初生活状况中，孤独、贫困、卑污以及对暴力死亡的恐惧始终萦绕不去。摆脱这种悲惨的自然状态的方法就是依靠人类的理性，在自然法的引导下进入文明的政治社会。不过只有当人们完全按照理性行事时，自然法才具有约束力。一方面是企图占有一切事物的自然权利；一方面是靠内在维系的自然法，于是建立起一个强大有力的公共权力即国家就势在必行了。人们通过相互契约，把大家的意志变成一个意志。这一意志由于代表了众人的意志需要而具有了公共性，而这种公共性同时也是统治者的个人的真实意志。霍布斯选择用公共意志绝对服从政治权威的方式来消除这种担心。他期待着一个完美的政治权威，这个权威以实现和维护共同体和平与安全为最高的任务，他甚至把它称作"活的上帝"。但是统治者个人的主观性总是要掺杂到统治方式之中的，霍布斯最终能依托的就只能是对政治权威道德感的信心了。正如杰福雷·瑞曼所说："除非政治权威建基于道德之上，否则它无法赢得它的臣民的理性赞同。"[②] 这个政治权威作为公共理性的化身，具有对私人的偏好、意见和判断最终裁决权。

沿着霍布斯，洛克和卢梭分别走向了不同的方向。洛克一改霍布斯对人性的假设，但由于自然状态仍然具有许多缺陷和不便，人们还是需要通

---

[①] 龚群：《理性的公共性与公共理性》，《哲学研究》2009年第11期。
[②] Jeffrey Reiman, Justice And Modern Moral Philosophy, New Haven and London: Yale University Press, 1990, p. 35.

过订立契约来成立政府。政治权力就是为了规定和保护财产而制定法律的权利，是为了公众福利。洛克把着眼点放在政府对生命权、自由权和私有财产权的保障上，而且政府的权力要以公众福利为限，政治权力必然受到没有放弃全部自然权利的社会成员的监督与制约。卢梭则把自然状态说成是完美的，只是为了防止私有制加剧社会的不平等，从而需要自然人与自然人、公民与政府两次形成契约。第一次订约以结成社会共同体，社会共同体的意志就是公意。公意包含着每一个人的意志，因永远以公共利益为出发点和归宿而永远公正。第二次订约是要求政府作为执行公意的组织机构，政府的任何权力均不得违反主权意志，并必须接受公民的监督和控制。

霍布斯认为政治权力就是政治权威自身行动的一种表现，而政治权威在产生时就具有了正义性。政治权威一劳永逸地确保了自身的公共理性的功能，因此不存在对政治权力进行限制的问题。洛克倒是强调要对政治权力进行制约，但是其过度的自由主义倾向却实在难以调动公民公共理性的运用，这实际上也是当代社会公民缺乏积极参与政治热情的症结所在。卢梭高扬了人民的意志，政治权力的合法性来自人民的统一。这虽弥补了自由主义的缺陷，但是卢梭的公意在当代社会却面临着无法独立地建制化的难题。卢梭的公意"为现代民主制度的程序所制作、所形成。……即通过一定程序的讨论或决策机制形成的共识，表达着这个一般意志。它是所有参与者的理性共识。"[1] 这其实已经就是当代的公共理性概念。

康德也是在从社会契约理论入手，指出要以理性之法驯服人的动物性。"每个人根据他自己的意志都自然地按照在他看来好像是好的或正确的事情去做，完全不考虑别人的意见。因此，除非决心放弃这个法律的社会组织，否则，人们首先不得不做的事，就是接受一条原则：必须离开自然状态（在这种情况下，每一个人根据他自己的爱好生活），并和所有那些不可避免要互相来往的人组成一个政治共同体，大家共同服从由公共强制性法律所规定的外部限制。人们就这样进入了一个文明的联合体，在这其中，每人根据法律规定，拥有那些被承认为他自己的东西。对他的占有

---

[1] 龚群：《理性的公共性与公共理性》，《哲学研究》2009 年第 11 期。

物的保证是通过一个强大的外部力量而不是他个人的力量。"① 进入这一"文明的联合体"由此成为所有人的责任。政治共同体的合法性基础来自于人民的同意原则，因此验证政治秩序正当与否的方法就是将之交予人民去公开评论。"要是假定领袖不会犯错误或者是能够无所不知，那就把他说成是特蒙上天的启示而超乎人类之上了。因此，言论自由就是人民权利的唯一守护神，——但是须保持在尊敬与热爱我们生活于其中的体制这一限度之内，并通过体制本身也要促进臣民自由思想方式（而且各种言论彼此也互相限制，从而它们才不致丧失自己的自由）。因为要想否定人们的这种自由，那就不仅仅等于是（按霍布斯的说法）剥夺了他们对最高统帅有任何权利的要求，而且还取消了最高统帅——他的意志仅仅是由于它代表普遍的人民意志，才能对作为公民的臣民发号施令——有关他得以进行自我纠正（假如他愿意的话）的全部知识并把他置于自相矛盾的地位"。② 康德在《什么是启蒙运动》一文中更为清晰地将这一问题表述为理性的公开使用的问题。

罗尔斯在《正义论》中坦言其理论是继承卢梭与康德的契约论传统。罗尔斯假设了"无知之幕"的原初状态，以确保正义的原则是一种公平的协议或契约的结果。原初状态中的人都具有立约的基本能力，即善观念的能力和正义感的能力。罗尔斯后来进一步强调原初状态中的人就是契约论概念下的公民。在后来的《政治自由主义》中，罗尔斯发现不能仅仅从原初状态的推演中获得正义原则。在一个政治自由主义的政治框架中，每个人都可以自由选择自己的学说信仰。但条件是，这些完备性学说也必须是合理的。如何在各种各样合乎理性却又彼此不容的宗教、哲学与道德的完备性学说中寻求集体性共识，以一种独立于各种完备性学说的方式来建构一种政治正义观念，成为罗尔斯最大的难题。公共理性之理想的关键是"这一政治正义观念则建基于那些可以合乎理性地期待他人认可的价值，和每个人都准备真诚捍卫的观念上。"③ 可以说，罗尔斯的公共理性有着鲜明的自由主义民主政治的色彩。

---

① 康德：《法的形而上学原理》，沈叔平译，商务印书馆1991年版，第138页。
② 康德：《历史理性批判文集》，何兆武译，商务印书馆1990年版，第198—199页。
③ 罗尔斯：《政治自由主义》，万俊人译，译林出版社2000年版，第240页。

从限定的主题与领域出发，罗尔斯认为公共理性只适用于公共政治论坛，即立法者、法官或竞选公职的候选人等这样的公共权力的行使者。普通公民的公共理性则主要体现在投票选举代表、或就宪法根本和基本正义以外的问题进行投票的活动之中。罗尔斯对公共理性适用主体的限定与其自由主义的立场是一致的。民主社会中众多的机构、组织和社会团体所坚持和信奉的文化、价值和信念都是完备性学说，构成公共政治文化的现实背景。罗尔斯认为这些背景文化内部并不要求按照公共理性的要求来进行相互之间交流和讨论。

近代西方思想家提倡自由、平等、批判、开放与参与等公共精神，对反对专制、神性、愚昧具有历史的进步意义。尤其是他们运用理性来审视公民和政府、国家和政治权力的起源与合法性问题，可以说抓住了公共理性问题的核心议题。但是他们对公共理性的运用都没有离开假设的契约方法，说明他们还都没有走出大写理性的逻辑。包括康德在内，他赋予公共理性以批判的含义，将之与启蒙思想紧密相连。康德凸显出理性的自由辩论与公开批判，但是仍然走不出先验原则的窠臼。进入文明状态的人要共同服从由公共强制性法律所规定的外部限制，而法律必须要被看成是先验的必然，也就是，它们一般地来自外在权利的概念，并不是单纯地由法令所建立的。可是康德又说，"最严格的权利（法律）是最大的错误或不公正"。但是"这种祸害是无法用权利（法律）的形式去消除的。"[①] 那怎么办呢？康德将最后的方法归结为"良心的法庭"的裁决。而且，康德把公共理性的主体局限在具有学者身份（尤其是哲学家）的人身上，并没有明确地将之扩大到社会公众。

罗尔斯运用公共理性对政治正义问题的论证思路是根源于其自由主义的立场的。他一方面主张的公共理性只有在公民具备一种基本的共识之后才能发挥作用；另一方面又强调重叠共识要通过公民从各自所信奉的完备性学说出发来进行论证。罗尔斯试图让各种学说和意识形态避免就政治正义问题发生争执，甚至将重叠共识自身的道德真理性问题拒斥在政治哲学的大门之外。哈贝马斯就此评论道："我们不要误以为，哲学可以依靠基本共识，而这种基本共识在一定的前提下已经存在于自由主义社会当中，

---

① 康德：《法的形而上学原理》，沈叔平译，商务印书馆1991年版，第46页。

因而为理性的公用提供了一个平台。并非每一种自称是自由主义的文化都是这样。一种哲学如果仅仅从解释学的角度阐明什么是持存,它就失去了批判力量。"[1] 可见,罗尔斯的这种做法虽然在确保多元社会的秩序的稳定的同时,可以使社会中每个人都可以自由选择自己的学说信仰,但是也极易使理性丧失其自身应有的批判力量和公共向度。

综上所述,所谓公共理性就是指特定历史时期人们所达成的某种共识以及社会共同的价值追求。在当代社会,公共理性即指人与各种群体组织以自由平等的身份,在政治社会框架内,对公共事务进行充分合作,以产生公共的效果的能力以及对公平、正义的价值追求。

就意义而言,公共理性是维系政治社会公共生活的纽带。理性是人类最高层次的理智,但人却并不因此而仅仅成为一种纯粹的理性存在。人类同时也是一种具有感性生命的存在者,需要与他人共同生活在社会当中。马克思指出,人类进行物质生产的同时也生产着社会关系,改造世界的同时也完善着自身。随之而来的问题就是人们要以怎样的方式、遵循怎样的规范来维系这种公共生活,公共理性是政治社会公共生活得以维系的纽带。理性追求真理,却也并不泯灭对价值的关注。理性的内涵是丰富的,只是人类在运用理性的过程中有过对理性认知的偏颇而已。公共理性使人不满足于自我的原子化的生存,总要寻求某种有意义的生活,对国家、民族以及人类命运时刻关切。

就性质而言,公共理性始终是历史的产物。理性一般是作为人类的一种固有的基本能力是为人们所普遍承认的,但理性不单单是指人所具有的一种认识能力、推理能力和判断能力,还是实践的社会历史理性。"不管是人们的'内在本性',或者是人们对这种本性的'意识','即'他们的'理性',向来都是历史的产物;甚至当人们的社会在他看来是以'外界的强制'为基础的时候,他们的'内在本性'也是与这种'外界的强制'相适应的。"[2] 其实,从霍布斯到罗尔斯都没有基于现实历史与运用公共理性,他们将政治权力的合法性建立于原子式的个人的基础之上。社会契约理论将人还原为自然的、抽象的和无差别的人,在这种理论下建构

---

[1] 哈贝马斯:《包容他者》,曹卫东译,上海人民出版社2002年版,第114页。
[2] 《马克思恩格斯全集》(第3卷),人民出版社1960年版,第567—568页。

国家和政治权力的合法性，本身就需要论证。现实社会历史发展中的经济、生产与实践的概念几乎没有出现在这些理论的阐释当中。这实际上还是一种思想的独白。这实际上意味着自我的在场和他者的不在场。公共理性需要走出这种先验主体的独白，到社会现实的生活中去寻找国家和政治权力发生与存在的基础。

就层次而言，公共理性是一种共识，具有实然性。但是，公共理性更蕴含着一种价值追求，具有应然性。罗尔斯在解决合理的完备性学说作为背景文化却成为"判断的负担"的难题时，提出仰仗"重叠共识"在各种合理却又不容的完备性学说中寻求集体性共识。首先，重叠共识是政治性的，其目标不在于寻求个人美德与幸福。其次，重叠共识本身是一个道德观念，奠定在被人们所认可的道德的基础原则之上。重叠共识不是各团体之间任意的协议，也不是日常政治中各种现存利益的妥协。最后，公共理性对公平、正义的价值诉求，须以个体公民的同意作为基础，公民完全可以基于自身特定的完备性学说来寻求共识。重叠共识本身并不是一种完备性的学说，不是绝对真理。重叠共识是对各种完备性学说的尊重和民主。

作为追求"应然"的公共理性，其价值追求从古希腊的善演变到中世纪的上帝，一直发展到当代社会的公平与正义。公共理性不只是一种对建立在利益之上的权威共识的接受，也不只是对建立在相同基础之上的制度安排的共识的服从。所有认可该共识的人都基于其自身完备性观念所提供的宗教根据、哲学根据和道德根据来引出自己的结论。公共理性深层次的渊源来自于理性自身的分裂，这种分裂在罗尔斯那里用"合理性"和"理性"来加以区分。"合理性"关涉自我的范畴，涉及如何确定自己追求的目标以及实现目标的最有效的方式。而"理性"则意味着道义的至上性，关涉人如何进入公共世界并参加到与他人的交往关系当中。"无论是理性的，还是合理的，都不能离开对方而独立存在。纯粹理性的行为主体可能没有任何他们想通过公平合作来发展的他们自己的目的；而纯粹合理的行为主体则可能缺乏一种正义感，认识不到别人要求的独立有效性。"[①]"合理性"理念着眼公道，"理性"讲求互利。二者地位有所不

---

① 罗尔斯：《政治自由主义》，万俊人译，译林出版社2000年版，第54页。

同。"合理性"是在"理性"的理念背景下运用的。正是通过"理性",公民作为平等的人实现与他人在公共世界中的充分合作。公民是在"理性"约束下运用"合理性"的,只有推动公共世界中个体公民的善观念,才会有社会合作的立足点,公平、正义才成为可能。公共理性蕴含着对公平、正义的诉求以及对这些价值诉求的解释,通过这种解释,这些价值诉求体现在人们的公共生活当中。

就形式而言,公共理性不是理性的一个部分,而是理性自身的一种运用方式。它是有理性的个人参与讨论、相互协商,能够接受别人的意见并结合实践的检验,最终形成公共意见的过程。在罗尔斯看来,理性是个体、家庭、联合体、联邦等的理智能力和道德能力,这种能力就是社会行为主体能"将其计划公式化的方式,和将其目的置于优先地位并作出相应决定的方式。"[①] 公共理性是一个民主国家的基本特征。公共理性的形式和内容——公共理性为公民所理解的方式以及它对公民之间政治关系的解释方式,这些都是是民主观念自身的组成部分。也就是说,公共理性是理性关乎国家权力使用的一种运用。罗尔斯认为公共理性的运用应该限于宪法基本要素和基本结构的正义问题,具体分为两大类:一是规定政府之一般结构和与政治运行过程(包括立法权、执法权与司法权;多数人统治的范围)的根本原则;二是立法的大多数人所尊重的公民的平等之基本权利与自由,诸选举的权利和参与政治的权利、良心自由、思想自由和结社自由以及法规保护。尽管罗尔斯把公共理性局限为公民对宪法根本和基本正义问题的一种理性运用,但却正确地排除了作为私人身份的公共理性主体资格。

(二)公共理性对责任公共性的主体性价值

公共理性对责任公共性具有主体性价值,主要表现为其促进了责任主体公共责任意识与公共责任能力的提升。责任公共性是需要通过行为者对责任、尤其是公共责任的承担表现出来。责任主体的公共责任意识、责任认知与责任行为能力对责任公共性的发挥,具有非常重要的作用。

公共理性具有"为他"的特质,这种特质为责任主体提升自身的公共责任意识提供了伦理基础。公共理性不关注个人与群体的特殊利益,不

---

[①] 罗尔斯:《政治自由主义》,万俊人译,译林出版社2000年版,第225页。

满足于自我的原子化的生存，时刻以民族、国家甚至人类命运作为关注的焦点。公共理性始终诉求人类的共同价值，并通过解释将其体现在公共生活之中。公共理性对为我性和私人性的摒弃，是以对公共利益的关注为依托的，而责任主体承担公共性责任最基本的出发点就是对公共利益的关切。

公共利益是与私人利益相对的概念，但是，公共利益并不是私人利益的简单总和。公共利益不可以还原为私人利益。从斯密到曼德维尔都认为任何公共利益都可以还原为私人利益，"私人罪恶"可以向"公共福利"转变。马克思就此反驳道，"每个人追求自己的私人利益，而且仅仅是自己的私人利益；这样，也就不知不觉地为一切人的私人利益服务，为普遍利益服务。关键并不在于，当每个人追求自己私人利益的时候，也就达到私人利益的总体即普遍利益。"① 关键在于，从这种抽象的说法我们反而可以得出以下结论：在某种程度上，每个人都可能会妨碍到别人利益的实现，并可能由此产生一切人反对一切人的战争，那么其造成的结果就不是普遍的肯定而是普遍的否定了。由此可见，公共利益一定不是把私人利益简简单单相加就可以的。

公共利益是一种具有"公共性"的利益。受益主体不是某个具体的人而是普遍的公众，这是公共利益的非竞争性和非排他性。而且公共利益是不可分的。"公共利益所具有的数量不能像私人利益那样被划分，不能由个人按照他们的偏爱多要一点或少要一点"，"有许多个人要求或多或少的公共利益，但是如果他们都想享有它，那么每个人就必须享有同样的一份"②。但在现实中，一种公共利益的实现，往往是以其他公共利益和私人利益的减损作为代价的。因此处理公共利益问题时首先要遵循公平正义的价值规范。鉴于公共利益的特殊性质，一般情况下这种利益的实现主要依赖政府的公共职能。这也解释了为什么国家和政治合法性一直是公共理性思想史上探讨的主要问题。国家和政治权力要能够真正代表全社会的要求和权利，得到整个社会的认同，激起公民的热情与责任意识。

公共理性对责任公共性具有主体性价值，还体现在其促进了责任主体

---

① 《马克思恩格斯全集》（第46卷上），人民出版社1979年版，第102页。
② 罗尔斯：《正义论》，何怀宏等译，中国社会科学出版社1988年版，第266—267页。

公共责任能力的提升之上。公共理性是一种道德，一种价值，一种社会的政治理性。它是一种发现什么是真理的能力，但更为重要的，还是公民为公共利益申辩、建议并与他人公平合作的一种道德能力。即使是以绝对统治来论证国家政权的存在必要性的霍布斯，其初衷也是因为担心私人的偏好、意见和判断可能会对共同体稳定的造成威胁，尤其是对人类语言能力的担心。"动物虽然也能用一些声音来相互表示自己的欲望和其他感情，但它们却没有某些人类的那种语辞技巧，可以向别人把善说成恶、把恶说成善，并夸大或缩小明显的善恶程度，任意惑乱人心，捣乱和平。"[1] 康德十分注重作为一种能力的公共理性的运用。"启蒙运动就是人类脱离自己所加之于自己的不成熟状态"，脱离这种状态需要那种"自由的东西之中最无害的东西，那就是在一切事情上都有公开运用自己理性的自由。……必须永远要有公开运用自己更改的自由并且唯有它才能带来人类的启蒙。私下运用自己的理性往往会被限制得很狭隘，虽则不致因此而特别妨碍启蒙运动的进步。而我所理解的对自己理性的公开运用，则是指任何人作为学者在全部听从面前所能做出的那种运用。一个人在其所受难任的一定公职岗位或者职务上所能运用的自己的理性，我就称之为私下的运用"。[2] 这个理性的公共运用，不是一种在隐秘的私人领域中完成的个体行为，而是一种在公共话语中集众人之力的普遍行为。政治权力必须忍受公众尤其是专家、哲学家的怀疑、批判与意见。通过这种公共理性凝聚集体的力量，通过公开批判的方式获得辩论共识，以此达到启蒙民众的目的。

在公共理性的驱使下，个人以及多元群体主体，就涉及较大范围或全体关心的共同问题进行讨论和协商，并形成公共意见。如果说公平、正义原则是民主社会制定其宪法根本的核心理念，那么，公共理性就是民主社会的公民理性地、公开地检省宪法根本的基本方式。普通公民、非政治团体，哪怕是只具有松散性联系的各种协会和团体，都有权就公共问题进行对话、论辩。理性得以在此公开使用，这里主张的是公共理性批判精神。

（三）公共理性对责任公共性的客体性价值

公共理性对公共政治生活的发展具有促进意义，这体现了公共理性对

---

[1] 霍布斯：《利维坦》，黎思复等译，商务印书馆1985年版，第137页。
[2] 康德：《历史理性批判文集》，何兆武译，商务印书馆1990年版，第24—26页。

责任公共性的客体性价值。

公共理性是现实生活中的人的理性，不是先验的理性或是抽象的人的理性。公共理性来源于人类对现实生活的思考，同时又反过来指导着人类的实践。人的理性和活动的根源于社会物质生产，人们按照自己的物质生产率建立相应的社会关系，正是这些人又按照自己的社会关系创造了相应的原理、观念和范畴。离开具体的生产关系和生产方式的理性，只能是一种"无人身理性"。公共理性的集大成者罗尔斯，却把公共理性的缘起视为先验的。他预设和建构起一种政治正义观念，然后再交给现实政治生活当中的每一个成员，让其根据其自身所信奉的完备性学说来检验这一观念与原则的可接受性。在这一点上，哈贝马斯中肯地评价道："罗尔斯所说的'理性的公用'，前提是要有一个公共平台，也就是已经取得的政治共识。而只有在把他们各自不同的基本信念重叠起来之后，公民才能进入这个公共平台。"[1] 哈贝马斯认为罗尔斯只是用观察者的视角而不是用参与者的视角来考虑这个问题。作为观察者，公民只能从各自的内在视角出发去把握各自完备性学说的真值内涵。但是论辩是在现实中进行的，而且其后果要确确实实地影响人的实际利益。要对后果达成共识，最好的办法就是实际参与。"理想的观察者是作为一个孤立的主体来行动的，他从自己对世界和自身的理解出发来收集与评估信息。与此相反，公正的判断则必然依赖于对以下问题的回答，即所有参与者相互冲突的需要和利益是否得到了应有的承认，是否从参与者们自身的角度得到了考虑。"[2] 一旦采取参与者的立场，人们各自的实际需要与利益就要得到满足，公民接受政治正义观念的理由就肯定是非公共的。哈贝马斯由此推断重叠共识未必一定就会达成。"关键主要在于，在分散论证的最后一个阶段，……'你和我'从你的视角或我的视角出发认为是有效的，但'把所有的价值合计起来之后'，它就有可能遭到其他人的否决。"[3] 在哈贝马斯看来，罗尔斯的思路中缺少一个公正判断的道德视角以及严格意义上的理性公用过程，即正义的实质在于合法的民主程序。哈贝马斯对罗尔斯的批判是中肯的。

---

[1] 哈贝马斯：《包容他者》，曹卫东译，上海人民出版社2002年版，第99页。

[2] Habermas, Justfication and Application: Remarks on Discourse Ethics, Translated by Ciaran Cronin. Cambridge, Mass.: The MIT Press, 1994, p.48.

[3] 哈贝马斯：《包容他者》，曹卫东译，上海人民出版社2002年版，第107—108页。

我们在理解公共理性时，确实需要考虑商谈论辩的程序问题。

公共理性倡导公平、正义，而且要求程序上和实质上的公正。公共理性要求在公开讨论、辩论和论证中形成公共意见，公民间的唯一合理的关系是说服而不是暴力、强制或者灌输。从目的上看，公共理性以增进公共福利为价值目标。从研究的主题来看，公共理性不仅要关注宪法根本和基本正义的政治问题，与人们生活公共福祉息息相关的任何重大问题都应是公共理性关注的对象。公共理性要求人们对关涉人类生存与发展和人类福祉主题、尤其是当代社会中越来越严重的自然和环境以及代际发展等问题，展开对话与协商，促进了公共政治生活的生成与完善，从而为责任公共性提供依据。

## 第二节 责任重构的多重诉求

责任的重构是全方位的。就内容而言，责任理应包含底线责任、角色责任和公共责任三个层面，把握正确的责任评价尺度是区分这三个层面时需要重点研究的问题。就主体而言，不仅个人是重要的责任主体，更要强调群体责任主体对责任的践履，尤其是政府组织与公民社会组织对责任的践履问题。就客体而言，对自我负责具有一定的合理意义，但更要强调对他人、对社会、对自然的责任担当，对他者负责是理解责任真正含义的关键所在。

### 一 责任内容的重构

对责任内容进行重构，需要综合考量不同性质的责任以及同一性质的责任之间的关系。大致来讲，可以从底线责任、角色责任和公共责任三个层面对责任内容进行重构。

底线责任要求人不伤害他人，如不羞辱、不侵犯他人等。关注伤害，强调避免伤害的自然责任在中、西方社会中都有所体现，康德和罗尔斯等许多思想家都曾指出不伤害是与人身密切联系的自然责任。这种从反面来表述自然责任的首要内容的方式，乃是凸显某些行为对社会道德秩序的严重破坏作用。自然责任的这种反向表述的好处在于，诚如美国普林斯顿大学哲学教授J. 艾伦所言，"把规范的理论建立在日常生活概念之上，……

它不仅描绘出一种规范上的框架,还为社会和政治批判提供了概念工具。"① "不伤害"不仅是一种现实批判,对于改变现实还具有长远的社会规范意义。底线责任是对人最基本的一种责任要求,具有强制性。一旦违反,势必会受到一定形式的责任追究。

角色责任是由人与群体组织的社会角色所赋予的责任,依附于行为者的具体角色之上。每一个人在社会中都是多重角色的统一体,承担着多种多样的角色责任。在狭义上讲,角色责任主要指个人层面之间的相互责任,比如对亲属的责任、对家庭的责任、对领导的责任等等。从广义上讲,角色责任还包含每个人作为国家的公民而承担的公民责任。但这一层次的角色责任已经涉及公共责任的问题了。

公共责任是人与群体对社会责任、对政治责任积极主动的承担。就内容而言,包括保护弱者、互相帮助、互相尊重、维护公共利益等责任。公民、其他从事政治活动的人以及社会公共组织、政府是公共责任最主要的物质承担者。公平、正义、民主、法制是公共责任的价值指向。消除贫困、公共利益的合理分配以及通过协商民主达成共识,这些是公共责任的最主要研究主题。

从底线责任、角色责任与公共责任的关系来看,底线责任是角色责任和公共责任的根源;角色责任是底线责任和公共责任的具体化。一个人承担角色责任,根本原因在于这种责任终究是人应该承担的责任。底线责任和公共责任是"人人有责",但在现实中很有可能就会造成"人人无责"的情况。社会学中把这情况称之为"责任的弥散"。正是为了避免在履行底线责任和公共责任时的"无主"状态,就需要将之转化为"有主"责任,把不同的底线责任落实到不同的个人以及由个人所结合而成的群体身上。这种责任就是角色责任。角色责任是底线责任和公共责任的具体化、专门化或者引申。

对责任内容进行重构,就不得不涉及不同性质以及同一性质不同具体类型的责任之间冲突的问题。归根结底的意义上,责任冲突的根源在于责任主体多重身份的利益冲突。无论发生怎样的责任冲突,我们都要把握两

---

① Jonathan Allen, "Desency and Stuggle for Recognition", Social Theory and Practice, 1998, p. 449.

条原则。首先，底线责任是更具道义力量的责任，不能忽视角色责任、公共责任背后蕴含的底线责任。无论任何时候，保护人的生命与尊严都是人应当承担的最首要的责任。即使是追求公平、正义、民主的公共责任，也不能以此为借口抹杀个人的生命与尊严。但是，随着社会的发展，底线责任与公共责任理应具有一致的价值追求。我们很难想象一个不关注人的生命与尊严的社会，会去关心公共责任的承担问题。其次，当代社会中比较常见的是角色责任与公共责任的冲突，如何理顺二者的关系已经成为需要深入思考的一大难题。角色责任的效力在于维持责任主体最低的行为标准，而公共责任讲求对他者负责、对社会负责、对我们生活于其中的世界负责，甚至对与我们"未曾谋面的子孙"与未来负责。更为重要的是，责任越来越角色化和纪律化，这会使责任趋于工具化，从而丧失本应具有的公共性、道德性与价值性。"大多数功能专门化的行为要么在道德考验上掉以轻心，要么就是对道德漠不关心。当行为不再受道德忧虑的阻碍时，就可以在清晰的理性基础上来对行为作出判断了。"[1] 当代社会管理体系到处充斥着规则、纪律与所谓的价值中立，责任越来越成为"实用"的代名词。因此，在角色责任与公共责任的冲突中，最为关键的一条就在于绝对不能过度强化角色责任而忽视公共责任。

区分责任内容的不同层次是必要的，我们不能把底线责任、角色责任与公共责任混为一谈，尤其不能把角色责任置于绝对优先的地位。否则，社会中就会盛行忠诚、义务、纪律等朝向上级的责任：我服从意味着我是负责任的，同时也意味着我是道德的，由此责任成为不断转移和推脱的漂浮的责任。在此意义上，把握正确的责任评价尺度是更为关键的。

## 二 责任主体的重构

一般来讲，责任主体有个人责任主体和群体责任主体这两种基本形态。在对个人责任主体重构的同时，突出群体责任主体对责任的履行与承担。

### （一）个人责任主体的重构

个人是责任主体最基本的形态，对其进行重构意味着对个人主体提出

---

[1] ［英］鲍曼：《现代性与大屠杀》，杨渝东、史建华译，译林出版社2002年版，第277页。

了多重要求，尤其体现在对个人主体承载的责任内容的要求之上。个人责任主体决不能仅仅是谋求个人的特殊存在和特殊利益，而要自觉地把对他者的责任、对社会的责任担当作为自己责任行为的主要动机与责任评价的主要依据。换句话讲，个人主体需要走出"私人"的限制，自觉地承担自身的社会责任与政治责任。

就人的责任主体重构而言，如何把握和处理个人责任与群体责任的关系是非常关键的一个问题。

从宽泛的意义上讲，任何个人责任与群体责任的关系主要体现在个人主体性和集体主体性的关系之上。当群体中的个人都处于不成熟状态时，虽然群体主体此时是最稳定，但也是最缺乏反思精神和理性批判意识的。当群体中个人的主体性较为成熟时，如果在价值指向上与群体目标较为一致，那么个人的主体性就与群体的主体性成正比关系；反之，如果个人与群体之间以及个人之间的价值目标相互冲突，就会减弱群体的主体性。只有群体主体积极主动地寻求成员对群体公共目标认同的途径，使个人之所欲即为群体之所欲，群体才有可能成为一个群体主体。这样的群体主体才有可能积极能动地履行自己的责任，追求自己的目的，并承担群体责任。

在对个人责任主体与群体责任主体之责任关系的把握上，最基本的原则就在于不要走向极端。

首先，不要把个人责任绝对化。唯有个人才是责任的主体，这是责任思想发展史中一种占有主导地位的责任倾向。这种认知是有一定的道理的。相比较群体责任主体而言，个人责任主体的责任是非常明确的。作为个体的人，不管是出于自己的良心、社会角色要求还是人之为人的资格要求，都要为依据自己的意志自由作出的行为承担相应的责任，这是确定无疑的。

我们看到，人们确实在要求群体责任主体承担责任后果时遇到了许多实际的困难。但是，随着当代社会组织发展中结构越来越复杂、规模越来越大、功能越来越多样化，责任不明的现象已经越来越明显。特别是当把视角扩大到国际社会和全球视野中时，如何使对自然和对社会的责任承担有效地落实在国家、政府以及其他各门、各类、各级群体与个人身上，这已经是一个需要日益重视和深入探讨的问题。

## 第四章　责任的重构及其意义

个人责任绝对化很容易造成一些责任误区。如果个人过分地强调个人责任，希望通过这种方式体现自身的价值，就会造成各种负面效果。领导的"一言堂"很容易造成公共决策的失误；过分突出自我的个人责任，可能会使真正应该承担责任的人逃脱惩治，甚至使群体很容易以此为借口把责任都推到个人身上，牺牲个人来保全群体的利益。在雅斯贝尔斯那里，谈有别于刑法罪过的政治罪过，就是为了防止原本无辜的成员被强迫分担集体罪过。更为严重的是，个人长期过分强调个人对责任的履行与承担，久而久之会形成思维与行动的惯式。这种习惯性倾向是十分危险的。一旦形成过分个体性的意识，就极易从负责任的一端滑向别人为我负责的一端，从而忽视甚至是拒斥他人、群体这些他者在责任关系中的存在。

其次，我们也不能把群体责任绝对化。这不仅容易造成个人对群体的冷漠情绪，更关键的是个人可以以群体压迫为借口为自己应承担的责任开脱。现在似乎可以在越来越多的人的身上找到阿伦特笔下的"艾希曼"的影子，他们以服从作为责任的全部内容。面对"集体作恶"的情况下，人更容易倾向于选择沉默。"做"就是"思"，而且"思"的是如何利用群体的规则与条文铺就自己仕途的宽阔大道。道德、政治甚至法律责任都已不在话下，更谈不上根本无法与自己抗衡的他者了。阿伦特在"集体责任"、"独裁统治下的个人责任""代理者：沉默有罪"等文章中极力指认个人必须对群体之恶负有责任，即使个人并未直接参与其中。"我必须对我没有做的事情负责，我有责任的理由是我是一个群体（集体）的成员，即使我的非自愿行为也不能免除我的成员资格，因为成员资格根本不像商业伙伴那样能任意解除。"[①] 个人是各种职位的具体执行者，个人的沉默就是默许、个人的服从就是纵容、个人的无反抗就是支持。替人受过的罪过感是无病呻吟、自我欣赏，就是对群体和社会不正义的间接推动。

个人责任主体与群体责任主体关系的普遍异化，既有个人的问题，也有制度的缺陷。在现代政府管理体系内，细致入微的职位分工和权力等级

---

[①] James W. Bernauer, Explorations in the Faith and Thought of Hannah Arendt, Boston: M. Nijhoff; Hingham, MA: Distributors for the U. S. and Canada Kluwer Academic Publishers, 1987, p. 45.

的划分使得行为过程划分为诸多的功能任务。"设计"和"执行"之间并不直接衔接,公务人员经常面临着无法将行为的过程与最终结果联系起来的状况。行为本身的性质和意义都会因此而变得模糊不清。责任在群体与个人之间、设计者和执行者之间、上下级部门之间相互推诿、淡化直至湮灭。这种责任制度的缺陷比个人不负责任更具破坏力,也更加恐怖。群体往往会以"公共利益需要""从大局出发"或政治忌讳的借口,使不同的声音消声,包括个人在内的他者成为被所谓"大局"忽略的边缘地带。这就是阿伦特所说的"集体的自我欺骗"与"集体失忆","是整个黑暗故事当中最黑暗的一章"①。诚如阿多尔诺所言:"从奥斯维辛开始,恐惧死亡意味着恐惧某种比死亡更糟的东西。"②阿伦特用"行政屠杀"的概念来表达这种比个人死亡更糟的东西。艾希曼的罪责是一个普通人在极权主义政治体制下的罪责;犹太领导人自身也要对纳粹罪行承担相应的责任。从某种意义上说,以色列政府有把对战犯的审判功利化之嫌,试图通过审判来为犹太复国主义制造声势。

个人责任主体与群体责任主体关系,其异化原因的双重性决定了个人责任与群体责任的统一,既不能单纯地依靠个人的反思,也不能完全依赖于对制度的完善,而是应该把二者结合起来。

个人的反思就是我与我自己的对话。在他人眼中,我是具体的完整的个体,否则我就无法被他人所辨认。但是对自我而言,"我"总是分裂的,一个是经验的我,一个是对经验的我的反思即内在的他者。内在的他者是对"我"的原初的分裂。每一个真正思考着的人,其心智均有一种自反的倾向,也就是说,我总是我审视的对象,所以总是对自我进行反思。当我们说出"我是"时,只要我是有意识的,这也就意味着我意识到另外自我。苏格拉底坚称自己听到"神"的指示,这个"神"并非来自外在,"我只是说神明的声音向我显明,指示我应该做的事罢了"③。意识到自我的"我"必然是合二为一的。只有承认内在的他者,个人才有可能生成对外在他者承担责任的意识,进而成为责任的主体。

---

① Hannah Arendt, The Origins of Totalitarianism, Cleveland: Meridian Book, 1958, p. 104.
② 姚大志:《道德证明与现代性》,《吉林大学社会科学学报》2002年第1期。
③ 色诺芬:《回忆苏格拉底》,吴永泉译,商务印书馆1984年版,第191页。

对于责任的承担而言，反思的力量虽大，但却不是无所不能的。我们首先强调反思是一种基于道德和良知的反思，而非计算化的理性反思。否则，个人责任主体与群体责任主体关系就会加深而不是规避异化。在终极意义上，反思依托的还是私人的、内心的尺度。我们必须承认，如果责任只朝着个体性的方向发展就可以自行完善，那就不会出现当下责任漂浮的社会文化危机了。这不仅是个人"无思"的结果，更体现了责任为我性与责任我为性、道德责任与法律责任、个人责任与群体责任，也就是责任个体性与公共性之间关系的分裂与异化。个体生活与公共政治生活的和谐，需要对社会责任、公民责任的积极担当，需要一个保护这种责任履行与承担的社会氛围与制度机制的建设。

（二）群体责任主体的重构

个人责任主体的一厢情愿是无法把握这个诸多领域与过程相交叉的世界的。"'我'将被'我们'、整体以及作为整体的高级行为主体所取代，决策与行为将'成为集体政治的事情'。"[①] 随着社会的发展与进步，群体责任主体已成为当代社会极为重要的责任主体形态。如果只是承认个人自我的主体地位而忽视其他个人的责任主体资格与能力，抑或是无视群体的责任主体，就势必会导致责任公共性的缺失甚至陷入"唯我论"的困境之中。尤其是当代社会深处责任漂浮的危机之中，关注群体形态的主体在责任关系中的重要作用，就愈加显现出切实的意义来。

1. 政府组织

政府组织的责任践履成为我们关注的焦点，不仅在于政府组织在现实社会生活中所占据的重要地位，还在于其所具有的多重责任主体身份与复杂的责任关系。当代社会是以工具理性为基础形成的个体化和分化的社会，同时，它又是一个以政治国家形式组织起来的政治社会。对人类社会和国际社会来讲，一个国家及其政府组织是一个独立主权的个体主体；对于一个政治国家而言，政府组织又可以说拥有最高主权的群体主体。对于政府组织整体来讲，政府具体部门及其公务人员具有一种个体性的意义，但是社会公众又将之视为政府这一群体组织的化身。就此而言，政府组织具有极为特殊和重要的多重身份。政府组织以承担公共责任为本质，同时

---

① 郭金鸿：《道德责任论》，人民出版社 2008 年版，第 76 页。

自身也是一个利益实体。政府组织的责任践履,直接影响着政府这一当代民族国家中最为主要的群体组织的功能的发挥,进而影响着社会良性秩序的建构,在终极意义上也影响着生活在社会中的个人的生存状态。也正是基于以上考虑,政府责任一直是政治哲学视角下责任反思的主题。

在最根本的意义上,政府必须以公共利益为旨归。政府组织依法拥有国家公共权力,作为国家公共政治组织形式承担着为社会及其公民提供公益物品和服务的责任。作为国家公共权力的承载者,政府组织总是以公共利益的名义为行动辩护和寻找合法性。对于政府组织而言,应该将明确表达和实现公共利益作为自身建设的主要依据。但是我们也要承认,当前政治发展中存在着亟须解决的现实困境,如公共事业发展极其有限,公共服务短缺与失衡,公民权利存在理论与现实的巨大落差等。一般而言,政府组织是我国国家权力在社会领域的代理者。从与公民的关系来看,政府组织传统上一直扮演着积极主动的角色。相比较而言,公民一直处于受动的被管理者地位。政府组织与公民权利的博弈往往处于非均衡性的状况之中。政府组织掌握并行使着国家赋予的公共权力,承担着处理公共事务、维护公共秩序、增进公共利益的主体角色。但政府沿袭"官"本位的行政理念,对公民采取指令式和统治式的管理方式。政府组织通过各种手段以获取公民的服从,这些手段包括说服、强制以及暴力等。其实政府的权力是来源于社会共同体成员的公共意志或某种形式的认可的,由此公共权力形成一种公共权威力量。问题在于由于政治、经济、社会以及历史文化的多方面影响,权力主体在具体的权力执行过程中总是有所偏差。长期以来政府组织一直扮演着"全能者"的角色,控制着社会生活的各个层面,机构与人员臃肿、效率低下、能力弱化以及非规范化行为的现象在我国基层政权中尤为严重。政府组织与公民权利博弈的非均衡性成为我国政治建设的一大瓶颈与顽疾。我国政府组织在制度安排和实际运作过程中是一体化结构,关键岗位的政府成员一般都是党员,甚至是党委委员。在实际的公共决策中,党委和政府是绝对的主导,人大主席团作用虚化,民间团体组织更是被边缘化。加之我国历史文化传统中组织人格化的影响,公民往往会把某政治组织与机构、该组织与机构的某一管理职位以及具体任职者等同视之。这直接导致我国国家治理中的两极分化状态:一极是政府组织中党政权力纵向与横向的高度一体化;另一极是公民各项政治权利意识的淡薄。从现实来看，我国教育、卫生、文化等社会事业和基础设施建设发展相对迟缓，尤其表现在农村基层。有统计数据显示，当前农民在农业技术、农产品经营以及医疗卫生保健等基本生活与生产方面，基本上以农户自己解决为主，县农技推广站或乡农技站、县乡卫生医疗机构等组织或机构发挥的作用十分有限。这说明一方面我国还没有形成较为完善的民间专业协会以及服务组织体系；但是另一方面也表明政府组织一些重要公共服务的严重缺失或者被削弱，这是我国发展中最薄弱的环节。公共需求的全面快速增长与公共服务不到位、基本公共产品短缺已经成为我国社会转型的一个突出困境。随着权利意识的提升以及民主政治的发展，广大公民越来越意识到国家政权应该在执政过程中更多地考虑公民权利的实现，越来越意识到自己不仅是政府权力的管治对象、更是国家服务的对象。实事求是地讲，在现实生活中公民权利理论与实践之间有着巨大的落差。这种落差直接导致广大公民难以仅仅依靠自身的法定权利与政府组织实现有效的博弈。

有效解决以上问题客观上要求政府必须以公共利益为旨归，政府组织必须把公共理性作为执政依据。政府组织要时刻谨记自身权力的来源，解决好是"为自己执政"，还是"为人民执政"的问题。中国是一个有着几千年的农业文明传统和沉重的传统日常生活结构的国家，广大农民根深蒂固的平面文化模式是公民权利弱化的深层历史文化与社会根源。从主体角度来看，直到今天，中国仍然没有成为一个具有"现代性"本质的社会，还是一个农本社会、一个以血缘为纽带的宗法社会。在以理性、法治、主体性为本质的市场经济建构时期，当前中国社会盛行的却是经验、人情和无主体的平面文化模式。中国正处于农业社会向工业社会过渡进程之中，在这样一种社会发展阶段的时空背景下，政府组织要把公共理性作为自身的执政理性，把执政的对象牢牢地锁定在广大人民尤其是农民身上。但我们却过早地看到了这种理性精神内在地价值分裂以及由此导致的政府组织与公民权利的冲突与矛盾。就其根本，无非是一个"利"字当头。政府组织及其相应公共服务机构自利化和营利性倾向严重，公共权力组织及其人员将执政理性退化为工具理性，把自身利益而不是公共利益放置首位。往往通过摊派、罚款或者收费的方式来解决基层财政短缺的窘境。"国家财政收入的增加与地方上无政府状态是同时发生的，换句话说，即国家对社会的控制能力低于其对社会的榨取能力,国家政权的现代化在中国只是部分地得到实现……这种既有成功又有失败、税收增加而效益递减的奇怪现象",即"没有实际发展的增长"[①]。加之国家处于转型期,实施"城乡分治、一国两策"以及"分税制"等制度、措施与政策,导致政府组织在提供公共服务、建设公共事业上严重缺位。在市场经济建设中,政府十分强调对市场资源配置的初次分配责任,但对再分配中自身职能的发挥与责任的职责却相对忽视,这极易导致部分社会弱势群体的基本权利受到压抑,并在市场配置资源中处于弱势。从某种意义上说,正是由于广大公民各项权利难以落到实处、政治参与和监督能力的匮乏,才使得一些政府组织在执政过程中的种种失范行为一再得逞。这种状况如果不能得到改善,其带来的危害是十分严重的。它不仅导致人民对政府组织信任感的降低,长此以往,甚至有可能会使政府组织的合法性受到质疑。保持政府组织与公民权利之间的适度张力,在思想中和实践中把握执政为民而不是执政为"己"的公共理性,这业已成为当前我国政权建设的一项重要任务。唯有政府组织与公民都基于公共理性进行良性互动,保持政府组织与公民权利之间的张力,国家与社会之间才能实现和谐发展。

如前所述,公共理性是对理性的一种公共运用,指各种社会行为主体(国家、政府、政党、社会组织、个人等)以公正的理念和自由平等的身份,在政治社会框架内,对公共事务进行充分合作,以产生公共的、可以预期的效果的能力。公共理性最重要的理论特质是公共性。从表达的理念来看,公共理性倡导公平正义。不仅要求程序上是公平正义的,而且要求实质上的公正;从目的上看,公共理性以增进公共福利为价值目标。公共理性的核心就在于对公共利益的关切。"公共利益所具有的数量不能像私人利益那样被划分,不能由个人按照他们的偏爱多要一点或少要一点。""有许多个人要求或多或少的公共利益,但是如果他们都想享有它,那么每个人就必须享有同样的一份。"[②] 鉴于公共利益的特殊性质,一般情况下这种利益的实现主要依赖政府的公共职能。这也解释了为什么国家和政

---

① 杜赞奇:《文化、权力与国家——1900—1942年的华北农村》,王福明译,江苏人民出版社1994年版,第66—68页。

② 罗尔斯:《正义论》,何怀宏等译,社会科学出版社1988年版,第266—267页。

治合法性一直是公共理性思想史上探讨的主要问题。国家和政治权力要能够真正代表全社会的要求和权利,得到整个社会的认同,激起公民的热情。有鉴于此,牢固树立执政为民的理性意识,这是政府组织与公民权利良性博弈之前提。

由于肩负着增进公共利益和公众福祉的巨大责任,政府组织以暴力机器为后盾使自己具有普遍的约束力、权威性或强制力,并需要"一种精心设计的责任结构以确保以公民名义行事的人为公民的利益付出最大的努力"[1]。现代民主国家一般采取三权分立的方式来使政府及其公务人员相互制衡、相互监督,但现实的效果往往并不尽如人意。这"精心设计的责任结构"使政府组织越来越重视效率、重视手段的合理性。卡尔波·普尔指出政府"尽管是必要的,但却必定是一种始终存在的危险或者一种罪恶"[2],因此必须寻求他者力量的制约。在这种意义上,政府组织与公民权利良性博弈之公共理性路径问题不仅是一个理论的逻辑清理问题,更是一个现实社会问题。公共理性路径的形成和培育有赖于社会公共领域的发展和公共政治生活的奠基。实现政府组织与公民权利的良性博弈,离不开二者良性互动的保障机制的构建与资源配置的规范机制。政府组织、公民尤其各种社会群体组织等多元主体互动的政治民主化、社会自治化是公共理性良性发展的必要保证。哈贝马斯强调只有在公共领域中才能使"像公共意见这样的事物能够形成。公共领域原则上向所有公民开放。公共领域的一部分由各种对话构成,在这些对话中,作为私人的人们来到一起,形成了公众。那时,他们既不是作为商业和专业人士来处理私人行为,也不是作为合法团体接受国家官僚机构的法律规章的规约。"[3] 公共领域不是一个压迫、灌输与专制的场所,而是一个对话、论辩、宽容与尊重的非强制性地形成公共意见的领域。理性得以在此公开使用,这里主张的是康德启蒙意义上的理性批判精神。某种意义上说,公共领域与国家的

---

[1] [澳] 休斯:《公共管理导论》,彭和平等译,中国人民大学出版社2001年版,第264页。

[2] [英] 波普:《猜想与反驳——科学知识的增长》,付季重等译,上海译文出版社1986年版,第499页。

[3] 哈贝马斯:《公共领域》,载汪晖、陈燕谷主编:《文化与公共性》,生活·读书·新知三联书店1998年版,第125页。

公共权力是相互对立,但它也不就此等同于充斥市场交易的私人事务的市民社会。公共领域以对国家和政府公共权力的批评为主旨,是使公众监督和制约国家活动的公共空间。培植这样的公共领域,对提升广大农民的权利意识与能力具有难以估量的意义。不可否认,市场经济的迅速发展必然带来阶级、阶层的分化和利益的多元化与冲突,民主协商与妥协已经成为现代社会解决矛盾的根本方法之一。"妥协是政治的灵魂。"[①] 国家公共权力的行使不再是政府及其公务人员的专利,而要诉诸公众讨论、协商、共同认可而形成共识、公共规范、公共意志。在政府组织与公民权利的博弈之中,一定要避免公民已沦为失语的"观众"。积极促进政府组织执政为民意识,建设公共秩序与公共领域,发挥公民主体性作用,这是实现政府组织公共权力与公民权利之间相互角力的有效公共理性路径。广大公民、国内各种非政府组织、公共媒体甚至是国际上各种公共组织、其他主权国家等,都属于具有监督、制约的资格与能力的他者范畴。

政府组织应该在公平、公开、公正的理念指导下勇于承担道德、法律和政治责任。政府组织的道德责任指政府应履行的道德义务以及违反此义务时所应承担的后果,如道义谴责、公开道歉、召开协商会议、失信补偿、引咎辞职,等等。政府组织应该具有更强的自律性,积极履行保护环境、保护自然、尊重人权、保卫世界和平与本国安全、廉洁守法等道德责任。政府组织的道德责任,无专门评价机关,多由新闻媒体与公众舆论引起。政府组织的法律责任是指其在执行公务的过程中,由于违法或行为不当而侵害了相对人的合法权益,由此承担的法律后果与赔偿责任。法律责任的追究履行责任自负原则,即按照权利大小、责任大小分级分类地进行追究。政府组织的政治责任是指其在宪法精神和原则的指导下,负有维护国家安定、发展和秩序的责任。政府的行为应合乎人民的利益与需要,决策应合乎人民的意志和利益。这种政治责任具体表现为制定和履行符合民意的公共政策。一旦因其决策失误或没有履行好这些职责而有损国家和人民的利益,政府及其相关部门、公务人员就要承担相应的责任后果。这种谴责和制裁的否定性后果也就意味对继续行使公共政治权力资格的丧失。政府及其各级部门实行首长责任制,即首长不仅对自己的行为要承担行政

---

① 阿克顿:《自由史论》,胡传胜译,译林出版社2001年版,第165页。

责任,而且对下属的行为承担连带的政治责任。对政府组织而言,法律责任是道德责任的底线,反之亦然。法律责任约束政府及其公务人员私人性的一面,而道德责任张扬其公共性的一面。政治责任与是否违法无关,只是关系到政策是否失误,但却与道德责任有融合的趋势。从追究的顺序上讲,政治责任优先于法律责任和道德责任。

2. 公民社会组织

公民社会组织的发展与公民社会的演变息息相关。在古希腊,公民社会大致指代人类的政治社会,不过众多古希腊哲学家却从未提出过明确的概念。中世纪虽然从政治、经济等各方面为公民社会的发展做了必要的准备,但那时"人民的生活和国家生活是同一的"[①]。黑格尔将公民社会称作"市民社会",把"市民社会和政治社会的分离看作一对矛盾"[②],明确将政治国家和市民社会区分开来。黑格尔指出,市民社会是一个社会成员依以私人利己目的为纽带的自主进行经济和社会交往活动的私人自主领域。"利己的目的,就在它的受普遍性制约的实现中建立起在一切方面相互依赖的制度。个人的生活和福利以及他的确立的定在,都同众人的生活、福利和权利交织在一起,它们只能建立在这种制度的基础上,同时也只有在这种联系中才是现实的和可靠的。"[③]黑格尔将市民社会理解为经济交往的"需要的体系"。当代社会中市民社会是一个与市场经济存在内在关联的社会领域,大量个人和群体从对血缘和地缘的依赖关系中脱离出来而成为独立自主的个体。市民社会作为私人自主领域与国家所代表的政治权力领域,共同构成当代社会结构的两大基本领域。

对于公民社会和政治社会的关系,亚当·斯密式的绝对自由主义和黑格尔式的国家至上主义形成两种鲜明的对比。斯密认为自发的市场交往体系本身具有合理性,"事实上,总的来说他既没有打算促进公共利益也不知道他促进的程度……在这方面,同其他方面一样,他受无形的手的驱使促进一个目标的实现。这一目标根本不包括在他的意图之中,在追求自己

---

① 《马克思恩格斯全集》(第1卷),人民出版社1956年版,第284页。
② 同上书,第338页。
③ 黑格尔:《法哲学原理》,范扬等译,商务印书馆1961年版,第198页。

的利益时他经常促进了社会的利益,而且比他真的打算促进社会利益时更有效。我从没有听说那些假装为公共利益而经商的人做出过什么有益的事。"① 由此公民社会和政治社会的矛盾可以通过市场体系这只"无形的手"自然地得到解决。黑格尔则指出,市民社会是由利益的相互需要而结成的联合,这种联合是不稳定的和脆弱的。但黑格尔解决矛盾的方式却走向另一个极端,用国家伦理替代公民精神,认为"国家是伦理理念的现实"②。这实质上是在为现代资产阶级国家与政府的合法性奠定理论的基础,是一种脱离实践和社会历史生产的思辨的思维。

马克思一再指出,不是国家决定市民社会,而是市民社会决定国家。"政治国家没有家庭的天然基础和市民社会的人为基础就不可能存在。"③ 它们是国家的必要条件。历史经验和社会现实证明,国家和政府自身作为一个利益主体,具有自我扩张和自我谋利的性质。尤其是现代政府组织基本上都以工具理性为依据构建自己的管理体系,从而使自己处于各种利益汇聚与冲突的焦点之上。"很明显,在 20 世纪,一种持异议的公共政治思想传统的复苏决非事出无因。它必须被看作 19 世纪晚期以来官僚制度化普遍发展的结果,特别是对官僚主义的社会机构和国家权力机构之间的阶级合作关系引人注目的发展表示不满的一种反应。"④ 政治权力必须得到制约,而且如前所述,最为有效的制约力量往往不在其利益链条之内。承担这一重任的就只能是与国家构成结构性关系的独立领域即市民社会。市民社会以个人的政治权利和经济权利为基础,形成一种新的社会整合机制与政治国家所代表的政治性的公共权力领域进行对抗。

传统上人们习惯于把市民社会仅仅理解为一个经济体,把"直接由需要决定的关系"即经济交往关系看作是在这一经济体中结成的封闭关系与孤立活动。但在马克思看来,市民社会还包含那些不直接由需要决定的关系,包括处在政治国家之外的社会生活的一切过程和方面。"当今的

---

① Adam, An inquiry into the nature and causes of the wealth of nations, New York: The Modern Library. 1937, p. 423.
② 黑格尔:《法哲学原理》,范扬等译,商务印书馆 1961 年版,第 253 页。
③ 《马克思恩格斯全集》(第 1 卷),人民出版社 1956 年版,第 252 页。
④ [英]基恩:《公共生活与晚期资本主义》,马音等译,社会科学文献出版社 1999 年版,第 181 页。

市民社会并不是一个单一的构成体，而是一个多层次的复合体。作为市场社会中的私人领域，它由家庭、需要的体系和公共领域三个不同的部分构成。这三个不同的部分是市民社会的三个不同的层级。"[1] 可见，公共领域这一层级超越了个人市场行为的单纯功利性要求，把活动的目的直接指向公共利益的维护、公共理性的建构以及公共伦理的生成。这一层级才是公民社会的实质所在。

公共领域是伴随公民社会而出现的。按照哈贝马斯的描述，现代公民社会的生成首先发端于文学领域之中。资产阶级知识分子以及一部分王宫贵族，经常在咖啡厅、戏院以及各种沙龙等场合中对文艺进行评论，后来又逐渐将讨论的议题转向政治、经济等社会公共事物。随着书报检查制度的废除以及印刷业的发展，书籍和报刊迅速进入人们的世俗生活，在提高大众素质和批判能力的同时，又为提供社会公共事物的讨论进一步提供了工具。某些社会势力为了影响政府当局的决策以获取最大利益，也开始求助于具有批判意识的公众。公民社会作为公众公开讨论公共事务的平台得以孕育和发展，正是在讨论和批判的过程中，公众理性思考的能力得到培养和锻炼。尤其是当国家和政府将媒体作为其发声器时，公众作为一个阅读群体越来越认识到"自己是公共权力的对立面，意识到自己是正在形成当中的资产阶级中的公众，……作为私人聚集以迫使公共权力在公众舆论面前获得合法化的场所"。[2] 由此作为一个直面国家并拥有自主权的社会领域宣告诞生。可以说，公民社会不是一个纯粹的语言学领域，而是一种历史性和现实性的存在。当代社会中私人利益之间、私域与公域之间、责任为我性与责任我为性以及个人责任与集体责任之间，冲突交织出现且不断变换新的形式。当代公民社会正是在这些频频出现的危机中形成和发展起来的。

公民社会组织是公民社会最主要的结构性要素。公民社会存在的意义在于，超越"私"的局限，以社会的共同利益为基础，以公民和群体组织为依托来表达社会的共同意志。首先，公民社会组织是非政府的合法社会组织。与政府组织不同，公民社会组织一般不以国家强制作为后盾。而且，公民社会组织一般也不以谋取政治权力和经济利益作为价值取向。成

---

[1] 王新生：《市民社会论》，广西人民出版社2003年版，第75页。
[2] 哈贝马斯：《公共领域的结构转型》，曹卫东等译，学林出版社1999年版，第22—24页。

员之间是平等自愿地结合在一起，通过民主的方式开展组织活动。其次，就具体形式而言，公民社会组织一般表现为慈善组织、志愿组织、工会等经济性团体，学会等社会性团体等形式。公民社会组织的活动目标是社会公益性的，当然也包括部分互助合作组织。但是，公民社会组织在集中和表达公共诉求、公共利益、致力于社会公共事物这一点上是毋庸置疑的。

公民社会组织的功能与目标决非仅是为了使私人利益得到保障和促进，而是指向公共利益与公共精神。从这个意义上说，"它一开始就既有私人特征，同时又有挑衅色彩"[1]。人们在公民社会生活中所涉及的最本质的关系，就是公共利益的创造及其作用的发挥。正是通过这一领域，相互冲突的个人利益才可能得以并存，国家所代表的公共利益才能与私人所代表的个人利益之间形成符合理性的一致性。只有肯定公民社会，国家与政府的行为才成为一种受制约的社会整合力量。马克思在19世纪50年代总结法兰西阶级斗争时也认为，国家与官吏必须尽可能少介入公民社会的事务。公民社会不仅对国家政治权力进行监督和制约，实际上也是社会从自身中发展出来的自我救治的一种力量。

当代社会中，随着全球化在全世界经济、文化与社会生活的扩展，公民社会早已超越民族国家的范围向全球公民社会延伸。"如果说，民主化创造了国家公民的角色，福利国家创造了社会公民的角色，那么，全球化则创造了全球公民（'球民'）的角色"，公民社会组织的类型也愈加丰富化，"特别是在全球范围内具有活动能力的世界性非政府组织和跨国企业，'跨越了民族国家的边界，直接地、不必经过（本国的）政党、议会、政府的过滤'，就能在全球发生影响力和支配力气"[2]。

各类国际组织在全球公共事物的治理中发挥着越来越重大的作用。相对于民族国家国家对政治权力运作和地理疆域意识的强调，国际组织必然要承担越来越多的全球治理重任。与此相应，国际法、国际条约等多种形式的国际规则应运而生。但是需要注意的是，即使对于国际组织我们也要坚持通过对话、协商而不是强制来实现全球治理的功能。真正具有某种普遍意义的全球性公民社会组织"只有具备如下两个条件才是可能的：一

---

[1] 哈贝马斯：《公共领域的结构转型》，曹卫东等译，学林出版社1999年版，第55页。
[2] 郭道晖：《公民权与全球公民社会的构建》，《社会科学》2006年第6期。

是只能建立在多元文化传统的相互对话和重叠共识的基础上,而不能建立在任何单一的同质性既定原则上。……二是相对于每一种特殊的民族国家的文化传统,全球公民社会共同体只能是一种低限度的伦理与政治道德共识。"① 也就是说,要发挥公民社会组织对处理全球公共事物中的特殊优势,加强合作意识与合理行为规范的建构,以弥补民族国家及其政府组织的不足。同时,又要规避其潜在的殖民化和文化同化倾向,防止其成为资本主义市场扩展的帮凶。

### 三 责任客体的重构

责任客体具有对自我的责任、对社会的责任以及对自然的责任的多重指向,责任公共性强调要突出对社会和自然的责任履行与承担。

(一) 责任客体的多重指向

1. 责任客体的自我指向

人具有自然属性是对自我的责任存在的生物学根据。人对自身的认识有一个从现象、属性深入到本质的过程。人们从关于自身的诸多现象中概括出两种基本属性:自然属性和社会属性。人的自然属性使人不可避免地带有"动物性",因而饮食男女、自保等个体性需要首先要得到满足,否则就无法保障人的生存。人首先是以个体生命形态存在的,合理限度内对自我负责是行为者承担社会责任的保障。

自利性是对自我的责任存在的价值论根据。对自利性的系统探讨源于亚当·斯密在《国富论》中对"经济人"概念的揭示,斯密探讨了自我利益最大化、人依据知识和计算能力从备选方案做出满足自己的偏好的选择等问题,揭示出人的普遍的自利性。我们不得不承认的现实是,无论是个人还是各种社会团体,甚至像政府这种作为全体公民权利的委托、行使者与公共利益代表者的群体组织,都是具有自利性的。群体组织的自利性倾向不仅体现在组织成员层面,而且体现在组织内各级职能部门层面。从价值论的角度来讲,人是可以把自身作为价值客体。也就是说,人在具有对于他人的价值的同时,也具有

---

① 袁祖社:《"全球公民社会"的生成及文化意义》,《北京大学学报》(哲学社会科学版) 2004 年第 4 期。

自己对自己的价值。人的自我价值实现，也就是人首先满足自己的需要即实现对自我的责任的过程。

2. 对社会的责任

将人作为目的，将他者作为与行为者自身平等的主体，这是对他人、对社会的责任存在的首要根据。与对自身的责任一致，康德将对他人、对社会的责任也分为完全责任和不完全责任两种。对他人的完全责任包括对他人的终身责任与对他人的尊重责任。对他人的终身责任具体表现为与人为善、诚实、赔偿以及反对怨恨恶习等责任；而践行对他人的尊重责任则是一种德性责任，诸如自大、中伤等恶习需要抵制。对他人的不完全责任可以分为由尊重自身处境的人们相互之间的伦理责任以及在友谊之中的爱和尊重的内在一致性。罗尔斯进一步发展康德对责任的认知，提出了生活中主要存在的责任不仅有自我完善的责任，还有忠诚责任、赔偿责任、感恩责任、公正责任、仁慈责任、勿恶责任等。我们对他人、对社会负责，其前提在于这样一种价值体认：人，无论自身还是他人，是目的而非工具与手段。

现代著名法国道德哲学家列维那斯以一种极端的方式表达了对社会的责任之意义所在。人类生存就是我与他者相遇，当我面对他者时，责任便自动降临在我的面前。他者和我直接面对，回答是必然的结果，而回答就是责任。我由此成为他者的"人质"，无法从责任中脱身。我的存在意味着不能逃避责任。在这种责任关系中，我与他者的关系是绝对不对称、完全超越功利、非交互性的。不可否认，列维那斯的责任观有其片面之处。但是，列维那斯的责任理论有其强烈的现实指向，针对的是当代人在本体论同一性思想掌控下的伦理道德的缺失及其时代困境。面对当代社会普遍的责任缺失与虚无，我们有必要强调对他人、对社会的责任的客观性与必然性。

3. 对自然的责任

伴随着近代工业对自然世界的过度开发，人类社会在全球化的今天，几乎所有的国家都陷入自然资源的匮乏和由此引起抢夺的紧张关系之中，自然因素反而在最原始的意义上极大程度地成为制约人类行为的一个瓶颈。

自然界是人以及人类社会的母体，始终为人类的生存和发展提供必需的条件。人对自然的责任就是指人类保护、改善自然环境的义务。人们普遍认同对自然保护和改善的责任，但难题在于我们践行这种责任最终是为了人类自己的利益，还是自然本身就拥有着神圣不可侵犯的权利呢？其实，对自然的责任，归根结底还是对人的责任。人与自然的关系折射出的是人与人的关系。这个难题在现实中被归结为"人类中心主义"与"非人类中心主义"的对立。

"人类中心主义"认为人对自然的责任源于自然对人类而言的手段性特征，即自然能够持续地满足人类的需要。澳大利亚哲学家帕斯莫尔指出，自然的工具价值是其获得人类关注的终极依据。在人与自然的关系上，着眼点应该放在考虑如何行动来维护人类在地球上的持久存在。

"非人类中心主义"认为人对自然的责任源于自然的内在价值。"自然的内在价值是指某些自然情景中所固有的价值，不需要以人类作为参照，潜鸟不管有没有人在听它，都应继续啼叫下去。潜鸟虽然不是人，但它自己也是自然的一种主体。"① 自然的内在价值是内在于自然的、不依赖于人的评价而存在的属性。德裔美籍哲学家汉斯·约纳斯更是从本体论的高度论证了责任的内在价值。

事实证明，对自然的责任如果过分强调以人类为中心，恰恰会走到自身的反面。就人类社会与世界发展的现实来看，"人类中心主义"是占据主导的。"非人类中心主义"表达为了自然本身而保护自然的态度，具有一种理想主义的色彩。它没有解决为什么仅凭自然具有内在价值，就要求人去关注与保护的问题。但是，过于强化"人类中心主义"，就会造成恶果。德沃金在谈到克隆技术时指出，人类正是通过对上帝的意志或自然的盲目进程的干预而展示出自己的责任意识的。但这种基于责任意识的行为却预示着风险。我们通过对自然的改造展现自我的责任意识；但随着自身能力的提高，人类的欲望日渐膨胀，促使对自然资源的过度索取与消耗。人们在破坏自然的同时，就是在破坏着人类的生存环境，也就是在加深对人类本身的破坏。

对社会的责任和对自然的责任则是责任公共性的两项重要内容，关注

---

① [英]霍尔姆斯·罗尔斯顿：《环境伦理学：大自然的价值以及人对大自然的义务》，杨通进译，中国社会科学出版社2000年版，第189页。

责任的社会联系。对自我的责任应该与对社会和对自然的责任有机地结合在一起。当代社会很突出的一个问题在于,将对自我的责任绝对置于对社会、对自然的责任之上。与对社会、对自然的责任相比,只是在衍生的意义上而不是从根本的意义上,个体才能对自我负责。

(二) 对自然的责任归根结底是对社会的责任

自然的责任承担是以承认人与自然的共在性为前提的。面对如何与自然共处的问题,我们应该选择积极的责任意识与责任行为。

自然界不仅是人以及人类社会的母体,而且始终为人类的生存和发展提供必需的条件。自然界作为一个有机整体,有其特殊的规律和运行法则。但是,近代以来,人们把自然当作了最为直接的客体,以征服和改造自然来确证自己的主体力量。不幸的是,人们破坏了自然的生态平衡,导致了自然环境危机——实质上是人类自身的生存危机。这事实上就突出了一个"人与自然关系的如何恒常可能"的问题,此即人与自然的公共性层面。按照马克思的经典看法:"人们对自然界的狭隘的关系决定着他们之间的狭隘的关系,而他们之间的狭隘的关系又决定着他们对自然界的狭隘的关系"。[①] 人与自然的关系并不外在于人类个体、群体之间的关系。

人与自然的关系问题归根到底是人与人的关系问题,人与自然关系问题的解答和人与社会关系问题的解答是一致的。人对自然责任的承担,是对他人、对社会的责任。

对自然的责任之现实问题在于保护自然,优化当前人类的生活环境。每个人都应该从自身做起、从现在做起、从点滴做起。社会群体与国家政府更应该切实地承担起对自然的保护之责。过度开采、环境污染、生态破坏,就等于在危害他人和社会的利益。在全球生态环境的分享中,不能把本国责任转嫁给他国之上。

对自然的责任之重点问题在于人类必须明白有限利用自然资源是关涉人类未来的重要事业。对自然负责的问题由此转向如何平衡当代人利益与未来人利益的关系,促使当代人对习惯化的现实利益作出主动的放弃。

最为关键的是,人类尽保护和改善自然的责任的过程,就是确立和完善人的本质的过程。人的存在发端于自然,却又与自然相分离。人类经过

---

[①] 《马克思恩格斯选集》(第 1 卷),人民出版社 1995 年版,第 82 页。

## 第四章 责任的重构及其意义

漫长的孕育与发展，逐渐形成了对于类存在物的自我意识。"作为类意识，人确证自己的现实的社会生活，并且只是在思维中复现自己的现实存在；反之，类存在则在类意识中确证自己，并且在自己的普遍性中作为思维着的存在物自为地存在着。"① 由于有了类意识，人类就可以借助思维的抽象将自身把握为一种关系性的整体，从而成为一种自觉的类存在。需要强调的是，人类未必能以实体的方式存在，但意识的对象却是实际的存在，并不是抽象的概念的存在。

实际创造一个现象世界，改造无机的自然界，这是人作为有意识的类的存在物的自我确证。对自然的责任所体现的责任的公共性，决不是一种纯粹自然规定意义上的责任公共性。当我们把包括自然在内的整个世界纳入自己的历史进程，人自主能动地与自然和谐相处，人与自然之间的"狭隘的关系"才会被扬弃。"一个种的全部特性、种的类特性就在于生命活动的性质，而人的类特性恰恰就是自由的自觉的活动。"② 实践不断地将自在的自然界变成人的感性世界，创造出新的物质存在样式。对于人类社会而言，成为人的感性世界自然不是抽象的、永恒的、给定的自然，而是经过人类主体实践中介过的自然。"通过实践创造对象世界，即改造无机界，证明了人是有意识的类存在物，就是这样一种存在物，它把类看作自己的本质，或者说把自身看作类存在物。"③ 正是在这一点上，马克思深刻地指出费尔巴哈对人类"类"本质分析中的缺陷。

费尔巴哈把一切外部世界都幻化成某种天然物质存在，没有看到人周围的感性世界是经过人的实践中介过的自然。自然，费尔巴哈只能用非历史的观点去观察外部世界。"当费尔巴哈是一个唯物主义的时候，历史在他的视野之外，当他去探讨历史的时候，他不是一个唯物主义者。"④ 这致使费尔巴哈在理解人的类本质的时候，只能从唯心主义出发，把宗教的本质归结于人的本质。费尔巴哈不得不"撇开历史的进程，把宗教感情固定为独立的东西，并假定有一种抽象的——孤立的——人的个体"，由此"本质只能被理解为'类'，理解为一种内在的、无声的、把许多个人

---

① 《马克思恩格斯全集》（第42卷），人民出版社1979年版，第123页。
② 同上书，第96页。
③ 同上。
④ 《马克思恩格斯选集》（第1卷），人民出版社1995年版，第78页。

自然地联系起来的普遍性"①。费尔巴哈撇开实践来理解的"类"只能是孤立个体的抽象本质，根本无法确证人类自身作为主体的存在。马克思在实践的基础上寻找人类的本质，正确地指出人类社会不是由个人自然联系起来的，而是表示个人彼此之间联系和关系的总和。人的类的本质是社会地被规定的，但这种社会关系却不是由反思产生的，而且社会也不等同于人口、地理环境等实体性存在。人类主体只有在生产和再生产自身的实践活动中才能展现自身。

当人类以自然为实践的客体时，成就了自身的主体性。在改造对象世界的过程中，人证明了自己的类的存在。人类主体把自己的目的、理想、知识等本质力量对象化为客观实在，创造出一个属人的对象性世界。由人的类本质对象化所造成的客体世界，反过来也确证了人类自身作为主体的存在。人类主体通过实践对自然和人类本身同时进行改造，这是人类社会发展进步的奥秘所在。现实的社会进步和发展是人类主体性的外在现实。人的存在的基本规定性就在于：人既规定着自己，也规定着自己的对象，由此人成为一种自由自觉的主体性存在。

人类的主体性的存在，在内涵与实质上都内在地蕴含着责任。不理解责任，就无法真正理解人与自然的深刻关系以及人类对自然的意义。人类作为唯一有责任能力的存在者，理应承担起对自然的责任。忧那思深刻地指出，当代社会中人与自然分裂、自我与世界分裂，人类主体在贬低、忽视自然的同时自身也陷入了普遍的精神的孤独感和虚无主义之中。但是忧那斯得出这个结论的前提却令人质疑。他认为不再全能的上帝和自然分别是责任的神学根基与现实基础，在人与自然的关系中自然才是价值的基础。这是对责任关系的一种误读。责任关系的产生，无法离开责任主体的意志自由与自主选择。责任主体只能是人，而不能是人以外的物、或是上帝等某种神秘的东西。至于自然界，也至多是对人的这种意识自由和选择在程度上、范围上有所限制。但这并不是对激进人类中心主义的肯定，因为那种宣称人类对自然享有的完全占有权和支配权的观点，无疑是对真正的人类中心主义的背叛。

人在责任的践履中体验着人之为人的内蕴。人在对自然负责任的同

---

① 《马克思恩格斯选集》（第 1 卷），人民出版社 1995 年版，第 60 页。

时，成就了自身的主体性存在。历史的本质不是固定化的，而是不断变革的形成人类生活的客观形式的历史。这种对变革的历史意识就是人对责任的担负。责任体现人的存在的基本规定性。人的生存与发展是责任的核心意义所在，这种意义要通过对自然责任的切实承担得到实现。

（三）对他者负责：对社会的责任的真正含义

"他人"非自我，"他人"非上帝，绝对的他性是他者的根本所在。承担社会责任的本质就在于对他者负责。把握好对"他人"（即"他者"）的理解，成为责任公共性阐释的一个关键之点。

"他人"，不能被还原为自我，也不能夸大为柏拉图的理念、神学的上帝或者黑格尔的绝对精神。绝对的他性是理解"他人"的关键。"他人"始终是处于作为责任主体的"我"之外且无法被"我"同化的绝对他性。正是看到"他人"他性的消融与还原，一批哲学家急切地想把他者从被压制的状态中解救出来，但是却走向了另一个极端——"他人"成了"上帝"的代名词。

萨特认为在海德格尔的"共在"中自我与他者的差异被忽视了。"他人"应该是区别于我自己的那个自我的别人。不仅如此，萨特还把胡塞尔的思路完全倒置起来："别人的问题远非从我思出发提出的，而是相反，正是别人的存在使我思成为可能"[①]，意欲从他人给出我的自我。萨特从本体论的高度来确定"自由"，我和他人都是自由的主体。人通过选择来实现这种绝对自由，同时要为自己和他人负双重责任。于是自由成为令人绝望的责任，其结果是生存被表述为与有限性的荒谬的战斗，一场注定不能赢的战斗。他人与自我必然成为互相限制自由的主体，于是他人乃是地狱。如何走出他人的地狱呢？要么心甘情愿地做别人的物，要么使他人做自己的物，去操纵他人。人与人的异化关系在这里被人为地夸大，表明萨特实质上还是没有超出追求孤独自我实现的怪圈。

如果说萨特立足于绝对主义的自由观而指出我与他人的共在关系只能是一种虚幻愿望的话，他晚年对他者的看法可以说就是对自己哲学立场的根本性颠覆。在萨特晚年接受的一次访谈中，他指出自我应是"为他者"

---

[①] [法]萨特：《存在与虚无》，陈宣良译，生活·读书·新知三联书店1987年版，第346页。

的自我,"他者是我的条件——我的回应,也不仅仅是我的回应,而是从我诞生的那一刻起就以他人为条件的,这就是一种伦理的本质"①。这种对自我和他人关系的看法与以往可谓迥然不同。在这里他者成为自我存在下去的全部意义。萨特甚至抛弃了原来的自由绝对至上的观点,认为责任的强制是先于自由的。而且萨特还在犹太人的经验中找到了一种不同于黑格尔式的历史。"通过犹太人,我们可以摆脱走向总体的历史观,通过与超越上帝的联系,而保持价值的绝对性,并对历史本身做出评判",至此萨特"似乎完全背弃了自己个体自由至上的观点,放弃了其左派的政治立场,转而拥抱宗教"。② 我们无从考证萨特思想转变的具体因由,但是有理由相信列维纳斯的他者思想确实对此产生了影响。在列维纳斯与里查德·卡尼的对话中,列维纳斯对其作为萨特现象学的引路人感到骄傲。波伏娃曾回忆道:当时萨特正是在索邦对面的书店里偶然遇见了列维纳斯的博士本书,并由此发现了他正要寻找的哲学。列维纳斯与萨特虽然几乎同年出生,但是其名之成却要归功于德里达对其思想的介绍与分析。使列维纳斯获得巨大赞誉的就是其以他者为核心的作为第一哲学的伦理学。列维纳斯是最早把现象学介绍到法国的哲学家,但也是对现象学批判最为猛烈的哲学家之一。他从意向性或认知的概念中看到他者对同者权威的服从,从笛卡儿的"无限"和希伯来《圣经》的上帝观念中引申出自己的他者观。在列维纳斯看来,他者绝对地处于我的理解之外,是一个完全不可知的本质上的秘密;与他者的遭遇就像与上帝的遭遇——是一种"不是经验的经验"、"不是关系的关系"③。他者是无限者,无限性是一种绝对的他者。他者拥有一张超越的面孔,因为一旦使之成为意识的意向对象,他者就要被还原为本原了。他者只能是一种启示,是不可能被存在或者自我所囊括的。"存在之外的东西是上帝的荣耀。"④ 他者就是上帝。他者只能

---

① Jears-Paul Sartre & Benny Levy, Hope Now: The 1980 Interviews, Trans. Adrian van den Hoven. Chicago: The University of Chicago Press, 1996. p. 71.
② 孙向晨:《萨特、莱维纳及他者问题》,《江苏社会科学》2006 年第 1 期。
③ Emmanel Levinas, Totality and Infinity—An Eassay on Exteriority, Trans. Alphonso Lingis. Pittsburgh: Duquesne University Press, 1979, p. 49.
④ Emmanel Levinas, Totality and Infinity—An Eassay on Exteriority, Trans. Alphonso Lingis. Pittsburgh: Duquesne University Press, 1979, p. 109.

是缺席的，我对他者有无限的义务和责任。我完全是他者的人质，被完全交付给了他者。列维纳斯的他者绝对得彻底，绝对得震撼人心。在德里达、鲍曼、哈贝马斯、福柯、利科等诸多当代著名哲学家的思想中，我们都可以找到列维纳斯和他那作为"神"的他者的影子。在宗教家和哲学家马丁·布伯那里，我们也找到了他者的影子。马丁·布伯认为"与人的关系本是与上帝的关系之本真摹本"①，只有在"我—你"这种与上帝的真正关系中，上帝才能启示出自己来。

在某种意义上，拉康的他者比列维纳斯还要绝对。列维纳斯的他者使自我的自由和权利受到质疑，而拉康的他者根本是要否定一切主体的存在。拉康依据弗洛伊德的精神分析学和索绪尔的语言学结构主义提出了自己独特的"他者"理论。"自我是在由无意识决定的新的主体布局中根据他者而构成的"。②主体的音信实际上根本无法送达他人，因为他人只是"无意识的回忆的场所"。

这个场所"就是那个由讲话的我和听话的他者组成的地方。一个所说的已经就是回答了，而另一个决定听一下那一个是否讲过话了"③。反过来，这个地方延伸到主体中所有由言说的法则统治的领域，也就是说远远超过了从自我那儿得到指令的话语的范围。在这里，主体是被言说中的他性建构起来的，主体不仅通过对别人的言语来承担起他的历史，而且其个人功能的意义获得也要由言语来赋予。绝对的他者终于登场了，而且具有绝对的权威和强制性的暴力，主体必须讨好它以获得它的承认。主体由大写的他者的欲望所指，我完全处于这个绝对他者的控制之下。拉康这大写的、绝对的他者已经成为支配一切的"神"。

绝对的他性是"他人"的本质所在，不论他者的外延如何确定，绝对的他性都是他者的意义所在。他者是相对于我而言的一种外在性的存在，不可被自我同一化。"他者不是另一个自我，而是由他性所建构的；……它打破了一个根据和谐与群契来描述的世界的自我封闭的总体。"④ 在责任关系中，作为责任客体的他人不能还原为作为责任主体的

---

① [德] 布伯:《我与你》，陈维刚译，生活·读书·新知三联书店2002年版，第90页。
② [法] 拉康:《拉康选集》，褚孝泉译，生活·读书·新知三联书店2001年版，第475页。
③ 张一兵:《拉康：从主体到大写的他者》，《江苏社会科学》2004年第3期。
④ [英] 戴维斯:《列维纳斯》，李瑞华译，江苏人民出版社2006年版，第34页。

"我"。当代责任危机的一个重大表现就在于自我意识是责任意识的全部根据,而这正是将他者还原自我的必然结果。此时责任主体具有最初的绝对的确定性。我们的意志使我们所以趋于避免任何事物,既然只视理解力把它表象为或善或恶而定,所以正当行为所需要的全部条件只有最正确的判断。处于这种地位的主体成了别具一格的主体,其他的物都根据这个主体才作为其本身而得到规定。世界仅仅成为自我认识的对象,一切与我不同的、外在于我的东西都是需要被克服的。他者在这里似乎成为只是暂时地与自我相分离、但最终是可以而且一定能够为自我所消化的存在。

绝对的他性说明责任主体和他者的差异是无法泯灭的。如果把他者只是理解为对自我的一种暂时的干扰,随之而来的就是,一旦它被还原成自我本原时就会被消解。也就是说,他人决非是相对意义上的他者。责任主体不能把自我作为他者存在的理由,用自我的标准、观念和价值观去统摄他者。世界建立在多样性而不是自我的同一性之上,责任主体不能对他人与自身的差异性视而不见。他人不是由责任主体的自我意识构造起来的他者,不可还原为责任主体,否则责任公共性就无从体现。

"他人"却也并不因此就成为责任主体的"上帝"。犹太教崇尚"做他人的人质"的精神责任,列维纳斯所说的"无限责任的命令",只能使我处于他者的强制之下。成为上帝的他者会牵制、控制我,让责任的主体成为责任的代理人,甚至异化为客体化。正如马克思所讲,"每个人都按照他自己作为工人所具有的那种尺度和关系来观察他人。"[①] 此时,责任主体的自主性异化为他主性。

在责任主体对具有绝对他性的他者的回应之中,责任公共性之共在性与社会性样态得到彰显。作为责任主体的自我和作为责任客体的他人,既不能相互替代也不能各自为政。责任主体既消解又依赖于他者,消解的是绝对的上帝般的他者,依赖的是与自我异质的他者。也就是说,只有非同一性关系的确立,才有可能使责任主体朝向自身之外,走出责任的自我中心主义。他者不是另一个自我,而是由他性所建构的。责任主体的自我封闭的总体由此得以破解。正是他者的存在使主体认识到世界不是、也不应该是自我的世界,我并不是世界的独占者。我发现看起来为我独有的东西

---

① 《马克思恩格斯选集》(第1卷),人民出版社1995年版,第48页。

被表明是与他者共享的,引起了我对自己在世界中的位置的好奇。这种对自我的质疑必须借助外在于我的他者的力量,而不可能在自我内部自发性地发生。列维纳斯正确地看到,他者质疑着自我的力量和自由,先验的自由是自我中心的、武断的和未经证明的。对他者的承认是讨论责任公共性问题的前提。他者打破了主体对自身和世界的掌控,挑战着我对世界的所有权和理解。责任主体或者对他者承担责任,或者暴力地拒绝这种。但可以肯定的是,无论哪一种选择,责任主体都必须承担起行为的后果。

责任主体在对他者负责中获得自我在场的真实体验。"无限责任的命令和处于辩护地位的主体性具有一致性。"① 尽管列维纳斯把责任绝对化,但是他却正确地指出,唯有在真正的共在中,责任主体才成为一个真正具有完整性的不可替代的主体。其实,对他者负责,同时意味着主体自始至终处在被负责的他者角色。责任主体在此之中体味着尊重的韵味,也体现出人之为人的本质。

## 第三节 责任重构的意义

在当代社会中,责任越来越自我化、碎片化和功利化,然而,作为人的社会关系基础的责任更重要的是人如何对待自己的行动,如何对待他人和社会。责任危机意味着对当代社会秩序的挑战。从哲学视角反思责任问题因此具有观念批判的意义,它是各种外在责任规定问题背后更为深层的问题。责任重构实现责任价值尺度的转换,有利于克服当代社会普遍的责任虚无主义,对当代中国责任问题的反思与解决具有重大的借鉴意义。

### 一 责任价值尺度的转换

从根本上讲,责任可以说是涉及两方面关系:第一,我与自己即我与自我他者的关系;第二,作为责任主体的我与包括自然在内的外在他者的关系。在这里,责任价值尺度的转换具有双重意义。

一方面,就我与自己即我与自我他者的关系而言,责任价值尺度的转

---

① Emmanel Levinas, Totality and Infinity—An Eassay on Exteriority, Trans. Alphonso Lingis. Pittsburgh: Duquesne University Press, 1979, p. 245.

换意味着不能过多地从功利角度考虑责任问题，意味着懂得在生活中把握完整意义上的责任自我。也就是说，责任价值尺度的转换意味着理解责任之人的深层自由体验的蕴意。自由是什么？其基本内涵就是做一个人所想做的，至少可以从三个方面来加以阐释：人有做自己想做之事的权利；除非有充分理由，否则他人不得干涉这种权利；当一个人可以做或正在做他想做之事之时，他的行动是自由的。著名新自由主义代表人物哈耶克在《自由秩序原理》中重述了自由的理想，并在原始意义上探索自由的确切含义。"自由意味着始终存在着一个人按其自己的决定和计划行事的可能性；此一状态与一人必须屈从于另一人的意志（他凭借专断决定可以强制他人以某种具体方式作为或不作为）的状态适成对照。经常用以描述这种自由状态的古老的说法，因而亦就是'独立于他人的专断意志'（independence of the arbitrary will of an other）。"① 自由在这里是一种脱离强制的状态，在此状态中强制被减至最小可能之限度，免于强制即自由。哈耶克赋予这种否定意义上的自由和强制以不容置辩的伦理预设，并将这种个体自由依次与政治自由、"内在的"自由以及作为能力或力量的自由等其他意义的自由进行对照，进而引申出了自由与责任的关系问题。他指出，自由与责任是相互关联、相互补充的，但自由处于根本性的基础地位。这是因为自由具有终极价值与意义，"乃是其他价值欲得到充分发展所必须的土壤"②。自然成为责任的渊源和条件，成为一切责任得以存在的终极依据。自由设定责任，而不是责任设定自由。"自由不仅意味着个人拥有选择的机会并承受选择的重负，而且还意味着他必须承担其行动的后果，接受对其行动的赞扬或谴责。"③ 对于这个问题，人们通常会把目光转移到意志自由论与决定论的争斗之上。哈耶克把这种争斗戏称为"虚假的问题"和"语辞之争"。在哈耶克看来，只是要求人对某一行为负担责任还需要几个条件，一是行为是自愿的；二是行为与愿意有必然关系；以及行为的后果与这一行为之间要有因果关系。这一系列的条件中，个人自由而非意志自由贯穿其中。一

---

① ［英］哈耶克：《自由秩序原理》（上），邓正来译，生活·读书·新知三联书店 1997 年版，第 4—5 页。
② 同上书，第 316 页。
③ ［英］哈耶克：《自由秩序原理》（上），邓正来译，生活·读书·新知三联书店 1997 年版，第 83 页。

个人行动的结果决定于他的行动,其所能够控制的那些境况决定了一个人行动的结果,因此个人自由设定了个体责任。现代社会中责任的作用也主要体现在它能使我们充分地运用自己的知识和能力,适应和促进"自生自发秩序"对知识的充分利用这一自由社会的价值所在。

的确,责任产生于自由,人们也普遍习惯从行为者的意志自由与责任能力出发来理解责任。责任是以自由为逻辑前提、以人的理性为根据的。其实关于人们履行与承担责任的动机这个问题,在历史上形成过诸多不同的观点。功利主义者宣扬个人之所以要履行责任,就是为了实现当事者的利益、荣誉、地位等外在目标。与此截然不同,康德强调,责任是"尊重规律而产生的行为必要性"[①]。这意味着,责任构成了道德行为价值的根据和标准,责任不能出于偏好与理性而是要出于对"规律的尊重"。哈耶克则认为责任履行的根据在于理性。曾经有人认为哈耶克批判理性,认定他是一位非理性主义者,其实他批判的是将理性神化的唯理主义而非理性本身。必须承认的是,削弱种种对理性的诉求要运用的仍然是理性分析的方法。理性可以使我们积极地去考虑在未来的困难情形中采取行动时所应当考虑的诸种因素,它预设着这样一种责任能力:我们能够从经验中习得知识,并以此影响和改变自己的行动。理性使人们在履行责任时并不立基于确定的事实,而是立基于对各种不确定性的考虑。"课以责任,因此也就预设了人具有采取理性行动的能力,而课以责任的目的则在于使他们的行动比他们在不具责任的情况下更具有理性。……在于使人的极有限度的理性尽可能得到充分的发挥,……就这一点而言,合理性(rationality)仅意指两点:一是一个人的行动具有某种程度的一致性和连贯性;二是知识或洞见具有某种持续的影响力,所以一旦某人拥有这种知识或洞见,它们就将在此后及在不同场合下对他所采取的行动产生影响。"[②] 这种"合理性"能给不可预见的和不可预测的未来提供发展的空间,才能避免现代社会发展的最大弊端即建构主义。现代分工社会中任何个人都没有能力武断地去为整个社会的发展进行建构与设计,人与人在相互博弈中达成知

---

[①] 康德:《道德形而上学原理》,苗力田译,人民出版社1986年版,第50页。
[②] [英]哈耶克:《自由秩序原理》(上),邓正来译,生活·读书·新知三联书店1997年版,第90页。

识的协调，理性只不过是个人的经验习得和不断与他人之间的对话解释的过程。人们采取理性行动就意味着一个人调整自己的行为以适应他人的行为，这是现代分工社会中每一个人对他人责任的一种体现。

　　责任不仅与人的自由意志息息相关，还必须涉及对行为后果的承担，涉及对他人的回应以及对赞扬性或责备性的评价的接受。即使如此珍视自由的哈耶克，也清醒地认识到，正如一枚硬币的两面，作恶也是自由的可能结果。一方面，"自由并不意味着一切善物，甚或亦不意味着一切弊端或恶行之不存在。的确，所谓自由，亦可以意指有饥饿的自由，有犯重大错误的自由，或有冒生命危险的自由。在我所采纳的自由的原始意义上，一个身无分文的流浪汉，虽凑合地过着朝不保夕的生活，但的确要比享有各种保障且过着较舒适生活的应征士兵更自由。"① 能够淋漓尽致地表现自由意义的不是必然的统治，而是在于我们拥有可以选择的自由。唯有我们有选择的权利与余地，我们才能体现出自我的自由。人可以自由地行善，当然也可以自由地作恶。但正是在面对善恶皆可的悬疑处境中，人自由地选择了高尚之时，道德感才愈发具有价值意蕴，人性才得以彰显。也就是说，我们在考量以自由为逻辑前提的责任范畴时，既不能把责任设定为客观自在的目标，也不能仅仅局限于法律或是伦理等某一具体学科领域，而是应该更多地从后果的角度加以考量。责任具有道德义务与法律义务，但是责任有着比道德义务以及法律义务更为宽泛的范围。当我们把责任视为对行为后果的承担时，责任在这里就不仅指分内应做的事，还有应接受对自己行为的赞扬或谴责之意。显然，义务并不具有责任的后一种含义。正是这个意义上，我们应该对于责任感和责任观念更为关注。一个自由的社会很可能会比其他任何形式的社会都更要求做到下述两点：一是人的行动应当为责任感所引导，而这种责任在范围上远远大于法律所强设的义务范围；二是责任观念应该被一般性社会舆论所赞赏并弘扬，当人们被允许按照他们自己视为合适的方式行事的时候，他们也就必须被认为对其努力的结果负有责任。但是在现代社会中，人们的责任感正在削弱，对责任的信念同对自由的尊重一起越来越成为不为人们所欢迎的概念。个人对其行动的实际后果不负责任是一个根本原因。哈耶克曾经对责任追究的可

---

　　① ［英］哈耶克：《自由秩序原理》（上），邓正来译，生活·读书·新知三联书店1997年版，第13页。

能性画上了浓墨重彩的一笔，指出追究责任要具备以下几个条件：一是责任的程度和种类就必须明确而确定，而且必须根据一般性的和非人格化的规则进行决定；二是责任必须是具体的，它只能指向那些我们知道其具体情况的人以及那些我们所拥有的选择或特殊条件已与其勾连在一起的人；三是责任的范围必须是有限的，一个人只能以他被认为可以作出判断的情形为限，而且应当只对他自己的行动负责。对此，我们只能不无遗憾地讲，责任在这里已经变成了一种具体的、有限的和明确的规定。我们应当看清现代社会中责任概念已经完全演化成了一个法律概念的客观事实，在越来越商品化和消费化的现代社会中，人们已经太多地从惩罚或功利的角度考虑责任问题。

另一方面，就作为责任主体的我与包括自然在内的他者的关系而言，从哲学视角反思责任意味着去寻求责任的现实根基，而不是停留在思辨责任的基础之上。责任蕴含着责任主体与他者的共在。人是不能抽象地独自生活在这个世界上的，人总是要处于一定的社会现实之中。当代社会开启了祛魅化的运动，但理性主义却喧宾夺主，尤其是黑格尔以其绝对精神的高度整体性和绝对性最终包容了包括人在内的一切。在主体形而上学对他者压制的基础上，自由主义在当代社会大行其道。自由主义伙同工具理性以其锐不可当之势与资本结盟垄断了对社会的评价，效率、实用、功利与科学一道成为人们价值观念的主导。责任由此成为基于自我意识之上的唯我的责任，并最终导致当代社会的责任危机。

人们一直也都在寻找走出危机的出路，笛卡儿的不信上帝的"他们"，黑格尔的"奴隶"，费尔巴哈的感性的、自然的人，克尔凯郭尔的"孤独的个人"，尼采的非理性的生命和本能，胡塞尔的"他人意识"，海德格尔的"共在"，如此等等。遗憾的是他们事实上都未逃脱传统理性主体哲学的窠臼，仍然囿于意识哲学范式而不能自拔。在意识哲学的视域中只有意识的绝对内在性问题而没有外在世界的他者是否存在的问题。他者不过是自我意识的主观构造。人生活于其中的世界，无论是自然世界还是社会世界，都被当成人类自己可以型构出来的创造物。人作为一般主体，"乃是自我的心灵活动。人把自身建立为一切尺度的尺度，即人们据以测度和测量（计算）什么能被看作确定的——也即真实的或存在着的——

东西的那一切尺度的尺度"。① 自我成为世界的中心和本质,一切他者和客体只有被还原到作为第一原理的自我,才能获得合乎逻辑的解释和最终的根据。罗尔斯、哈贝马斯对先验拯救模式已不抱任何幻想,努力寻求走出奥克肖特所说的"理性主义政治秩序"的途径,但也最终陷入契约建构的"自我"认同与基于语言的主体间的虚拟对话之中。

  人们总是试图从理性中推演出规范,然后又用这些规范来证明它自己知识的合法性,但意识哲学又无法提供能够证明理性是一切的标准的根据。理性在意识哲学范式中是自我封闭的,是抽象化、概念化和逻辑化的。这种抽象化、概念化的主体追求某种同一性和普遍性,从而造成对真实自我与他者的湮没与压制。人是用以主宰自然的技艺,这样的理性所产生的行为是工具性行为,意识哲学的核心概念就是植根于自我保存驱力的工具理性概念。自我的自由是高扬的,责任似乎只有在成为谋求更高职位角色的工具时才会被提及。韦伯以隐喻"铁的牢笼"指涉了现代生活的图景:一个完全非人格化和客观化了的世界以及生活于其中的"没有灵魂的专家"。当代社会以同一性逻辑、必然性逻辑和经验性逻辑实现了责任的漂浮与湮灭。

  责任理论的根基既不能从先验自我或是人性本能中寻找,也不能在外在权威中获得。谈责任当然不能离开自由这一范畴,但是不是自由与责任的关系就一定如哈耶克所言呢?未必尽然。当代西方哲学和伦理学舞台的中心人物列维那斯就与哈耶克对自由与责任的关系的认知截然不同,他认为是责任而不是自由才是一切人类基本价值的基础。当"我"与他者相遇时,他者时刻呼唤着"我"的回应,"我"也必须作出回应。列维那斯把这种境域称之为"面对面"。我们知道,责任(responsibility)起源于拉丁文 respondo,责任与回应(response)具有相同的词根。也就是说,回应这个词本身就意味着责任,我在对他人的回应中担负起实实在在的责任来,而且在这责任面前我根本就不可能脱身。"责任感就是……我在人性上无法推诿的东西。这个负担是个体最大的恩惠。我是不可撤换的,我因为负有责任而成为独一无二的人。"② 我们无意争论孰对孰错,毕竟脱

---

  ① 海德格尔:《海德格尔选集》(下),孙周兴编选,生活·读书·新知三联书店 1996 年版,第 920 页。
  ② Emmanuel Levinas, Ethics and Infinity, Conversations with Philippe Nemo. Trans. Richard Cohen. Pittsburgh: Duquesne University Press, 1985, p. 90.

离具体历史场域来谈论自由与责任只能是空谈,关注所处时代的深层问题与人的生存现实才是我们应有的思考基点。人类思想史上,人们对责任问题的体认大体上经历了责任的个体性与公共性的原始统一、分化、个体性的彰显到呼唤二者在更高层次的有机统一的过程。如前所述,古希腊时期的公民的个性和公共性自觉统一在一起,没有自我和社会分离的自觉意识,个体要为本体论意义上的城邦负责。中世纪时期人们开始转向内心沉思,人的自由与责任只有一个:服从上帝。近代则以认知理性为问题中心,建立起主体性原则和个人中心的原则,自由与责任体现在自我理解所及之处。这一思维范式直接为现代哲学的发展开辟了方向。可以说,近现代哲学的责任观整体上建立在非历史化的孤独的个体之上,这直接导致现代社会中人的原子化、自我中心化、工具化、经验化以及责任的法纪化、角色化与碎片化。面对现代社会的责任危机,如何避免自由至上所带来的弊端,在突出公共责任的取向上把握责任个体性和公共性的有机统一,理应成为中心话语。诚如恩格斯所言:"人们对一定问题的判断越是自由,这个判断的内容所具有的必然性就越大;而犹豫不决是以不知为基础的,它看来好像是在许多不同和相互矛盾的可能的决定中任意进行选择,但恰好由此证明它的不自由,证明它被正好应该由它支配的对象所支配。"[①]在这个自由泛化与极度膨胀的时代,我们理应对自由观念究竟会把人类推向何方产生警觉并加以反思。马克思曾经说过,"作为确定的人,现实的人,你就有规定,就有使命,就有任务。"[②]这所谓"确定的""现实的"实际上就是指人们生活于其中的一定的社会关系,"使命""任务"就是指责任。人类时刻以责任的担负来完善社会关系,人的具体的、历史的本质还表现在对改变和完善社会关系的意识与努力上,这种意识与努力就是人的责任感。换句话说,人具有责任感是人的本质使然。其实责任不是出于偏好、冲动或者利益,它就应该出于单纯的责任感本身,这样才能显现出人性的尊严与光辉。

责任观念只能依据客观实际来体现,"原则不是研究的出发点,而是它的最终结果;这些原则不是被应用于自然界和人类历史,而是从它们中抽象出

---

[①] 《马克思恩格斯选集》(第3卷),人民出版社1995年版,第456页。
[②] 同上书,第329页。

来的;不是自然界和人类去适应原则,而是原则只有在符合自然界和历史的情况下才是正确的。"① 人是责任的主体,责任生成的内在根据必须到人的社会本性和实践需要中去寻找。我们从人的自然属性与社会属性的统一中,推导出责任个体性与公共性是责任不可分割的两种基本属性,就是要说明对责任理论必须基于人的"需要及其与现存世界的联系"来进行研究。我们说的需要不仅仅是政治经济学所关注的人类学意义上的需要,而是强调与社会秩序的性质和对美好社会的定义这些重大政治哲学问题有着极其深刻的联系的需要。人是以其需要的无限性和广泛性区别于其他一切动物的。需要是和自我利益相关,但是人的完整的需要却更多地与他人、与公共利益密切相关。马克思特别指出,忽视穷人的粗陋的需要和富人的奢侈及精美需要的区分,就无法真正理解经济的事实。责任理论必须深深扎根在人的这种社会需要和公共利益之中,才能真正寻求到自己的根基所在。

关涉他者的社会需要、公共利益与社会责任承担之间的联系,不是用意识加以构造的,因为意识在任何时候都只能是被意识到了的存在。"无论思想或语言都不能独自组成特殊的王国,它们只是现实生活的表现"。②人的物质生产活动不仅生产出作为人的感性对象性存在的物质财富而满足人的需要,而且在其历史活动中所形成的社会生产结构即生产方式历史地制约着现实的个人,制约着个人全部社会生活与交往关系。"这种生产方式不仅应当从它是个人肉体存在的再生产这方面来加以考察。它在更大程度上是这些个人的一定的活动方式,表现他们生活的一定形式,他们的一定的生活方式。个人怎样表现自己的生活,他们自己也就怎样。因此,他们是什么样的,这同他们的生产是一致的——既和他们生产什么一致,又和他们怎样生产一致。"③ 责任理论只有在通过社会实践生产出的现实社会关系中才能发现自己的真实根基。

责任不是先验的、抽象的,而是与需要、利益本质联系的一种生成,是要在社会关系的范畴内考察的。这一点在责任问题放在政治哲学思想的位置来省思就已经表现出来了。责任从本质上讲是一种关系范畴,它体现

---

① 《马克思恩格斯选集》(第3卷),人民出版社1995年版,第374页。
② 同上书,第525页。
③ 《马克思恩格斯选集》(第1卷),人民出版社1995年版,第67—68页。

了人与自我、人与社会、人与自然的关系。所谓人在改造自然和改造社会的活动中要对自己的行为及其后果承担责任，其实质就是要承担对自己、对他人、对社会、对自然的责任。

审视现代社会的责任危机，我们应该把责任放在这样一个高度之上，它与正义、信任、义务等范畴一样是构成现代社会相互联系与关系的深层底基。人的责任从本质上讲是一种关系范畴，它体现了人与人、人与自然、人与社会的关系。换句话说，责任体现了我与他者的关系，是我对他者的回应。当然，如前所述，这个他者不是由自我意识构造起来的他者，不是泯灭自我存在的他者，更不是神学中那个作为他者的上帝，毕竟我们生活在一个"祛魅"的现代世界之中。我们有理由相信责任不应该仅仅是人的生存的手段。责任不是如柏拉图的"理念"或是基督教的上帝这般不可逾越的最高支点，人们不能在对责任的景仰中生活。责任也不能局限于经验世界。以往个体实体、实存、一般意识把人视为经验的对象，但人不能只是一个肉体上的人，只是一个只有经验与外部自由的人。责任地生存不能不涉及世俗，但它还承担着为人的世俗存在寻找意义的重任。对于任何人来说，生命的尊严和完整从来不是来源于自身以外的恩赐，只能依靠其在生活中把握和重建完整意义上的责任自我。责任是人的深层自由的体验，责任主体方显人类的尊严与正义。

## 二 克服责任虚无主义

当代社会中，科学技术成为意识形态，工具理性把自身混同权力，导致批判力量的自我终结。"意识形态批判用一种反讽的方式描述了批判力量的自我毁灭过程"[1]，工具理性使理性彻底丧失了批判的力量。在培根高呼"知识就是力量"之际，尼采却宣告：上帝死了！"上帝，首先意味着对人类潜能的一种限制：一种约束，它通过人可以做的（may do）施加在人能够做的（could do）和敢做的（dare do）之上。被假设为万能的上帝对什么被允许做和敢做划出了界限。……但是，它也造成一个空白：至高无上的立法者和管理者的职位，世界秩序的设计者和管理者的职位，

---

[1] 哈贝马斯：《现代性的哲学话语》，曹卫东等译，译林出版社2004年版，第137—138页。

现在令人不安地处于空缺。"① 工具理性抹杀了可做和能做的界限，手段使目的具有了合法性。科学知识为世界"祛魅"，罢黜并代替了上帝。借用韦伯的说法，现代性社会不仅是一个不断祛魅的社会，而且是一个"诸神不和"的社会。个人主义、实用主义、功利主义、科学主义、自由主义、社群主义、保守主义等纷纷争相上场，但这诸多主义却促使当代社会处于责任漂浮的危机之中。现实中的人被一个个角色撕扯成碎片，基于工具理性之上的自我中心主义实在无力承担起人的身份生成和持续的重任。

那么基于"绝对命令"的责任是否可以担此重任呢？康德认为，责任是出于"尊重规律而产生的行为必要性"②。责任是命令式要求，是来自理性意志所规定的应该。自由不受感性支配而完全由理性支配自己的行动，理性自己规定自己。人因具有自由的理性意志而可以为自身立法，能够服从他自己制定的并且是普遍的规律，出于责任的行为就是行为准则与道德规律的普遍性相符合的行为。当康德在形而上层面追问一个人承负责任可能性条件是什么时，是把意志的自由与自律作为了责任的前提。意志就是以内在理性为原则作出选择行动与否的决定的能力，其自律性表达了主体的内在权威。意志自律性，是意志由之成为自身规律的属性，而不管意志对象的属性是什么。所以自律原则就是：在同一意愿中，除非所选择的准则同时也被理解为普遍规律，就不要作出选择。意志自律就是行为主体仅将普遍的道德规律视为自己的理性，否则就是非理性的意志他律。不仅如此，意志更是通过检验动机的纯粹性来选择合乎道德规律的行为准则。纯粹的动机，是出于因尊重规律而产生的责任感，而非行动的结果在客观上符合绝对命令的要求。康德甚至把良心范畴与责任范畴密切联系起来，明确指出良心是一种意识，它自身自为地是责任。责任不是指休谟意义上的"后果论"，而是在行为之前检验行为正当与否的"道义论"责任。康德为了使人们摆脱自然的奴役，将责任建立在意志基础之上，并与意志相结合形成理性意志，责任成为一种基于绝对命令的完全自律的责任。康德为责任找到了普遍的、永恒的、绝对的源泉和根据，那就是要只

---

① [英] 鲍曼：《现代性与大屠杀》，杨渝东等译，译林出版社 2002 年版，第 283 页。
② 康德：《道德形而上学原理》，苗力田译，人民出版社 1986 年版，第 50 页。

按照你同时认为也能成为普遍规律的准则去行动。作为目的的人身成为责任规定中的唯一质料,但是,这唯一的质料也仍然只是一个绝对抽象的人性概念。在现实生活中,责任虚无主义依旧强有力地突袭着人们的心灵。

人们关注当代社会中的责任虚无主义,但往往会陷入一个误区:认为克服责任虚无主义的根本途径在于追求一种责任的终极调和状态,总是要发现责任理论的终极真理。一旦达到这种统一状态,就意味着责任之光的普照,同时也意味着历史的终结。我们是不能把责任局限于经验世界,责任主体决不仅仅是相对于经验客体而存在的经验主体,更是具有价值独立性的精神主体。毕竟,人不能只是一个肉体上的人,只是一个只有经验与外部自由的人,还应是一个真正实现了自己的本质力量的人,是一个真正的自由自觉的人。如果把责任放任于人的基本的生命存活状态中,就等于将责任主体的实然与应然外在对立起来。当代社会中工具理性对科学技术和经济利益的追求,甚至可以使人为了谋求"社会尊重"的地位而出卖自己的信念与理想,就充分体现了人的完整的责任的破裂。但是,责任不能因此就要成为一种不可企及的上帝一般的存在,所有的现实世界中的责任都是无意义和无价值的。这种责任认知与理解实质上就是责任的虚无主义。"谴责整个世界都是假的,并构想出一个位于此世彼岸的世界为真实世界的替身,然而,一旦人们明白了,臆造这个世界仅仅是为了心理上的需要,明白了人根本不应这样做的时候,就形成了虚无主义的最后形式"。① 海德格尔更进一步指出:"虚无主义的本质领域和发生领域乃是形而上学本身;这里我们总是假定,我们所谓的形而上学并不是指一种学说,或者,根本上不仅仅指哲学的一门专门学科,不如说,我们在形而上学这个名称那里想到的是存在者整体的基本结构,是就存在者整体被区分为感性世界和超感性世界并且感性世界总是为超感性世界所包含和规定而言来考虑的。形而上学是这样一个历史空间,在其中命定要发生的事情是:超感性世界,即观念、上帝、道德法则、理性权威、进步、最大多数人的幸福、文化、文明等,必然丧失其构造力量而成为虚无的"。② 这种

---

① 尼采:《权力意志——重估一切价值的尝试》,张念东等译.商务印书馆1991年版,第425页。

② 海德格尔:《海德格尔选集》(下),孙周兴编选,生活·读书·新知三联书店1996年版,第774—775页。

责任永远无法在此岸世界中实现，人们只能在对这事先假定好超越现世的最高实体的景仰中生活。

责任虚无主义的原因在于普遍性的、永恒和绝对的责任对现实生活的独断、强制与否定。回归现实与实践是走出责任虚无主义的唯一出路，也是我们对责任理论重构的重要目的。现实不是人作为原子的现实，而始终是社会的现实。责任个体性涉及私人领域及个体的价值追求，离开现实的个人谈责任是虚幻的；责任公共性属于公共领域，其主题是公共意见的形成与公共利益的维护。在现实生活中，个人不仅作为个体而存在，同时还要生活在一定的自然和社会环境之中因而是一种社会性的存在。因此离开自然、他人这些他者谈责任，责任终将陷入虚无。从自我主体出发，往往陷入个人主义，忽视他人的差别性。把他者归结为另一个自我，取消我与他者之间不可还原的关系，也就取消了责任。只有从伦理学和政治哲学的角度才能阐明责任的基本社会意义，理解责任对于生存方式和生存意义的重要价值。

责任的自我担当与责任公共性不可分割。"首先应当避免重新把'社会'当作抽象的东西同个体对立起来。个体是社会存在物，因此，他的生命表现，即使不采取共同的、同其他人一起完成的生命表现这种直接形式，也是社会生活的表现和确证。人的个体生活和类生活并不是各不相同的。尽管个体生活的存在方式必然是类生活的较为特殊的或者较为普遍的方式，而类生活必然是较为特殊的或者是较为普遍的个人生活。"① 对责任虚无主义的克服意味着，责任不能以形而上学本体为根据来达成，否则必然是独白性和强制性的。

### 三 对当代中国责任问题的反思

通过对当代责任危机的病理分析，我们已经认识到责任危机的历史发生及其根源。其实在现代社会刚刚兴起之时，并未陷入责任危机当中。资本主义市场经济的发展一方面需要讲求责任尤其是契约责任；另一方面也推动着个人主体的自由和责任的发展。但是后期由于现代性本身的缺陷、工具理性合理性开始向社会全面渗透以及自由主义、个人主义的盛行等原

---

① 《马克思恩格斯全集》（第42卷），人民出版社1979年版，第122—123页。

因，责任危机开始出现。尤其是后工业社会信息文明的推进，全球化时代到来，致使责任危机全面加深。

当代中国处在规范与解构、过程与结果、集权与分权、效率与民主等一系列不同的责任价值标准的夹缝之中，这源于当前中国特殊的历史定位。"中国的现代化与西方的现代化有一个很大的时代落差，我们不是在西方工业文明方兴未艾之际来实现由传统农业文明向现代工业文明转型的，而是在西方工业文明已经高度发达，以至于出现弊端和危机，并开始向后工业文明过渡之时才开始向工业文明过渡的。"[1] 一方面，与西方社会不同，中国承载着几千年的农业文明传统和沉重的传统日常生活结构。直到今日，我们还不能说中国社会本质是现代性的，反而还是一个以血缘为纽带的农本社会与宗法社会。占据人口绝大多数的是生活在自在自发的日常生活世界里的农民，他们是中国社会运行和活动方式的深层的、隐性的根基。他们终生被封闭在家庭与宗法的共同体之中，夜以继日地进行着重复性思维与重复性实践，传统习俗、经验、常识、天然情感等经验主义因素已融入血脉之中，在家庭、自在的道德观念与宗教意识的支配下周而复始地展开衣食住行、饮食男女等日常生计。"这些带有非理性色彩的因素通过家庭、教育、社会示范、模仿类比等图式而自发地渗透到一代又一代日常生活主体之中"，成为直接左右人的活动的"生活的样法"[2]。不可否认，在经验与人情盛行的平面文化模式之下在建构理性、法治、主体性的市场经济，实在不是一件易事。另一方面，中国与西方社会具有同步性，难以逃离当代世界范围内责任危机的旋涡。可以说，当代中国风险与机遇并存，在力求实现自身现代化的同时，还需借鉴和总结经验以尽可能规避责任危机。

面对这一现状，我们必须避免纯粹意识化或思辨化的误区，注意防止脱离具体历史场域笼统地去谈论哪一种价值选择是优还是劣，而应立足于当前的语境去思索我们应具有的主导性责任价值取向。当下个别学者认为在社会主义市场经济下的资本范畴不存在资本逻辑问题，资本范畴不再与剥削问题联系在一起了。这显然是站不住脚的。"'资本'作为一种生产

---

[1] 衣俊卿：《评现代新儒学和后现代主义思潮》，《教学与研究》1996年第2期。
[2] 冯钢：《科层制与"官僚精神"》，《浙江大学学报》1998年第10期。

要素，并不意味着就改变了'资本'的本性，并不意味着从根本上消解了资本与劳动的关系，并不意味着就消除了'资本'所固有的逻辑。'市场'就是资本的'游戏场'；没有'资本'就没有'市场'，没有市场经济，也不会有社会主义市场经济。"① 不可否认，当前我国普遍存在着社会责任感缺失、道德责任沦丧、权责错位、责任评价尺度相对化等现象。改变这种责任现状，有赖于我们公民责任意识以及公民责任能力的提高，但是，更有赖于国家政治权力对自身合法性来源的深刻反思。鉴于此，我们着眼于政府责任反思当代中国的责任问题，尤其着重政府公共责任制度、责任规范以及责任价值诉求层面的探讨。具体来讲，大致可以从以下几个方面推进我国政府责任建设与完善：

其一，合理建构市场干预的边界与政府践履公共责任内蕴三重对应关系。正确认识和处理政府与市场的关系，是社会主义市场经济建设重大的理论与实践问题。政府公共责任的践履在政府与市场的关系建构中具有关键性作用。市场经济在实现资源的高效率配置方面的确具有绝对优势，但市场机制自身的缺陷决定其在具体运作过程中必然存在偏差行为，政府必须肩负起促进社会公平正义、引导经济持续健康发展以及增进人民福祉的重大责任。但是，这并不意味着政府对市场的干预具有"普世价值"。国内外历史经验一再表明，一旦超越正当范围，政府干预就会失灵，这一点已经得到学界的普遍认同。依托公共责任视角建构政府干预市场的合理边界，对于更好地处理政府与市场之间的关系、探索能够驾驭市场的国家治理体系建设，无疑具有重要意义。市场经济的良性运行需要政府干预，但政府采取干预行为必须时刻保持边界意识。

---

① 朱贻庭：《社会主义市场经济下的"资本"是否还存在"资本逻辑"?》，《社会科学》2008年第3期。

将市场失灵作为政府干预的介入点，这是国内外政府干预市场边界研究的主流观点，目前学界主要集中于绩效边界（Michael E. Porter, The Competitive Advantage of Nations, 1990；王向阳，《市场机制与政府干预的界定——一种新的量化分析》，《东岳论丛》，2001年第6期等）、法治边界（文力，《政府权力宪政制约的必要性分析》，《中国行政管理》，2005年第7期等）、公域边界（胡建，陈国跃《现代政府行为及其活动边界的伦理基础》，《浙江省政法管理干部学院学报》，2001年第6期等）以及权力边界（肖顺武，《政府干预的权力边界研究》，《现代法学》，2013年第1期等）。依据研究层次、内容与范围，可以将以上边界研究综合为领域边界与效率边界，当然其中贯穿着政府与市场之间的权力运作、宪政与法治等诸多问题。

首先，市场干预的价值边界对应政府公共责任的伦理解读。政府干预市场需恪守诉求社会公平正义的价值边界，这是社会主义制度优越性的重要体现，是社会主义市场经济条件下政府干预需要坚守的首要边界。将价值边界作为首要内容，根源在于当前对政府干预市场边界的研究过于注重"实然性"，这种研究层面固然必不可少，但是政府干预不应该仅仅停留在此。尤其在我国社会主义制度下，更是要具有社会意义、体现社会主义优越性。鉴于此，这里首先论证的是市场干预的价值边界与政府公共责任伦理解读的对应性。

政府干预行为一旦超越社会公平正义这一价值边界，势必会人为地加剧由市场失灵造成的收入分配不公及贫富两极分化等问题，最终使政府干预成为无效干预。经济学家克里斯特·冈纳森和马茨·伦达尔依据行为目的的不同将政府分为"好政府"和"坏政府"，二者分别以"财富"和"权力"作为自身的行为目标，分别诉求"经济发展"与"权力欲望"的价值理念。[①] 这种观点一针见血地指出了政府组织角色的复杂性。对国际社会、政治国家以及社会公众而言，政府具有极为特殊和重要的多重身份。现代社会既是一个以民族国家形式组织起来的政治社会，同时又是不断分化与个体化的社会。面对工具理性盛行、功利主义泛滥等社会现实，作为政治统治核心力量的政府组织，也难逃自身是一个依据市场经济规则进行博弈的利益实体之事实。尤其在市场经济条件下，政府既是市场活动的执法者又是参与者，既是规则的制定者又是实施者。如果监督与管理不善，某些部门机构必然会出现以自身利益的首要实现作为终极价值目标的现象。为了让自身利益最大化，所谓的"坏政府"会极力运用手中的权力最大限度地积累财富，甚至在干预市场方面不惜行走在法律法规的边缘。

一旦政府干预行为超越价值边界，就会利用社会赋予的权力寻求"租金"。权力寻租对政府与市场关系会产生巨大的消极影响，对超越价值边界的政府干预形成负面激励，导致政府干预效率下与公共资源分配不公

---

① 斯特·冈纳森，马茨·伦达尔：《好的、坏的和摇摆不定的政府形式及第三世界国家的经济表现》，转引自［瑞］马茨·伦达尔等主编：《发展经济学新方向》，经济科学出版社2000年版，第293页。

等问题。"寻租有三个层次,最重要的寻租发生在上层。所以政府的干预,政策的制定往往与寻租联系在一起。这样,政府干预经济的效率是低下的,因为寻租不额外创造财富,而是分配财富。"① 公共权力蜕变为政府的"私有"权力,显现出逐利的资本性。行贿者和受贿者同时获得了不菲的收益以及某种"尊严",这对超越价值边界的政府干预形成强大的负面激励,催生出"设租—行贿—受贿—创租"的恶性循环。权力寻租直接或间接地使广大公民无法实现对公共资源的公平配置,甚至剥夺了某些人分享公共资源的权利。这严重危害了市场秩序的良性运行,触犯了政府干预诉求社会公平正义的价值边界。

就伦理层面而言,对社会公平正义的诉求是现代社会政府公共责任的核心价值。政府公共责任的践行,需要在实然层面研究作为经验事实存在的政治结构、政治制度与政治活动的具体过程,但更应研究作为价值评价的公共性的政治问题,对什么是美好的政治生活以及政治文明对人类生活所具有的价值等问题进行反思。如若不然,政府责任践履就会将自身而非公共利益的实现作为行为目标,凸显个体性而非公共性责任,成为"坏政府"。政府公共责任的伦理解读使政府组织得以"超越"经济,并在此意义上夯实政治统治的合法性基础。任何可能损害社会公正的政府干预行为,比如地方保护主义、政绩工程以及政府进行投资包办等行为,都与政府公共责任的价值诉求与伦理解读相违背,理应被认定为越界行为。

当然,政府责任践履的"应然"价值是一个历史性范畴,不同历史时期表现为不同的内涵,从古希腊的善、中世纪的上帝一直发展到当代社会的社会公平与正义。对社会公平与正义的价值诉求,在某种意义上使得政府公共责任"远离"经济,与政治伦理相互关联,从而成为政治权力合法性的有力论据。与关注自身利益实现的个体性责任不同,政府公共责任的关注点必须超越个人与小集团利益。社会主义市场经济条件下,政府扮演着社会全体成员根本利益代表者的角色,应该作为公共利益的化身对市场进行公开、公正、公平的调控。不论何种政府对市场的干预行为,只要其损害社会公正,就应被划定为与政府公共责任的政治伦理内蕴相悖的超越价值边界之行为。

---

① 曾康霖:《政府干预经济及其在市场经济中角色的确立》,《经济学家》2007年第1期。

其次，市场干预的领域边界对应政府公共责任的制度解读。在传统认知中，人们倾向于以宏观与微观经济视角划定政府干预市场的领域边界。通常认为政府干预应局限于宏观经济领域，不应插手微观经济领域的市场活动。这种领域划分具有极强的现实意义。市场机制的自发性与盲目性确实难以解决国民经济总供给、总需求与主要比例关系的平衡以及公共产品有效供给等问题。以社会公共权力和国家暴力为后盾的政府凭借先天优势，成为处理宏观经济领域问题的不二人选。政府通过制定"游戏规则"，承担起保障市场经济周期性波动平稳、保障不同市场主体的利益权利、保障扰乱市场经济生活秩序的犯罪行为受到惩处等公共责任。但是，政府"规则制定者"的角色在微观经济领域内却可能造成与预期目标适得其反的后果。正是充分认识到应当在微观经济领域充分发挥"看不见的手"的自主作用，我国把加快转变职能、简政放权作为当前政府改革的首件大事，近两年内国务院就分批取消、下放和免征了多项行政审批与事业性收费等事项，减轻企业负担上千亿元，这些措施极大地激发了市场发展的活力和社会创造力。

问题在于，仅宽泛地从宏观与微观层面区分政府干预市场的领域边界，很容易使政府在干预市场的过程中出现"灰色地带"。比如，我国作为发展中国家正处于增长速度换挡期以及结构调整期，已经到了过坎爬坡的紧要关口，市场经济本身发育还不是非常成熟的状态。这种情况下政府需不需要在微观经济领域中有所干预？面临我国公共产品供应严重不足、不均等宏观经济领域中的系列问题，可不可以选择性地发挥市场的作用？如果不能采取宏观经济领域与微观经济领域一刀切的政府干预方式，应如何对政府干预市场的领域边界进行更为科学的划分呢？

市场机制不能有效供给公共产品是市场失灵的重要表现。相对而言，公共产品不具有私人产品那么显著的排他性与竞争性。狭义上的公共产品只是指同时具有非排他性和非竞争性的纯公共物品，广义上的公共产品还包括消费上具有非竞争性、但不具有排他性的俱乐部公共产品以及具备非排他性却缺乏非竞争性公共池塘资源产品，后者统称为准公共产品。如果完全按市场价格分配消费公共产品，管理成本就会过高，再加上免费"搭便车"的现象难以避免，客观上决定公共产品需要由政府主导性供给。萨缪尔森、布坎南等人都曾对公共产品问题进行过深入分析，并给定了帕累托有效的制度安排。

制度安排本身就是一种公共产品。基于制度性层面解读政府公共责任，对于公共产品的有效供给具有非常重要的意义。市场本身是无法自主提供外在的正式制度安排的。为了解决公共产品供给上的公平性与效率性市场失灵问题，政府应提供公共责任的规范性的制度安排。政府责任内容一般分为道德责任与法制责任，但前者从本质讲是难以超越私人性、内在性的限度的，其对于社会公共生活的意义无法与后者相提并论。仅仅依靠政府组织自身的公共责任意识，难以确保其对林林总总的利益诱惑绝缘。政府公共责任始终是要以公共责任制度安排为基础和根据的。

我国政府公共责任制度安排的设计应依托于中国特色社会主义法制体系，力求实现公共责任制度规范完备化、实施高效化与监督严密化。就政府与市场关系而言，政府公共责任制度安排需要基于基本公共服务均等化的总体原则，充分考虑不同领域如何发挥政府和市场的各自优势。具体说来，可分为纯公共产品、私人产品以及准公共产品几大领域。

在纯公共产品领域，政府应着力完善基本公共服务均等化的责任制度，凸显补偿公平而非交易公平。交易公平着眼于机会平等，市场失灵的顽疾往往难以保证其结果上的不公平性，极易导致公共产品供给不足不均等问题。在纯公共产品领域，过于依赖市场机制的发挥，难以有效促进社会公正、增进人民福祉。补偿公平是修正交易公平的必然选择，其政策性表达正是基本公共服务的均等化。基本公共服务均等化不仅是政府一项经济责任，更是政治责任和社会责任。政府需制定公共服务的最低标准，调整和优化现行公共服务财政支出结构，保证人人享有基本公共服务目标的实现。政府作为基本公共服务供给流程中唯一合法的"制度设计者""直接生产者""生产主体的监管者"以及"公共财政的调配者"[1]，其公共服务均等化责任制度的践履直接影响着经济环境的健康发展与社会公平的实现。

在准公共产品领域，政府应主导生产，适当鼓励市场供给，健全宏观调控的责任制度。不同于纯公共产品，准公共产品的生产活动具有正溢出

---

[1] 曾保根：《基本公共服务供给机制的逻辑、误区与构想》，《中国行政管理》2013年第9期。

效益，而消费活动却可能产生负溢出效益。也就是说，政府需要在准公共产品领域主导性投入生产成本，一般市场主体难以承受此成本。但经营维护可由市场主要负责，因为准公共产品消费的过程是可以实现盈利的。鉴于准公共产品领域可以允许市场的参与，政府应积极推进该领域内的公共服务市场化与社会化改革。针对准公共产品领域的供给难点，政府应基于纷繁复杂的市场运行状态科学制订国民经济发展战略与计划，创新宏观调控思路和方式，加快产业结构与经济结构的调整，加强财政、货币和产业、投资等政策协同配合，确保经济运行处于合理区间。这对政府组织宏观调控的公共责任制度安排提出了极高的要求。

在私人产品领域，政府应充分发挥市场在私人产品领域的决定性作用，健全监管市场的公共责任制度，尤其要从公众最期盼的领域以及制约经济社会发展的瓶颈领域入手。首先，当私人产品的消费与生产形成正溢出效益时，政府应采取必要的与科学的市场手段，鼓励市场主体的积极性。政府可以通过税收减免、财政补贴等经济与法律手段，运用降低这类私人产品的市场准入等法律制度与差别化的政策，不断激发市场的和内生性动力。其次，当私人产品的消费与生产产生负溢出效益时，政府应发挥其在禁止、允许以及课税上的特有优势，健全相关法规并严格执法，以多种责任形式对产生负溢出效益的市场主体进行惩处、警戒与引导。党的十八届四中全会提出，推进政府信息共享，推动自然人、法人统一代码以及企业黑名单制度的建立健全，使失信者步履维艰。当然，这些政府监管的责任行为必须以资源配置中市场的决定性作用为前提，以减少负溢出效益或弥补其产生的社会成本为界。再次，在食品药品等关系国计民生的领域、互联网等新兴领域以及金融等传统领域，需要在坚持责权同步、放管并重的原则的基础上，着重加强事中、事后监管的公共责任制度建设，健全纵横交错、联动协同的立体化监管机制。

从纯公共产品、准公共产品与私人产品之维建构政府干预的领域边界，与政府公共责任制度性分析是本质关联的。但是，这并非意味着政府基本公共服务均等化、宏观调控以及市场监管的公共责任制度只能与纯公共产品领域、准公共产品领域与私人产品领域形成一对一的关系，不可越雷池一步。分析政府公共责任制度安排与政府干预领域边界之间的内在关联，意在明确政府在不同领域内应采取的市场干预的不同方式，明确政府在不同领域内应对市场干预到何种限度。而且在这其中，基本公共服务均等化的政府公共责任应该贯穿于政府干预行为的始终，这是社会主义制度优越性和公平正义的体现。

当然，由于受到决策主体的出发点、物质基础和各种预设前提等种种限制，我国当前政府公共责任制度安排还存在许多问题。各种政府公共责任制度之间缺乏有效的相互支持的结构，易导致制度虚设现象，如此等等。这些问题极易导致政府公共责任弥散化，消解政府对市场的有效公共供给，最终阻碍社会公平与正义的实现。这些问题的解决，仅仅依靠政府自身是难以奏效的，需要基于领域边界的科学划分，充分发挥政府与市场各自的机理与优势。

再次，市场干预的效率边界对应政府公共责任的描述性解读。政府干预市场无论在任何情况之下都不可能是一个低效率的选择，否则就是对市场经济基本规律的违背，社会主义市场经济条件下亦不例外。哈佛大学教授波特指出，决定政府干预的边界的主要因素在于提高生产率，这是一个国家国民财富的基础和提高竞争力的根本。[1] 合理的政府干预需要将效率作为边界。

与要素投入的收益不同，政府对市场干预的效率边界很难进行确切无误的定量化界定，政府干预过度与干预不足等行为一般都会打破效率边界。如果政府干预行为实施后，它替代市场交易而实现的群体合作的成本是更高的，那么这项政府干预市场的行为就超越了效率界限。在合理的效率界限内的政府干预行为，应能够实现各方收益与成本对称的预期，实现资源的有效配置。而超越效率界限的政府干预，其经济含义表现为群体通过交易规则筛除了一项不经济的资源配置。有些情况下，由于政府行政或其他手段的强制干预，也可能会导致一些本不能实现的交易得以实现。其后果是一项无效的资源配置不能通过失败的交易得到筛除，反而变成了现实。同时，由于交易机会被挤占，很可能导致原本应该成功的交易得不到实现。反之，如果政府干预不足，则可能会导致一些本应实现的交易无法实现，资源配置不能变成现实。无论哪种资源的误配，都必然会导致社会以及所有相关群体所承担的成本上升，即合作成本升高。

---

[1] Michael E. Porter. The Competitive Advantage of Nations, London: Macmilan, 1990, p. 617.

不管政府因忽视与市场的合作功能而干预过度，还是干预不足导致与市场的合作失败，哪种情况都会导致交易成本加大、资源配置不顺畅以及干预效率低下等情况。首先，政府规模膨胀是引发干预效率低下的主要管理障碍。现代社会的飞速发展尤其是经济交易的高复杂性，使得社会对政府的依赖度越来越高，对政府供给的社会需求也越来越大，同时政府权力的运行机制自身就具有一种扩大化的内在取向，如此种种，导致政府规模出现不断扩大化的趋势。政府工作机构及其人员数量的迅猛增长，造成政府财政赤字与预算规模的急速扩张，在大幅度提升了政府干预成本的同时降低了政府干预的效率。其次，传导机制不畅造成政府干预的信息成本加大。政府规模的过度膨胀势必会分化出众多层级，这些层级与部门间的职权细划导致政府组织结构更加复杂。机构之间各方面协调性难度的增加直接影响着信息传导的速度，造成信息沟通迟缓、信息失真等问题的出现，最终导致政府干预市场行为中信息成本的虚耗，最终使政府调控体系的运转效率与政府干预效率降低。再次，计划经济的思维惯式是我国政府干预效率低下的主要执行障碍。在计划性经济体制下，政府组织以包揽一切责任的"万能政府"的角色自居。在向市场经济转轨过程中，政府角色的转变仍不彻底。一方面政府承担了许多不该做或者能力限度之上的责任；另一方面又放弃了大量本应践履的责任。同时，计划经济的惯性作用使得政府干预过多地以行政行为的方式出现，法律与经济等市场性作用发挥得极不充分。这不仅妨碍了我国政府职能转变的进程，更加大了政府干预市场的成本，最终使政府干预行为触犯效率底线。

提升政府公共责任认知能力与责任行为能力，是提升干预市场行为效率的前提性要求。政府公共责任是一个结构性的复合概念和关系范畴，责任认知与行为能力是政府公共责任得以生成和践履的必备条件。政府应对自身的角色以及干预行为所产生的后果具有预见力和控制力。如果政府组织对干预行为可能产生的后果"不知"，缺乏一定的预见力、控制力、理解力与判断力，势必会导致干预过度与干预不足等干预无效的结果。政府组织在干预行为之初就应当对行为可能带来的"利益""环境"以及对他人的影响等后果有所预见。政府公共责任能力承担着对干预行为发生、持续或者及时中止的功能。一旦政府组织由于疏忽大意或者过于自信而对后果预见不足，尽管从主观愿望来讲并不希望负面后果的发生，政府也必须为干预失效行为埋单，承担责任能力不足所带来的相应后果。在深层意义上，政府规模膨胀与信息传递成本加剧等问题，并不是单纯地政府减员或者减少部门层级数量的问题，而是提升加强政府职能效率及其公共责任认知与行为能力的问题。我国政府首先应对自身在干预市场中的角色定位形成科学认知，尽快摆脱计划体制下所形成的"全能管理者"的定位。政企分开是脱离全能政府角色认知的必然选择，其关键在于政资分开。政府干预市场并非要把触角伸入经济生活的每一方面和每一层次，而是需要时刻提醒自身干预行为的价值边界、领域边界与效率边界。强化政府公共责任认知与行为能力，是以充分发挥政府干预的优势、尽量避免"政府失灵"的危害为目标的，力求降低政治、经济与社会复杂系统中的"交易成本"，提高行政干预效率和稳定社会秩序。

社会主义市场经济与条件下，政府组织不仅是宏观经济的调控者，更是公共产品的提供者、国家竞争力的培育者和市场秩序的维护者。政府不只是站在社会权威机构的角度对社会成员经济活动的失衡进行调控，其自身活动也是市场经济体制中重要的组成部分。市场经济条件下政府践履公共责任的正当性就在于：保障市场在资源配置中起决定性作用的同时，在市场失灵的地方促进公平与效率的实现，协调社会成员之间的利益的合理分配。因此，基于政府公共责任价值层面、制度层面与描述层面的解析，厘清政府公共责任与市场干预边界的对应关系，是时代赋予的重大使命。

其二，以责任公共性规范政府管理机制创新的价值诉求。政府管理内在着公共精神品质和内涵，这决定其具有其他机构不可替代生存空间和管理样式。对政府管理机制创新问题的思考，人们习惯于纠缠于一些枝节性问题，如具体的编制、体制以及模式等。在某种意义上，这种创新研究体现出一种"应急性"的意味，其结果往往陷入"膨胀—精减—膨胀""收权—放权—收权"循环的悖论之中。流于管理流程、具体管理方式层面的政府管理机制创新，体现出一种基于个人责任追求管理效率最大化的价值诉求。现代政府管理的深层危机在于责任公共性的缺失，责任公共性的诉求由此成为政府管理的主题。从价值前提入手，对政府管理机制创新做纵深拓进的学理性研究与辨析，探究政府管理责任公共性危机何以发生，如何解析政府管理责任公共性诉求的基本层面，如何把握政府管理责任公共性的基本特质，理应成为现代政府管理议题中应着力思考和解决的基础性问题，具有迫切的理论需求与重大的时代意义。

责任公共性是政府管理机制创新最深切的实质性的价值诉求。对政府管理机制的创新必须同时考虑"为何创新"与"如何创新"这两个方面。"为何创新"关注创新的目的，"如何创新"关注创新的具体路径。前者为实质性创新，后者为程序性创新。实质性创新与程序性创新并非相互分离，而是通过相互联系相互影响与相互作用而共同发展的。没有纯粹的实质性创新，实质性创新总是要依托于程序性创新而得到实现。反之，也没有纯粹的程序性创新，程序性创新总是要依赖于人们关于实质性价值的判断与取舍。一般而言，现代社会更为关注政府管理机制的程序性创新。现代政府管理机制以韦伯理想意义上的管理体系为模本，通过专门化、科层化、规则化的设计，实现了机构规范、角色规范，保证政府组织实现有序化地高效运转。问题在于，这种取向极易使现代政府管理体系成为追求最大化效率的工具。在这种意义上，它是无力进行是非善恶的区分与弃取的。一旦把某种价值观念、意识形态等视为信奉的源头，这种管理体系就会自动开足马力自动奔向这个目标。这一点早已在历史实践中得到证实，"二战"大屠杀就体现了"科学种族主义""社会改造工程"的意识形态与现代政府管理体系的完美结合。我们要警惕——或许我们已经身处其中——诉求具体管理机制创新的现代政府管理体系已超越我们的控制能力。

政府管理机制的实质性创新关注对价值的追求，考量这种价值特别需要深入到更宏大和长远的历史背景之中。纵观政府管理发展史，不过是人们对于国家与社会关系的批判史与构建史。国家理论同时就是关于社会以及权力在该社会中分配的理论。在前现代社会中社会被国家遮蔽而失去应有的自主性，人民的生活和国家生活是同一的。市民社会的壮大使私人自主领域与国家所代表的政治权力领域共同构成现代社会的两大基本领域，并形成"小政府、大社会"的格局。但随着资本主义福利国家与早期社会主义集权式国家的兴起、发展，其弊端也日益显露，人们开始逐渐认识到强调政府社会管理职能的重要性与必要性。

加强社会建设、建立健全基本公共服务体系是我党和政府建设明确强调和一再重申的基本观点。以社会责任、公共责任和责任制度规范为指向的责任公共性，正是政府管理机制的实质性的价值回归。政府及其公务人员具有极为特殊和重要的多重身份，其自身虽然也是一个利益实体，但本质上是以公共利益的维护为目的的。如果政府及其公务人员一味把自我责任的实现置于社会与公共责任之上，其后果不堪设想。现代政府管理机制的重大弊端就在于其以制度设计的技术优势消解了对公共责任与社会责任的履行与承担。在这个意义上，政府管理机制创新的重中之重就在于对责任公共性的价值诉求，对公共责任、社会责任与政治伦理的追求与深入研究。

其三，大力推进我国公民社会建设进程，实现多元主体的对话与协商，加快政治伦理与民主政治制度建设进程。真正具有民主精神的国家与社会应奉行宽容、合作而不是暴力、强制的理性，不宽容本身就是一种暴力和强制。国家需推进公民社会建设进程，诉诸公众讨论、协商、共同认可，形成共识、公共规范、公共意志而不是必须接受的"必然真理"。"'必然真理'的观念正是这样一个命题的观念，人们相信它，乃是因为对象对我们的'控制'是无法避免的。……像几何公理这类典型的必然真理不应需要证明、理由、讨论，他们的不可讨论性又如宙斯呼唤雨或海伦示意入其闺房一样。"[1] 这种必然真理观是以必然大力"控制"的形式实现的，西方中世纪时期与我国的封建社会统治都是遵循这一范式。排斥、禁锢、灌输与压迫是这一范式的惯常伎俩，中国历史上的"焚书坑儒""独尊儒术"甚至"文化大革命"都是真实的历史写照。这里盛行的是一元而不是多元，强制而不是辩论，暴力而不是说服，权力而不是权利。"只有靠压迫性地使用国家权力（state power），人们对某一种完备性宗教学说、哲学学说和道德学说的持续共享性理解才得以维持下去。"[2] 国家与政府有责任使公民在稳定的民主政治制度安排中进行充分的表达、对话与协商，从而使独立的个人间相互的承认和自主交往关系得到真正的实现。

公民就关涉公共利益的公共问题展开对话、讨论与辩论，积极参与到公共事务之中。公民不是市民，马克思在谈到这种政治解放时曾指出，"政治解放一方面把人变成市民社会的成员，变成利己的、独立的个人；

---

[1] ［美］罗蒂：《哲学与自然之境》，李幼蒸译，商务印书馆 2003 年版，第 143 页。
[2] 罗尔斯：《政治自由主义》，万俊人译，译林出版社 2000 年版，第 38 页。

另一方面把人变成公民，变成法人。"① 作为市民，人的活动是私人领域的，不具有政治属性。而作为公民，人的活动是公共领域的，人不再是直接存在的自然人。公民也不是由现有权力等级结构所决定的受某些领导管制的普通群众，不是相对于精英而言的被动接受的大众。公民作为一种政治身份，关心公共利益从而具有公共人格。当然，这并不是古希腊社会那种直接民主制，要求所有人参与所有的公共活动是不切实际的。某种意义上讲，古希腊社会其实是一个同质化的社会，人们在其中有充分的自在感。随着个体意识的萌芽和诞生，古希腊城邦的囿于一隅之见的片面性也就暴露出来了，古希腊城邦的直接民主制度便不得不走向解体。诚如查尔斯·泰勒对黑格尔思想所作的复述那样："古希腊城邦的这个优美的统一已经解体。由于它的局限性，由于它的囿于一隅之见的片面性，它注定地要解体。世界精神不得不向前推进。所以一旦城邦得到了实现，理性的诡计便呼吁历史的个体去超越城邦。这个我行我素的人物便是苏格拉底。苏格拉底转向了对于普遍理性的忠诚。虽然他想要仍然服从他的城邦的法律，但是他试图把它们建立在理性的基础之上。所以，尽管他誓死保留着对雅典的忠诚，然而他的教导却不能不败坏了青年人，因为它摧毁了城邦所依赖的与公共生活保持的直接同一性。"② 卢梭的理想是无法真正在一个异质性的社会中实现的，极为容易导致极权主义的暴政。正因为如此，公民必然是多元化的群体存在，这些群体组织作为责任主体，不断互动与对话。公民社会的这种结构性的多元性和互动性使我们可以用参与性和公开性去定义社会生活。

对话、辩论与协商，营造出宽容的、多元化的民主氛围，这对个人的公共责任的实现具有非凡的意义。如果没有充分民主的制度保障与社会氛围，大部分人很容易走向不道德和选择自我保全的责任，对公民责任与社会责任的承担就无从谈起。人的公共责任担当以独立自主的判断力为前提，但更需要多元主义中的平等对话。否则即使有正确的责任认知与判断，也只能存在于个人的隐私领域中。当面对唯一的、明确和垄断的权威时，人们往往会听不到他者呼唤的声音，或是出于对权威的惧怕而自动缄

---

① 《马克思恩格斯全集》（第1卷），人民出版社1956年版，第443页。
② [加]泰勒：《黑格尔》，张国清等译，译林出版社2002年版，第609页。

默。权威强大的效力让人们常常埋没了责任感知,违背了自己的责任判断。在这种情况下,哪怕你没有直接参加犯罪,也必须为自己对权威的屈从而承担道德责任与政治责任。那些为生存而在面具下苟活的人,不能以"我不去做别人也会去做"、"我可以让人死得更少"或者"从其内部寻求改革契机"等借口为自己开脱责任。即使过后对自己曾经坚持的信仰有所反思,人也必须承担相应的责任。就像雅斯贝尔斯指出的,我们不应用昔日的"真诚"来为"错误良知"辩护,"我们必须对自己的失望负责"[①]。没有自由,不只是不允许自由思考的问题,更是从根本上就不能够知道什么是自由思考的问题;不只是无从作出独立的责任判断之问题,更是根本就不知道什么是独立的责任判断的问题。工具理性正是通过对他者呼唤的声音的湮灭、通过对多元主义与社会自治的限制,才使自己成为垄断权威的。在这唯一的权威面前,个人和群体都被贴上了标签并加以限制,责任的代理、弥散、转移与消解纷纷上场。

多元主体的对话与协商使责任主体不能独断地形成责任判断与选择,从而避免那种真理化的、绝对化的不容置疑的责任观。真实的意见唯有通过在公开讨论中才能形成。"没有意见是自明的,在意见问题上,而不是在真理问题上,我们的思考是十足游历性的(discursive),仿佛是从一个地方跑到另一个地方,从世界的一个部分跑到另一个部分,经历各种各样的冲突的观点,直到最后它从这些具体性上升到某些没有偏见的普遍性。"[②] 当责任主体思想"游历性"的时间越长,表明它在心中考虑到的立场越多、审视问题的视角越多。"我就越能更好地想象:如果我处在他们的位置,我会怎样感觉和思想,我代表思想的能力也就越强,我的最后的结论或我的意见也就越站得住脚。正是这种'扩大了精神'的能力使人们能够进行判断;意见形成的根本过程取决于这些人,在他们的位置上,某个人思考和运用他自己的理智,而这一想象力的发挥的条件是无利害性,是从一个人的一己利益中解放出来。但是一种意见的根本品质,正

---

① Karl Jaspers, The Question of German Guilt, New York: Capricorn Book, 1947, p. 66.
② [德] 阿伦特:《真理与政治》,田立年译,载贺照田:《西方现代性的曲折与展开》,吉林人民出版社 2002 年版,第 315 页。

如一个判断的根本品质,取决于它的无偏见的程度。"① 责任主体只有在多元主义的对话与协商中,才能使自己走出带有种种偏见或偏好的个别性,实现责任的自我担当与责任公共性的统一。

当代中国政府需要转变执政意识,不仅有责任维护国内正义,还要关注全球正义。大力推进自由、公平、正义、自治、协商的政治价值理念,为壮大和发展我国公民社会提供精神动力和理念支撑。一个民主政府的权力来自于其全体人民,民主政府必须最大程度地对人民敞开、对人民的要求做出反应。政府有责任帮助社会成员树立正确的世界观、人生观与崇高的理想。推进民主政治制度建设时要注意确保最基本的制度如代议制度、政府制度、政党制度、司法制度、舆论制度等得到真正的贯彻实施。可以借鉴其他国家的一些有效的制度措施。比如德国就设立了专门的宪法法院,其职责是确保违宪审查制度、确保宪法的正常实施。政府有责任保护公民言论、出版和结社自由和宗教自由等基本权利,在民主政治条件下,每一个人不论出身、地位、性别、财产多寡或者个人偏好,其自由、尊严和价值都是平等的,有权享受各种政治文化权利。而且,政府有责任尽可能提供人们组织和充分参与社会政治、经济和文化生活的机会。

公民不仅要培养积极的权利意识,还要切实承担起政治参与的责任。公民不能仅仅是一个观察者,更应该积极参与到政治生活中去,这种公共责任实践需要从制度上得到保证。我国2006年1月1日开始施行的《公务员法》明确规定:公务员执行公务时,认为上级的决定或者命令有错误的,可以向上级提出改正或者撤销该决定或者命令的意见;上级不改变该决定或者命令,或者要求立即执行的,公务员应当执行该决定或者命令,执行的后果由上级负责,公务员不承担责任;但是,公务员执行明显违法的决定或者命令的,应当依法承担相应的责任。这比起《公务员法(草案)》里的"公务员不得对抗上级决定和命令"更加民主和进步。不仅公务人员的"不服从",任何公民的"不服从"都是其维护公共利益、保持自主性的现实选择,是每一位公民积极承担政治责任、法律责任和道德责任的必然结果。就像库珀在评价公务人员对上级的不服从时指出的,

---

① [德]阿伦特:《真理与政治》,田立年译,载贺照田:《西方现代性的曲折与展开》,吉林人民出版社2002年版,第315页。

"个人不仅要为自己的违法的自主行为承担罪责,也要为执行任何违法的计划、阴谋的命令而承担罪责。该原则提醒我们:尽管我们是别人的代理人,但我们绝不能将自己视为只是受别人控制的工具。尽管我们所扮演的角色会要求我们以一种我们自主选择时不会采用的方式去行为,但当我们在思考如何实施这些角色行为以及努力辨认忠诚关系的界限范围时,我们绝不能放弃良知。最后,我们有责任对上级、同事和我们身在其中的集体说声同意或反对。"① 民主政治制度提倡公民的政治参与,也为其高度负责任的公共精神提供稳定的制度保障和广阔的组织空间。

最后,大力推进责任政府组织信息公开与信息共享进程。在一个高度信息化的社会,信息已成为极为重要的战略资源,关注信息已成为责任对时代发展的最好回应。政府组织作为一个国家内部公共权力的拥有者以及公共产品和公共服务的主要供给者,通常是在信息不对称的环境中运作的。必须承认,在国防等某些特殊的领域里,信息不公开是必不可少的。但某些政府组织及其公务人员往往打着公共利益的旗号对信息保密,而其的真实意图却是要实现对社会的全面控制。"等级秩序的稳定事实和它所依存的交易信息的广泛和无控制的扩散是不相容的。因此,不共享信息就在那些看重这种稳定的人中间变为根深蒂固的官僚制度的价值。如果说市场制度反对内部交易和利用信息的不对称性,那么相比之下,官僚制度则努力防止有价值交易信息的'泄露':自我调节要求信息分享;等级协调则要求信息囤积。"② 只有信息不公开,才能对公众或者上级隐瞒事实真相,保护自己的不法利益,为不负责任的行为掩饰。即使有所公开,也往往存在着不及时、不全面、不坦诚和不实事求是等问题。马克思曾尖锐地指出,"官僚机构的普遍精神是秘密,是神秘。保守这种秘密在官僚界内部靠的是等级组织,对于外界则靠它那种闭关自守的社会性质。因此,公开的国家精神及国家的意图,对官僚机构来说就等于出卖它的秘密"。③ 信息隐蔽不是一个责任政府应有的行为准则,而只能将政府组织推向官僚

---

① [美]库珀:《行政伦理学:实现行政责任的途径》,张秀琴译,中国人民大学出版社2001年版,第202页。

② [英]布瓦索:《信息空间——组织、机构和文化中的学习框架》,王寅通译,上海译文出版社2000年版,第354页。

③ 《马克思恩格斯全集》(第1卷),人民出版社1956年版,第302页。

主义的深渊。

　　现代民主政治是开放、公开的政治。责任政府客观上要求政府组织及其公务人员信息公开，如此才能保证公众的知情权，促进公共决策的民主化和科学化。信息公开有利于政府组织及其公务人员免犯纯技术型的判断造成的错误，其决定的对象是各种各样的人，因而在作出决定的过程中了解这些对象的反应是有益的。公开还有助于政府组织及其公务人员的纯洁，保持与公众的联系，有助于政府组织机构的自身改造。信息公开是公共领域充分发育的前提，迫使政府组织及其公务人员必须更多地在意外界的评价。而且，既然政府组织及其公务人员是为公共利益而行动，又有什么原因和理由不能让自己光明磊落地接受公众的质询、检查与监督呢？正如罗尔斯所言，"当谈到一种制度因而社会的基本结构是一种公开的规范体系时，我的意思是说每个介入其中的人都知道当这些规范和他对规范规定的活动的参与是一个契约的结果时他所能知道的东西。一个加入一种制度的人知道规范对他及别人提出了什么要求。他也清楚：别人同样知道这一点，他们也清楚他知道等。……一种制度，其规范的公开性保证介入者知道对它们互相期望的行为的何种界限以及什么样的行为是被允许的。存在着一个决定相互期望的共同基础。而且，在一个组织良好的社会以及一个由一种共同的正义观有效地调节的社会里，对何为正义非正义也有一种公开的理解。"[①] 唯有信息公开，各种公民社会组织与政府组织之间才能有信息和理由的有序交换，二者的对话才有基础，协商才可能顺利进行。

　　信息共享是当代中国责任政府建构的必然要求。我国政府已经逐渐认识到建构信息共享体系的重要意义，尤其注重对信息安全服务体系的构建。如2013年11月，教育部政府采购中心关于"教育服务与监管体系信息化建设"全国教师管理信息系统开发项目开标，其金额总计为800余万元，这充分说明我国政府建构信息共享体系的决心与力度。教育部政府采购中心曾对"教育服务与监管体系信息化建设项目——安全服务"进行公开招标，其内容涉及安全体系现状及需求分析、等级保护咨询、安全建设总体方案设计、安全策略体系建设、安全产品集成与实施、安全评估与加固、应急响应、信息安全培训、安全保障总体规划和建设实施指南制

---

[①] 罗尔斯：《正义论》，何怀宏等译，中国社会科学出版社1988年版，第55—56页。

定等九项工作。其实,目前国内外学者在政府信息共享体系建构研究已经取得了一些进展,有学者指出政府提供的信息服务可以有效地避免市场信息不对称的问题,可以从全局规划与宏观指导、政策法规与技术标准制定、建设资金投入三个方面丰富政府信息共享内容。但总体而言,这些研究相对薄弱,尤其是欠缺对现代化进程中出现的新问题和时代发展的敏锐性把握。

作者曾就政府服务与高校责任信息共享问题进行过实证研究,课题组选取某地区数所高校为样本,就"你一般通过什么途径获取责任教育信息?"问题进行调查,结果显示:通过百度、谷歌等各大引擎搜索的占12%;从中国知网、万方数据库等学术资源数据库搜索的占47%;而能够从其他途径搜索到自己所需信息的学生只有37%。当调查组进一步询问选择前两者的学生,为什么不考虑其他路径时,学生一般给出两点主要原因:一是很难发现其他兼具权威性的搜索平台;二是有的个别信息平台收费较高,无法承担。总体而言,当前信息共享存在信息量贫乏、信息源滞后以及管理不规范等问题。政府与高校之间、高校与高校之间、政府与市场之间存在着严重的信息不对称的问题,极有可能导致地区间、高校间责任教育效果差距增大及发展不平衡的状况,这说明建构政府信息共享工作具有极大的必要性与紧迫性。就具体内容而言,首先,政府可以建立统一的信息发布平台,并制定严格规范的操作流程。政府应从宏观层面上加强全社会责任意识的引导,传递正能量,以形成良好的责任教育环境。各级地方政府可以根据本地的历史发展及传统文化,深入挖掘具有本土特色的精神力量,以求责任教育信息更具针对性和实效性。其次,加强政府对高校信息体系的评价服务。依据大量调查与理论研究以及对研究成果的反复实践,可以初步形成政府与高校合作完善责任教育信息体系的三级评价机制。一级评价指标为高校责任教育信息资源获取,可占评价体系的20%。其中学校对高校责任教育信息的投入、国家为高校责任教育提供的信息、社会为高校责任教育提供的信息可以作为其三大子系统,所占比重分别为一级评价指标20%比重中的8%、6%、6%。二级评价指标为高校责任教育信息共享管理,可占评价体系的40%。其中高校责任教育信息资源数据库的信息含量、信息真实性与权威性、信息资源市场利用率以及不同高校责任教育信息资源独特性可以作为其四大子系统,所占比重分别为二级评价指标40%比重中的10%。三级指标可以设定为高校责任教育信息共享效果,可占评价体系的40%。其中教师队伍责任教育能力与学生责任意识提高程度(对自我责任、对家庭责任、对他人责任、对社会责任)、责任践行能力提高程度(责任践行参与程度、责任践行实际效果)可以作为其三大子系统,所占比重分别为三级评价指标40%比重中的10%、15%、15%。再次,应当在政府的指导下加强高校与社会、与政府各相关部门以及高校之间的联系。社会在责任教育过程中的作用往往是隐性的,政府可以与高校合作,引导学生适当参与社会实践、志愿服务等。这种方式通常是以实践教学的方式来实现高校学生责任教育的目的。此外,各政府机关完全可以吸纳高校学生参与到引导公民责任意识的相关活动的设计和执行过程,让他们在实践中对责任有更为清晰的认识。政府还应当鼓励各高校间进行学习访问,甚至可以尝试通过严格审批与制度规范建立起将国内外高校联系起来的信息平台,加强各高校之间的教育信息交流。同时,要注意严格规定各高校责任教育信息公开范围,从而充分实现信息共享。最后,针对教育信息浪费问题,政府可以对市场上信息平台的收费制度进行相应调整。由于市场上存在许多准责任教育信息,其中有些收费较高,而政府如果强制其减少收费,很有可能降低其中部分部门或个人的研究热情,这样反而不利于信息共享的发展。政府应该出台相关政策减少税收并且加大奖励制度,同时规定市场降低其收费标准。

其实信息共享体系得以建构的前提,一方面在于信息系统的技术发展和传输技术的提高;另一方面则在于信息标准化与规范化。但是从对实证调研的分析来看,当前信息获取不仅相当被动,而且路径也较为单一。这种情况恰恰说明在"互联网+"的时代,大力推进我国信息公开与信息共享建设对于责任政府构建的必要性与急迫性。当然,对这一问题的解读需要大量理论与实践研究,远远超越本书的容量,故在此不再赘述。

综上所述,当代社会责任危机是从责任视角对现代性事实及其人的生存境遇的深刻反思。对由启蒙理性退化而来的工具理性之抽象性和独断性的分析,是对主体形而上学思辨逻辑的批判。在对责任危机根源进行理论分析的同时,我们着重探讨了责任漂浮的社会现实根源。当代社会实现了以物的依赖性为基础的人的独立性,这在导致人与人之间的普遍分离和对立的同时,也导致人们在相互需要的纽结上的普遍结合。商品交换关系不断侵蚀着人的生活世界,人在其中实现了政治平等基础上的个人独立,但同时对物的过分依赖使金钱、货币与资本这些抽象物便成为自身的统治者。"我是什么和我能够是什么,决不是由我的个性来决定的。……货币是受尊敬的,因此,它的持有者也受尊敬。货币是最高的善,因此,它的持有者也是善的。"① 这些抽象物成为一切事物的普遍价值,剥夺了包括人在内的整个世界本身的价值。对处于社会现实中的个人来说,虽然自由但却始终受着无比强大的必然性的制约。当代社会中责任公共性沦丧,责任处于破碎化、计算化和功利化的漂浮状态。人在这责任的漂浮状态中感受到自身价值的虚无,反过来只能无限依赖于社会的整体结构与运行机制的规范化力量。有鉴于此,本书着重探讨了合理建构市场干预的边界与政府践履公共责任内蕴三重对应关系、以责任公共性规范政府管理机制创新的价值诉求、大力推进公民社会、政治伦理与民主政治制度以及政府信息公开建设进程等方面问题。

---

① 《马克思恩格斯全集》(第42卷),人民出版社1979年版,第152—153页。

# 结 语

从人类社会的发展来看，人们对责任的体认大体上经历了基于善的对城邦的责任、基于信仰的对上帝的责任以及基于自我意识的个人责任的嬗变。在当代社会中，责任公共性沦丧，处于一种冷漠化、碎片化和计算化、功利化的漂浮状态。本书依托于马克思主义哲学，以当代社会的责任危机为时代背景，对责任问题展开哲学分析。当我们畅谈当代责任危机的实质与根源之时，其实已经预设了本书对责任的探讨层次。本书不是在普遍理性主义的范式中来谈责任，因为那会使我们重新回到意识哲学中而远离现实世界；本书不是探讨职责意义上的责任，毕竟在越来越商品化和功利化的社会中，人们已经太多地从惩罚或功利的角度去考虑责任问题；本书也不是仅仅寻求对责任的道德解读，这种视角虽然重要，但是对开启新型的民主社会、政治文化与培育公民意识的意义却极为有限。

本书依托他者范畴在哲学层面上反思责任问题，寻求走出当代责任危机的可能路径。第一，本书诠释责任概念的哲学内涵，探讨责任的内在要素、生成机理等基本理论问题，指出责任具有重要的社会价值、伦理和道德价值以及法律价值。第二，本书从哲学史梳理责任脉络，历史地分析和批判传统责任观，揭示责任思想与社会历史条件之间的内在联系，为深入挖掘当代社会责任问题的根源进行铺垫。第三，本书深入分析当代社会责任危机的历史发生机制，即市场经济造就物化逻辑，社会生活全面科学化，全球化进程与民族国家矛盾重重。就根源而言，主体形而上学压制他者，工具理性泛滥，自由主义和个人主义盛行，导致人文价值失落。责任公共性的缺失成为当代责任危机的实质所在，具体表现为公共责任的缺失以及责任为我性、私人性的凸显。第四，本书从公共性入手对责任进行主体、内容以及客体的全方位重构，在责任重构中实现责任价值尺度的转换与责任虚无主义的克服，反思社会主义市场经济条件下的责任困境及其超越问题。总之，哲学视角的责任反思具有观念批判的意义，理应是各种外在责任规定问题背后更为深层的问题，因此本书的研究具有一定的学术价值与时代意义。

# 参考文献

## 一 外文文献

[1] A. I. Melden, Essays in Moral Philosophy, Seatlle: University of Washington Press, 1958.

[2] E. Cassirer, The Renaissance Philosophy of Man, Chicago: University. of Chicago Press, 1948.

[3] Emmanel Levinas, Totality and Infinity——An Eassay on Exteriority, Trans. Alphonso Lingis. Pittsburgh: Duquesne University Press, 1979.

[4] Emmanuel Levinas, Ethics and Infinity, Trans. Richard A. Cohen. Pittsburgh: Dequesne University Press, 1985.

[5] Habermas, Justfication and Application: Remarks on Discourse Ethics, Translated by Ciaran Cronin. Cambridge, Mass: The MIT Press, 1994.

[6] Hannah Arendt, Between Past and Future: Eight Exercises in Political Thought, Harmondsworth, Middlesex: Penguin Books Ltd., 1977.

[7] Hannah Arendt, Lecture on Kant's Political Philosophy, Edited by Ronald Beiner. Chicago: University of Chicago Press, 1982.

[8] Hannah Arendt, The Origins of Totalitarianism, Cleveland: Meridian Book, 1958.

[9] Hans Jonas, The Imperative of Responsibility: In Search of an Ethics for the Technological Age, Chicago: University of Chicago Press, 1985.

[10] Mark Alznauer, Hegel's theory of responsibility, New York: Cambridge University Press, 2015.

[11] Holger Zaborowski, "On Freedom and Responsibility: Remarks on Sartre, Levinas and Derrida", The Heythrop Journal, June 2000.

[12] James W. Bernauer, Explorations in the Faith and Thought of Hannah Arendt, Boston: M. Nijhoff; Hingham, MA: Distributors for the U. S. and Canada Kluwer Academic Publishers. 1987.

[13] Jears - Paul Sartre & Benny Levy, Hope Now: The 1980 Interviews, Trans. Adrian van den Hoven. Chicago: The University of Chicago Press, 1996.

[14] Jeffrey Reiman, Justice And Modern Moral Philosophy, New Haven: Yale University Press, 1990.

[15] John Martin Fischer, Free Will and Moral Responsibility, Oxford: Blackwell Publishing, 2005.

[16] John Martin Fischer, Perspectives on Moral Responsibility, New York: Cornell University Press, 1993.

[17] Jonathan Allen, "Desency and Stuggle for Recognition", Social Theory and Practice, 1998, p. 449.

[18] Jonathan Sacks, To Heal a Fractured World——The Ethics of Responsibility, New York: Continuum, 2005.

[19] J. R. Lucas, Responsibility, New York: Oxford University Press Inc., 1993.

[20] Karl Jaspers, The Question of German Guilt, New York: Capricorn Book, 1947.

[22] Robert Gibbs, Why Ethics? Signs of Responsibilities, Princeton, N. J.: Princeton University Press, 2000.

[23] William Schweiker, Responsibility and Christian Ethics, New York: Cambridge University Press, 1995.

二 中文文献

（一）著作类

[1] [德] 阿多尔诺：《否定的辩证法》，张峰译，重庆出版社1993年版。

[2] [德] 阿伦特：《人的条件》，王世雄等译，上海人民出版社1999年版。

[3] 奥古斯丁：《忏悔录》，周士良译，商务印书馆1963年版。

[4] [德] 白舍客：《基督宗教伦理学》，静也等译，生活·读书·新知三联书店2002年版。

[5] 柏拉图：《游叙弗伦·苏格拉底的申辩·克利同》，严群译，商务印书馆1983年版。

[6] [英] 鲍曼：《后现代性及其缺憾》，郇建立等译，学林出版社2002年版。

[7] [英] 鲍曼：《现代性与大屠杀》，杨渝东等译，译林出版社2002年版。

[8] [英] 鲍曼：《生活在碎片之中——论后现代道德》，郁建兴等译，学林出版社2002年版。

[9] [比] 鲍克尔特：《公共管理改革——比较分析》，夏振平译，上海译文出版社2003年版。

[10] [美] 贝尔：《资本主义文化矛盾》，赵一凡等译，生活·读书·新知三联书店1989年版。

[11] [英] 贝尔纳：《历史上的科学》，伍况甫译，科学出版社1959年版。

[12] [法] 博德里亚：《完美的罪行》，王为民译，商务印书馆2000年版。

[13] [英] 波普：《猜想与反驳——科学知识的增长》，付季重等译，上海译文出版社1986年版。

[14] [德] 布伯：《我与你》，陈维刚译，生活·读书·新知三联书店2002年版。

[15] [英] 布瓦索：《信息空间——组织、机构和文化中的学习框架》，王寅通译，上海译文出版社2000年版。

[16] 边沁：《道德与立法原理导论》，时殷弘译，商务印书馆2000年版。

[17] [英] 戴维斯：《列维纳斯》，李瑞华译，江苏人民出版社2006年版。

[18] 笛卡儿：《第一哲学沉思集——反驳和答辩》，庞景仁译，商务印书馆1986年版。

[19] 杜威：《人的问题》，付统先等译，上海人民出版社1965年版。

[20] [美] 格里芬：《后现代精神》，王成兵译，中央编译出版社1997年版。

[21] 葛兰西：《实践哲学》，徐崇温译，重庆出版社，1990年版。

[22] [英] 哈特：《惩罚与责任》，张志铭等译，华夏出版社1989年版。

[23] 哈贝马斯：《现代性的哲学话语》，曹卫东等译，译林出版社2004年版。

[24] 哈贝马斯：《作为"意识形态"的技术和科学》，李黎等译，学林出版社1999年版。

[25] 哈贝马斯：《包容他者》，曹卫东译，上海人民出版社2002年版。

[26] [英] 哈耶克：《个人主义与经济秩序》，邓正来译，生活·读书·新知三联书店2003年版。

[27] [英] 哈耶克：《自由秩序原理》，邓正来译，生活·读书·新知三联书店1997年版。

[28] 海德格尔：《存在与时间》，陈嘉映等译，生活·读书·新知三联书店1987年版。

[29] 海德格尔：《海德格尔选集》（下），孙周兴选编，生活·读书·新知三联书店1996年版。

[30] 海德格尔：《面向思的事情》，陈小文等译，商务印书馆1996年版。

[31] 黑格尔：《法哲学原理》，范扬等译，商务印书馆1961年版。

[32] 黑格尔：《精神现象学》（上），贺麟等译，商务印书馆1979年版。

[33] 黑格尔：《哲学史讲演录》（第4卷），贺麟等译，商务印书馆1978年版。

[34] 黑格尔：《哲学史讲演录》（第2卷），贺麟等译，商务印书馆1960年版。

[35] [匈] 赫勒：《日常生活》，衣俊卿译，重庆出版社1990年版。

[36] [英] 霍尔姆斯·罗尔斯顿：《环境伦理学：大自然的价值以及

人对大自然的义务》，杨通进译，中国社会科学出版社 2000 年版。

［37］胡塞尔：《欧洲科学的危机与超越论的现象学》，王炳文译，商务印书馆 2001 年版。

［38］胡塞尔：《胡塞尔选集》（下），倪梁康选编，生活·读书·新知三联书店 1997 年版。

［39］霍布斯：《利维坦》，黎思复等译，商务印书馆 1985 年版。

［40］霍布斯：《论公民》，冯克利等译，贵州人民出版社 2003 年版。

［41］吉登斯：《现代性与自我认同》，赵旭东等译，生活·读书·新知三联书店 1998 年版。

［42］吉登斯：《民族——国家与暴力》，胡宗泽等译，生活·读书·新知三联书店 1998 年版。

［43］［英］基恩：《公共生活与晚期资本主义》，马音等译，社会科学文献出版社 1999 年版。

［44］［德］伽达默尔：《科学时代的理性》，薛华等译，国际文化出版公司 1988 年版。

［45］［日］今道友信：《东西方哲学美学比较》，李心峰等译，中国人民大学出版社 1990 年版。

［46］康德：《单纯理性限度内的宗教》，李秋零译，中国人民大学出版社 2003 年版。

［47］康德：《道德形而上学原理》，苗力田译，上海人民出版社 2002 年版。

［48］康德：《法的形而上学原理》，沈叔平译，商务印书馆 1991 年版。

［49］康德：《历史理性批判文集》，何兆武译，商务印书馆 1990 年版。

［50］康德：《实践理性批判》，韩水法译，商务印书馆 2005 年版。

［51］［美］库珀：《行政伦理学：实现行政责任的途径》，张秀琴译，中国人民大学出版社 2001 年版。

［52］［法］拉康：《拉康选集》，褚孝泉译，生活·读书·新知三联书店 2001 年版。

［53］莱布尼茨：《人类理智新论》，陈修斋译，商务印书馆 1982 年

版。

[54] [法] 列维纳斯：《从存在到存在者》，吴蕙仪译，江苏教育出版社 2006 年版。

[55] [美] 里奇拉克：《发现自由意志与个人责任》，许泽民等译，贵州人民出版社 1994 年版。

[56] [法] 利奥塔：《后现代道德》，莫伟民等译，学林出版社 2000 年版。

[57] [英] 卢克斯：《个人主义》，阎克文译，江苏人民出版社 2001 年版。

[58] 卢卡奇：《历史和阶级意识》，张西平译，重庆出版社 1989 年版。

[59] [美] 罗蒂：《哲学与自然之境》，李幼蒸译，商务印书馆 2003 年版。

[60] 罗尔斯：《正义论》，何怀宏等译，中国社会科学出版社 1988 年版。

[61] 罗尔斯：《政治自由主义》，万俊人译，译林出版社 2000 年版。

[62] 罗尔斯：《作为公平的正义——正义新论》，姚大志译，三联书店 2002 年版。

[63] 卢梭：《社会契约论》，何兆武译，商务印书馆 1980 年版。

[64] 罗素：《西方哲学史》（下），马元德译，商务印书馆 1976 年版。

[65] 罗素：《哲学问题》，何兆武译，商务印书馆 1999 年版。

[66] 洛克：《人类理解论》，关文运译，商务印书馆 1959 年版。

[67] 洛克：《政府论——论政府的真正起源、范围和目的》（下），叶启芳等译，商务印书馆 1964 年版。

[68] 马丁·路德：《马丁·路德文选》，马丁·路德著作翻译小组译，中国社会科学出版社 2003 年版。

[69] [德] 马尔库塞：《单向度的人》，张峰译，重庆出版社 1988 年版。

[70] 《马克思恩格斯选集》（第 1—4 卷），人民出版社 1995 年版。

[71] 《马克思恩格斯全集》（第 1 卷），人民出版社 1956 年版。

［72］《马克思恩格斯全集》（第3卷），人民出版社1960年版。

［73］《马克思恩格斯全集》（第21卷），人民出版社1965年版。

［74］《马克思恩格斯全集》（第42卷），人民出版社1979年版。

［75］《马克思恩格斯全集》（第46卷上），人民出版社1979年版。

［76］［美］麦金泰尔：《伦理学简史》，龚群译，商务印书馆2003年版。

［77］［英］梅因：《古代法》，沈景一译，商务印书馆1959年版。

［78］尼采：《权力意志——重估一切价值的尝试》，张念东等译，商务印书馆1991年版。

［79］［法］萨特：《辩证理性批判》，林骧华等译，安徽文艺出版社1998年版。

［80］［法］萨特：《存在与虚无》，陈宣良等译，安徽文艺出版社1998年版。

［81］［法］萨特：《存在主义是一种人道主义》，周煦良等译，上海译文出版社1988年版。

［82］色诺芬：《回忆苏格拉底》，吴永泉译，商务印书馆1984年版。

［83］斯宾诺莎：《伦理学》，贺麟译，商务印书馆1983年版。

［84］斯宾诺莎：《神学政治论》，温锡增译，商务印书馆1963年版。

［85］［德］舍勒：《资本主义的未来》，罗悌伦等译，生活·读书·新知三联书店1979年版。

［86］叔本华：《伦理学的两个基本问题》，任立等译，商务印书馆1999年版。

［87］［加］泰勒：《黑格尔》，张国清等译，译林出版社2002年版。

［88］［加］泰勒：《自我的根源：现代认同的形成》，韩震等译，译林出版社2001年版。

［89］［美］汤普逊：《中世纪社会经济史》（下），耿淡如译，商务印书馆1997年版。

［90］托尔维克：《论美国的民主》（上），董果良译，商务印书馆1988年版。

［91］韦伯：《经济与社会》（上），林荣远译，商务印书馆1997年版。

[92] 韦伯：《儒教与道教》，洪天富译，江苏人民出版社1993年版。

[93] 韦伯：《新教伦理与资本主义精神》，黄晓京等译，四川人民出版社1986年版。

[94] 文德尔班：《哲学史教程——特别关于哲学问题和哲学概念的形成和发展》（上），罗达仁译，商务印书馆1987年版。

[95] 西塞罗：《西塞罗三论》，徐奕春译，商务印书馆1998年版。

[96] 谢林：《先验唯心论体系》，梁志学等译，商务印书馆1976年版。

[97] 休谟：《人类理解研究》，关文运译，商务印书馆1957年版。

[98] 休谟：《人性论》，关文运译，商务印书馆1980年版。

[99] [澳] 休斯：《公共管理导论》，彭和平等译，中国人民大学出版社2001年版。

[100] 亚里士多德：《形而上学》，吴寿彭译，商务印书馆1959年版。

[101] 亚里士多德：《尼各马科伦理学》，苗力田译，中国社会科学出版社1990年版。

[102] 亚里士多德：《政治学》，吴寿彭译，商务印书馆1965年版。

[103] 程东峰：《责任论：关于当代中国责任理论与实践的思考》，中国林业出版社1994年版。

[104] 甘绍平：《应用伦理学前沿问题研究》，江西人民出版社2002年版。

[105] 高湘泽：《责任人道主义与社会辩证法——萨特哲学探要》，河南人民出版社1994年版。

[106] 郭湛：《主体性哲学》，云南人民出版社2002年版。

[107] 郭台辉：《齐格蒙特·鲍曼思想中的个体与政治》，上海人民出版社2007年版。

[108] 郭金鸿：《道德责任论》，人民出版社2008年版。

[109] 龚群：《当代西方道义论与功利主义研究》，中国人民大学出版社2002年版。

[110] 龚群：《道德乌托邦的重构：哈贝马斯交往伦理思想研究》，商务印书馆2003年版。

[111] 何怀宏：《西方公民不服从的传统》，吉林人民出版社 2001 年版。

[112] 何颖：《非理性及其价值研究》，中国社会科学出版社 2003 年版。

[113] 贺来：《边界意识和人的解放》，上海人民出版社 2007 年版。

[114] 贺照田：《西方现代性的曲折与展开》，吉林人民出版社 2002 年版。

[115] 洪涛：《逻各斯与空间——古代希腊政治哲学研究》，上海人民出版社 1998 年版。

[116] 苗力田：《古希腊哲学》，中国人民大学出版社 1989 年版。

[117] 倪梁康：《自识与反思——近现代西方哲学的基本问题》，商务印书馆 2002 年版。

[118] 宋希仁：《西方伦理思想史》，中国人民大学出版社 2004 年版。

[119] 孙伯鍨，张一兵：《走进马克思》，江苏人民出版社 2008 年版。

[120] 孙传钊：《〈耶路撒冷的艾希曼〉：伦理的现代困境》，吉林人民出版社 2003 年版。

[121] 汪晖，陈燕谷：《文化与公共性》，生活·读书·新知三联书店 2005 年版。

[122] 王新生：《市民社会论》，广西人民出版社 2003 年版。

[123] 王振华：《公共伦理学》，社会科学文献出版社 2010 年版。

[124] 徐向东：《自由意志与道德责任》，江苏人民出版社 2006 年版。

[125] 姚大志：《现代之后》，东方出版社 2000 年版。

[126] 俞可平：《社群主义》，中国社会科学出版社 1998 年版。

[127] 张奎良：《马克思的哲学思想及其当代意义》，黑龙江教育出版社 2001 年版。

[128] 张一兵，周嘉昕：《资本主义理解史》（第 1 卷），江苏人民出版社 2009 年版。

[129] 谢军：《责任论》，上海人民出版社 2007 年版。

[130] 张贤明：《论政治责任：民主理论的一个视角》，吉林大学出版社 2000 年版。

[131] 周辅成：《西方著名伦理学家评传》，上海人民出版社 1987 年版。

（二）期刊类

[1] [英] 鲍曼：《对秩序的追求》，邵迎生译，《南京大学学报》1999 年第 3 期。

[2] 丛杭青，戚陈炯：《集体意向性：个体主义与整体主义之争》，《哲学研究》2007 年第 6 期。

[3] 贺来：《"认识论转向"的本体论意蕴》，《社会科学战线》2005 年第 3 期。

[4] 龚群：《理性的公共性与公共理性》，《哲学研究》2009 年第 11 期。

[5] 郭道晖：《公民权与全球公民社会的构建》，《社会科学》2006 年第 6 期。

[6] 何中华：《责任之成立与自由》，《东岳论丛》2009 年第 11 期。

[7] 黄显中：《伦理话语中的古希腊城邦——亚里士多德城邦理念的伦理解读》，《北方论丛》2006 年第 3 期。

[8] 倪梁康：《良知：在"自知"与"共知"之间——欧洲哲学中"良知"概念的结构内涵与历史发展》，《中国学术》2000 年第 1 期。

[9] 沈湘平：《论公共性的四个典型层面》，《教学与研究》2007 年第 4 期。

[10] 沈晓阳：《论自然责任与角色责任》，《中共济南市委党校学报》2005 年第 2 期。

[11] 孙筱泠：《责任与应答海德格尔原伦理学初探》，《复旦学报》（社会科学版）2006 年第 2 期。

[12] 卿文光：《论希腊理性与近代理性的若干差异及其缘由》，《哲学研究》2004 年第 7 期。

[13] 万俊人：《公共性的政治伦理理解》，《读书》2009 年第 12 期。

[14] 汪诗明：《中世纪西欧教俗之争宏观背景之剖析》，《世界宗教研究》2002 年第 4 期。

[15] 姚大志:《道德证明与现代性》,《吉林大学社会科学学报》2002年第1期。

[16] 衣俊卿:《评现代新儒学和后现代主义思潮》,《教学与研究》1996年第2期。

[17] 袁祖社:《"全球公民社会"的生成及文化意义》,《北京大学学报》(哲学社会科学版)2004年第4期。

[18] 曾保根:《基本公共服务供给机制的逻辑、误区与构想》,《中国行政管理》2013年第9期。

[19] 曾康霖:《政府干预经济及其在市场经济中角色的确立》,《经济学家》2007年第1期。

[20] 张荣:《论传统神正论的当代转换——从奥古斯丁的传统神正论到约纳斯的责任哲学》,《文史哲》2006年第6期。

[21] 张一兵:《拉康:从主体际到大写的他者》,《江苏社会科学》2004年第3期。

[22] 朱贻庭:《社会主义市场经济下的"资本"是否还存在"资本逻辑"?》,《社会科学》2008年第3期。

# 附录 1

# 英文摘要

　　The paper studies contemporary crisis of responsibility in philosophy perspective. Contemporary society bases the formation of the materialization *log*ic of market economy and instrumental rationality, the same time, it is a political society in the form of nation – state. In the instrumental rationality – oriented society, individualism, liberalism, utilitarianism are in vogue. Public responsibility is in the absence, and responsibility is fragmented, calculating and floating. With the globalization era, people and nations are interdependence. Freedom and responsibility, individual and others, self and society have been caught in conflict constantly. Responsibility crisis has been the major challenge in contemporary society. The deep root of the contemporary responsibility is to understand responsibility in the main departure from the self, rather than from the relation between people and others. The essence of the contemporary crisis of responsibility is the decay of responsibility publicity, not only the lack of public responsibility, but also the highlight of responsibility for oneself and private nature. Responsibility view has undergone the theme change: responsibility to Polis based on goodness, responsibility to God based on faith, personal responsibility based on self – consciousness. Responsibility reflection in philosophy perspective has the meaning of critical concept, and it is fundamental problem behind various external provisions of responsibility. Reconstruction of responsibility is a kind of possibility way to get rid of contemporary crisis of responsibility. Responsibility redesigning is required to select publicity as the priority value scale of responsibility. We can understand responsibility publicity in the perspective of social responsibility, responsibilital norms and political public responsibility. Responsibility publicity has characteristics of coexistence, norm and society. Public reason is the basis of the responsibility publicity. On this basis, responsibility needs to be redesigned fully from perspectives of contents, subject and objects. Responsibility redesigning has important theoretical and practical significance undoubtedly. It reconstructs value scale conversion of responsibility, and helps to overcome the general responsibility nihilism of contemporary society. Responsibility redesigning has great reference as we reflect responsibility problem solution in contemporary China.

# 附录 2

# 政府公共性的责任解读

## ——兼与荀明俐博士商榷

教军章[①]

[摘 要] 以责任视域诠释政府公共性问题是政府理论与实践发展的时代使命。政府公共性受到市场经济物化逻辑的现实场域干扰，不时显现出经济人理性的局域困惑而走向其本寓精神的悖论，其深刻的理论背景在于现代社会理性精神搁浅于形而上学化的思辨理性的事实。政府对公共性责任的践履意味着对尊重差异和协商对话的公共领域的完善，意味着责任政府基本价值理念的公共性确证。进一步对政府公共性的责任解读进行再解读，思考市场经济条件下最终能驾驭资本的民主建设与国家机器重构问题，以便对深化政府公共性问题的探讨有所裨益。

[关键词] 政府；公共性；责任

[中国分类号] D035 [文献标志码] A [文章编号] 1000－8284（2012）07－0016－03

政府公共性及其实现应该是我们试图解决"集体行动困境"最常规的方式——尽管到目前为止我们还没有找到令人满意的结果，因此，国内外学者在不同学科领域和话语体系中从诸多角度对其进行了探讨，使其一直成为政治学与公共管理学界的热点问题，也成为颇具争议性的一个理论

---

[①] 本文发表于《学术交流》2012年第7期，作者为黑龙江大学政府管理学院教授、院长。本文是作者承担的国家社科基金项目、黑龙江省人文社科基地项目

[基金项目] 国家社科基金一般项目"行政主体与公共制度协调关系研究"（088ZZ023）；黑龙江省人文社科基地点项目（1152ZZ020）

性和实践性的难题。人们较多从价值的公共性或公平与正义的公共性以及道德与法治的公共性等来进行解读。这样，政府公共性在本质上就可以表现为"一种公共精神，一条维护公共利益至上性的群体价值判断标准。"[1]其实，除了讨论公共性的一般定义外，人们关注的更多还是公共性的现实状况，即从更为具体一些层面来求诉公共性的意义，于是政府公共性就在政策、制度、责任、伦理等多向度上受到青睐。

近日读到荀明俐博士在《中国行政管理》（2012 年第 2 期）上发表的《政府管理责任公共性诉求的基本问题》（以下简称《问题》）一文，加之重又阅读作者关于哈耶克责任观的论文（《论哈耶克的责任观》，《学习与探索》2010 年第 1 期，以下简称《责任观》），感受到作者以责任公共性视阈诠释政府管理！问题，未尝不是一种探讨政府公共性及其实现的有效途径。而且，作者对责任公共性的解读也颇具新意。但笔者认为荀明俐博士对公共性责任困境根源的分析以及超越困境路径的解读还存在可商榷之处。特撰此文，以期厘清政府公共性的责任观立场，或许对深入研究政府公共性问题有些帮助。

## 一 政府公共性责任困境的现实场域

全球化的延展促使现代社会的经济、政治与文化之间交流、融合甚至竞争、对抗达到了前所未有的程度。国家之间、区域之间、组织之间乃至个体之间的联系与交往日益密切，其中交织着的全球问题也日益严峻，如全球环境问题、发展问题、区域差异问题、区域争端问题等，都不再是简单通过传统方式可以解决的困境。在这种条件下，政府组织及其管理的价值取向自然重新被提到日程，对其管理目标、行为方式、制度体系、运行机制、政策导向等的公共性之责任追问成为不可回避的事实。在这里，只是一般性地强调政府及其公务人员应该立足公共利益和承担社会公共责任显然是苍白的，我们需要进一步追诉违法越权、滥用职权、行政道德失范、寻租泛化、资源浪费、公共回应势弱等现象的内在责任根源。

因为，"商业、市场、科技和行动的价值效应远远超过和掩盖了人们对公共社会和公共事务的政治关注，西方民主国家普遍出现的'投票疲劳症'和以此为基本症候的政治冷漠（罗尔斯将之形象地刻画为'袖手旁观'：'stancl – off'）已是一个不争的事实。"[2]金钱、世俗与功利的观念似乎已成为现代社会人的常规心态,公共场域也在世俗化的围剿中渐失其本寓的公共精神内蕴。

或许正是针对公共领域出现的并仍未很好解决的一系列问题,《问题》以责任维度为视角阐释政府公共性偏失现象才更有价值。政府公共性的责任困境与现代社会市场经济中社会结构变迁及人的思想观念的变革有着本质关联。政府及其公务人员"将自身视为一种理性经济人,在政治市场中追求着最大化的政治利益,而较为忽视这些利益是否符合公共利益。政府与各种利益集团'结盟'共同制定公共政策、'操纵'政治权力。政府公共权威被私有利益集团所瓜分,从而导致自身成为一个'虚弱'的政府"[3]。如此物化逻辑导引的政府组织的场域只是凸显了公权力嵌入的物质利益的关联性,而"环境是各种非物质性维度或层面的集合,这种集合的不同状态——诸如复杂性、稳定性与宜生性——可能对组织产生重要影响"[4]。因此,对政府责任公共性的物化场域假设的偏好将使政府组织难以担当起社会救治的公共责任,并最终导致政府公共性的消解。

政府试图在具体措施上通过民营化、合同出租以及分权或权力下放等方式创新管理制度及其运行机制,把政府所具有的诸多公共职能、公共权力切换到商业性机构或社会公共组织当中。其中,政府管理的顾客导向和市场竞争机制的引入,引发了公共机构及其公共产品供给的私有化浪潮。这种做法导致:(1)大量商业性机构和社会组织介入到政府的公共服务甚至权力体系的运行过程中,其结果是政府公共职能至少在实现方式上愈加经营化——这需要以完备的社会规范为主体的社会资本的支撑。(2)为了达到减轻财政负担和精简机构提高效率的目的,政府不断地压缩公务人员的规模与雇用时限,这与公共管理的复杂化相背而行,便会产生政府责任场域界限的模糊区。这便是,"持久地、反复地进行缩编……会把信心和支持的所有基础都摧毁",而且"还毁坏了机构的记忆、降低了'公共部门道德'保留下来的机会,导致了一种'空洞'和非常缺乏能力的政府。这里的矛盾是赤裸裸的,任何人都可以看到,而由此引起的道德和信任问题很快就会出现"[5]。由此引发的最为关键的问题在于,它最终导致"空洞"的和"非常缺乏能力的"政府无法担负起社会责任的使命,导致政府公共责任体系实际地被肢解,本质上也便消解了政府责任的公共性存在。

## 二 公共性责任困境根源的理论分析

诸多的思想家都已论证过理性在人类社会进步发展中的重要价值，理性精神就是要求人们实事求是地客观认识世界，主张健康的怀疑态度和批判力，要求人们民主协商地解决认识和利益上的差异。然而，形而上学的思辨理性却凡事都从已有的理论原则出发，拒绝对自身的怀疑和批判，把自身视为绝对标准，《责任观》指出：近代哲学"以认知理性为问题中心，建立起主体性原则和个人中心的原则，自由与责任体现在自我理解所及之处。这一思维范式直接为现代哲学的发展开辟了的方向：'近现代哲学的责任观整体上建立在非历史化的孤独的个体之上，这直接导致现代社会中人的原子化、自我中心化、工具化、经验化以及责任的法纪化、角色化与碎片化"[6]。确然如此，自欧洲文艺复兴以来，笛卡儿式的理性主义成为占主导地位的意识形态。科学理性在认识自然和技术操作上的巨大成功，使人们逐渐地习惯于仅把它视为一种纯粹工具性的东西。工具理性与目的（价值）理性日益分离，并遮蔽了后者。作为手段的理性，却成为判断行为成功与否的标准。这样一来，人们往往把理性只当作是工具性的能力，而把人的生存目的、社会责任仅看成是理性之外的存在，这便将工具性等同于目的性本身而偏离了人的真正意义。现代社会把理性精神变成绝对化的、片面性的和缺乏发展动力的僵硬形式所带来的人的责任异化状态。

公共性责任的消解显然要对政府未能有效解决集体行动困境负有责任。人与人之间的算计与阴谋，应该视为对工具理性的消极利用；不计后果的工业社会污染，是工具理性失去理念约束的发现和结果；大规模毁灭性武器的生产，更让人感受到工具理性片面性的危险。在越来越商品化和消费化的现代社会中，人们已经习惯于对责任的功利性解读，功利主义的机会主义同样聪明地运用了工具理性的偏好而瓦解了人的本质的追问。理性精神要求人们对全人类的命运有使命感和责任感，对自己的行为要有理智的约束，可形而上学的思辨理性却把理性变成了没有任何价值约束的纯工具性的东西。如何规避理性精神向形而上学思辨理性的蜕变，破解工具理性及其制度性设计所造成的政府公共性责任困境，积极推进责任政府的建设进程，这是现代社会中每个国家及其政府组织都应竭力探讨的核心话语。

### 三 责任政府与政府公共性责任

人们对政府公共性的理解和解释经历了一个历史演化的进程。传统哲学把公共性看作是在抽象的领域中取消差异、追求同一的烂体性观念，看作把握变动中不变者、辨析流动中恒定者的概念体系。管理主义的公共行政理论则试图寻找适合于私人与公共部门管理的普遍法则。但是，政府公共性是现实的、属人的公共性，而非抽象的、物的公共性。政府对公共性责任的践履，意味着人类社会政治生活的根本在于实现多元主体的对话与协商。

行文至此，笔者认为有必要就公共性责任困境根源的分析以及超越困境的路径与苟明俐博士进行商榷，《问题》一文将政府责任公共性划分为社会责任、责任制度规范以及政治公共责任三个基本层面，并具体分析其实存性、规范性与社会性的基本特质。就作者追问政府责任之公共性表现的努力而言，做基本层面的划分总是比一般性论说意义重要。因为它事实上是对责任型政府意涵的尝试性解读——尽管这种尝试还远没有达到预期的目的，而尝试本身就意味着学术研究的努力方向。尽管如此，我们对其责任公共性层面及其特质分析之合理程度仍然须持进一步完善的态度。

更为重要的是，现代社会个体责任感加重、责任公共性缺乏，不能仅仅嗔怪于理性精神正在走向形而上学的思辨理性的事实。这更是市场经济与资本原则的结果。以责任视角解读政府公共性的困境，必须思考现代社会中资本的有限性问题，思考市场经济条件下最终能驾驭资本的民主建设与国家机器重构问题。也正是在这种意义上，政治公共性的责任解读是一个具有重大意义的实践问题。

显然，以责任视角解读政府的公共性，至少实现了对政府个体性责任与同一的普遍性责任的双重超越。公共领域是一个尊重差异和协商对话的世界，它要求行为主体不只是依据信念伦理和普遍必然性来行动，而是必须考虑责任后果，亦即人们只能通过对话、协商与合作来参与公共生活，并从公共生活中获取公民共同体必备的生活资本。正是在这种意义上，我们才将责任政府视为现代政府公共性表达的一种基本理念。因此，责任"作为民主政治时代的一种基本价值理念，它要求政府必须回应社会和民众的基本要求并积极采取各种行政行为加以满足，政府必须积极地履行其社会义务和职责……没有责任羁绊的公共权力就会失去行使的界限，结果只能是导致公共权力的滥用。"[7]政府作为担当社会公共责任的核心主体，意味着政府组织及其公务员必须承担相应的道德责任、政治责任、行政责任以及法律责任。换言之，没有公共责任的定义，也就不存在现代政府公共管理所鼓吹的公正、效率、秩序和自由等公共精神的着陆平台，政府管理现代化也将失却正确的航标。

综上所述，以责任视域解读政府公共性，既是对当代社会在其发展中不断陷入的自由与责任、个人与他人以及自我与社会之间冲突的自觉把握，又是政治学和公共管理学理论发展的必然所使。《问题》与《责任观》两文抓住这一时代命题，从不同层面对政府公共性责任困境的现实场域、公共性责任困境根源的理论分析以及责任政府建设等问题展开分析，给予全球化进程与社会领域分化冲突所带来的集体行动困境以解压，以便呼唤各国政府提升自身的社会责任感与责任能力，以他者的视角和人类生存的高度审视自身的行为并评价行为的后果，无疑具有重要的启示意义。当然，我们更应关注当前我国责任公共性困境，并以社会主义社会基本制度的要求为取向探讨政府公共性重构所面临的主要现实问题。

[参考文献]

[1] 张继亮，教军章：《公共性：从精神世界到社会生活》，《阅江学刊》，2011年第4期。

[2] 万俊人：《公共性的政治伦理理解》，《读书》，2009年第12期。

[3] 荀明俐：《政府管理责任公共性诉求的基本问题》，《中国行政管理》，2012年第2期。

[4] [美] W. 理资德·斯科特：《制度与组织——思想观念与物质利益》，姚伟等译，中国人民大学出版社，2010年，第190页。

[5] [英]克里斯托弗·波利特、[比]海尔特·鲍克尔特：《公共管理改革——比较分析》，夏振平译，上海译文出版社，2003年，第153页。

[6] 荀明俐：《论哈耶克的责任观》，《学习与探索》，2010年第1期。

[7] 何颖：《政府公共性与和谐社会的构建》，《社会科学战线》，2005年第4期。

# 后　记

本书是在我的博士论文的基础上整理而成的。选择责任这样一个论题，我就已经做好了艰难跋涉的准备，毕竟太多的人从太多的维度对之进行了持之以恒的研究，但这也恰恰影射出这个问题的重要性。出于对当代社会中人的生存困境的关注，终于决定走向这条坎坷之路。即使踉踉跄跄中完成了本书，亦不敢言说有什么创新之处，只能说自己一直在积极地思考吧。现在回想起来，自己曾经在浩瀚的思想海洋中挣扎与彷徨，原有的知识储备与实证式思维方式在责任问题面前竟成为羁绊。对我来讲，写作期间简直就是"洗心革面"。虽然困难重重，却从未想过放弃，这要归功于我的导师何颖老师对我的不离不弃。

感谢我的博士导师何颖教授在生活、学习诸方面对我的种种关心、点拨与提携，自始至终她从未嫌弃过我的鲁钝。从选题、论证、形成大纲一直到本书成型和修改，何老师付出了太多的心血。在何老师身上，我看到的不仅是知识的渊博、逻辑的严密、思维的开阔以及精益求精的研究态度，更看到了她宽厚、包容的人格魅力。这几年收获的不仅是知识，更学会了如何做人。每当心生倦怠时，眼前总是浮现出老师睿智和宽厚身影，以此激励自己继续前行。

感谢张奎良老师、衣俊卿老师、张政文老师、丁立群老师、康渝生老师、李楠明老师、马天俊老师、王国有老师以及曾经在黑龙江大学工作过的尹树广老师。在他们的课堂上，我切实地体会到思想海洋的浩瀚与精深。在本书架构的整个过程中，这些老师都曾诚恳地提出自己的意见和建议，付出了极大的耐心和心血。感谢每一位对我热情和无私帮助过的师长，尤其是黑龙江大学哲学与公共管理学院的老师。没有你们，我是万万不能完成本书的。感谢黑龙江大学高超的学术水平、严谨的作风以及积极向上又不失民主的学习氛围。在这一片沃土中成长，是我一生的荣幸。

感谢我的亲人。你们在背后默默的付出与宽容，是我前行的最大动力。每每面对年迈的父母、忙碌的丈夫和年幼的儿子，愧疚之情不由心生。真诚感谢你们对我的包容和关爱。

谢谢所有爱我和关心我的人们！是你们的支持使我走到今天，使我深知爱的博大与责任的厚重。本书写作的过程也是拷问心灵的洗礼，没有气馁，只有沉重。收获得越多，就越懂得自己的无知。

本书也是2015年东北石油大学研讨式课程《人力资源开发与管理》的主要成果。若本书有不当和疏漏之处，恳请专家指正和谅解。